Edition Paashaas Verlag

EPV

Das Buch

In der geschlossenen, psychiatrischen Abteilung eines Dorfkrankenhauses bricht der 46-jährige und manisch-depressive Patient Ralf Rose heimlich auf, um sich das Leben zu nehmen. Während er auf einem Brückengeländer sitzt und auf den Zug wartet, zieht sein Leben noch einmal an ihm vorbei. Es sind Bilder der Schulzeit, der ersten großen Liebe, der frühen Hochzeit und dem erfolgreichen, beruflichen Aufstieg.
Zeitgleich erfährt Conni Helmer, dass sie Krebs hat. Die 48-Jährige versucht, sich mit diesem schockierenden Thema auseinander zu setzen. Im schlimmsten Fall würde sie ihren Sohn und schwer muskelkranken Ehemann zurücklassen müssen.
Rückblickend wird der junge Oliver Schwarz von einem Freund zu einer Spritztour im Cabriolet eingeladen, die jäh in einem schweren Unfall endet. Der Fahrer ist sofort tot, Oliver selbst erwacht in einer Klinik. Seine Augen sind so verletzt, dass er für immer blind sein wird. Er verschließt sich vor der Welt bis er auf die hochgradig sehbehinderte Eva Liebig trifft, die ihn mit ihrer Lebensenergie und Zuversicht ansteckt.
Die 40-jährige Sekretärin Britta Herzig wird von drei skrupellosen Skinheads angegriffen. Kein Passant hat die Zivilcourage, einzugreifen, bis in dieser aussichtslosen Lage ein Mann auftaucht, für den es scheinbar keine Angst gibt. Wie verrückt muss ein Mensch sein, gegen eine Gruppe gewaltbereiter Jungen vorzugehen und kann er es alleine überhaupt schaffen?

Das Schicksal führt die Protagonisten zusammen. Mit ihren Erfahrungen und unterschiedlichen Lebensstrategien wollen sie Ralf Rose davon überzeugen, dass er trotz seiner psychotischen Episoden ein erfülltes Leben führen kann.

Der Autor

Dieter Kleffner wurde 1957 in Essen geboren, wuchs auf der Ruhrhalbinsel auf und lebt seit über 30 Jahren in Hattingen-Niederwenigern. Er ist verheiratet und hat zwei erwachsene Kinder. Er wuchs mit einer Sehbehinderung auf und erblindete später. 34 Jahre lang war er in der klinischen Physiotherapie beschäftigt – seine Arbeit musste er jedoch aus erheblichen gesundheitlichen Gründen aufgeben. Seitdem betätigt er sich als Autor.

Dieter Kleffner

Ein Tag für Blinde, Lahme und Verrückte

Gesellschaftsroman

In herzlicher Erinnerung an Werner, der seine mitreißende seelische Stärke auch aus der körperlichen Schwäche schöpfte.

FSC
www.fsc.org
MIX
Papier aus verantwortungsvollen Quellen
Paper from responsible sources
FSC® C105338

Bibliografische Information der Deutschen Nationalbibliothek:
Die Deutsche Nationalbibliothek verzeichnet diese Publikation in der Deutschen Nationalbibliografie; detaillierte bibliografische Daten sind im Internet über www.dnb.de abrufbar.

1. Auflage 2014
2. Auflage 2017

Umschlaggestaltung und Satz: Sonja Kleffner, Solingen
Umschlagbild: © Cobalt - Fotolia.com
ISBN: 978-3-945725-91-7

Besuchen Sie auch die Internetseite des Autors:
www.dieterkleffner.de

Inhalt

Kapitel 1
Montag

01 DIE GROSSE LEERE

Das Fenster des Krankenzimmers ließ sich aus Sicherheitsgründen nur einen Spalt breit öffnen. Die beiden Betten des spartanisch eingerichteten Raums standen mit ihrer langen Seite an der Wand, da sich nach Meinung der Psychiater die meisten Menschen mit einer Wand im Rücken sicherer fühlten. Das leere Bett war zum Schutz mit einer dünnen Klarsichtfolie überzogen und erwartete bereits einen neuen Patienten. Auf dem anderen Bett lag ein Mann wie aufgebahrt und starrte ins Leere.

Unterhalb des Fensters lud eine gepflegte Krankenhausparkanlage in die frische Luft ein. Hinter den fast blattlosen Bäumen des Klinikgeländes erhob sich der mittelalterliche Wehrturm der Dorfkirche. Die Sonne hatte sich tapfer durch die grauen Novemberwolken gequält, um den Menschen in ihren trüben Herbsttagen Wärme für Leib und Seele zu spenden. Sie ließ ihre Strahlen in die Krankenzimmer und die hektischen Diensträume leuchten und wurde fast überall dankbar aufgenommen.

Jedoch in diesem Zimmer konnte sie nicht ihre herzerwärmende Kraft entfalten, da der Patient die Vorhänge des Fensters dicht vor ihr verschlossen hielt. Er mied das Sonnenlicht wie ein Vampir, der bereits beim Kontakt mit dem ersten Strahl zu Staub zerfiel. Vor zehn Wochen war es ihm noch fantastisch gut gegangen. Er hatte sich fast wie ein Gott gefühlt. Seine Ausdauer und seine körperliche Kraft schienen damals keine Grenzen zu kennen. Seine normalen Mitmenschen, diese Langweiler, die ewig über geringste Kleinigkeiten jammerten, hatten für seine hyperaktive Phase nicht das geringste Verständnis gezeigt. Im Gegensatz zu ihnen hatte er ohne Unterbrechung funktioniert. Er hatte höchstens drei Stunden Schlaf pro Nacht benötigt. Wenn er gewollt hätte, wäre er sogar ganz ohne diesen unnützen, unproduktiven Schlaf ausgekommen. Und nun? Nun, wo er ganz unten angekommen war, blickten diese angeblich Normalen schon wieder auf ihn herab.

Ralf Rose hätte voller Spott über dieses verrückte Dasein lachen können, aber seine Mundwinkel zogen sich seit Tagen nicht mehr nach oben. Sein Gesichtsausdruck glich einer Maske, die auf einen Gleichgültigkeitsmodus eingestellt war. Die große Leere hatte sich wieder in ihm ausgebreitet. Er war schon mehrmals in seinem Leben in ein solches Nichts hineingezogen worden. Ein Nichts, das für Rose keinen Sinn, keine Kraft, keinen Atem zum Leben hatte. Sein Antrieb war auf Null. Den momentanen Zustand empfand er als völlige Auflösung seines menschlichen Seins.

Plötzlich wurde nach kurzem Klopfen schwungvoll die Zimmertür geöffnet. »Puh, ist hier eine verbrauchte Luft. Herr Rose«, fragte die engagierte Schwester Vera mit fröhlicher Stimme, »haben Sie Ihre Tabletten genommen?«, und sie zog gnadenlos die Vorhänge des Fensters zurück. Die Sonne wollte umgehend das müde Gesicht des Mannes wachküssen, doch der fühlte sich gepeinigt. Er blieb in gleicher Haltung auf seinem Bett liegen und schaute weiter desinteressiert zur Zimmerdecke. Nachdem ihn die Schwester noch zweimal freundlich nach seiner Tabletteneinnahme gefragt hatte, nickte er gelangweilt.

»Sie haben sich noch nicht gewaschen. Machen Sie sich jetzt bitte frisch und ziehen Sie sich ordentlich an. In dreißig Minuten bringe ich Sie zur Beschäftigungstherapie«, und dann stellte die Schwester zur Ermunterung auch noch das Radio an. Sie kniff dem missmutigen Patienten verschmitzt ein Äuglein und verließ winkend das Zimmer.

Einen Augenblick später verstummte im Radio die Musik und es meldete sich der Moderator: »Montag, 9. November 2009. Es ist 9:30 Uhr. Die Nachrichten. Heute vor zwanzig Jahren öffnete sich die Mauer zwischen Ost und West. Viele Politiker...«, verstummte der Apparat, da der Patient aus dem Bett gestiegen war und das Radio ausgeschaltet hatte.

Auf dem Flur begegnete Schwester Vera dem Oberarzt der psychiatrischen Intensivstation. Dr. Lampe sah die blonde

Mittvierzigerin von oben bis unten an. Sie trug einen weißen Kittel und die nackten Füße steckten in Sandalen. Die Zehennägel funkelten grün wie ihre Augenfarbe.

»Stimmt etwas nicht?«, schaute sie an sich herunter.

Dr. Lampe lächelte: »Ganz im Gegenteil. Wie geht es Rose?«

»Er macht bisher keine Fortschritte. Völlige Abulie. Er ist dieses Mal ganz unten. Jeden Handschlag muss man ihm abfordern. Er lässt sich völlig hängen. Ich will hoffen, dass er heute bei der Beschäftigungstherapie mitmacht.«

»Lassen Sie ihm Zeit. Wir kennen ihn doch seit Jahren. Wenn er durch diesen depressiven Zyklus durch ist, reißt er in einigen Monaten wieder euphorisch die Bäume aus. Dann scheucht er die langweiligen Normalen solange hin und her, bis sie völlig genervt aufgeben.«

Schwester Vera lächelte: »Er ist in seiner normalen Phase äußerst sympathisch und hilfsbereit. Dann hat er ein ganz anderes Wesen. Er tut mir leid!«

»Deshalb tun wir ja für ihn, was wir können. Ich denke, dass wir in Kürze auch die passende Medikamenteneinstellung ausgependelt haben. Wenn der Gute seine Tabletten nicht eigenmächtig abgesetzt hätte, dann wäre er auch nicht in eine so tiefe Depression gefallen. Wenn unsere Patienten grundsätzlich rechtzeitig kommen würden, dann könnten wir auch mit wesentlich kürzeren Klinikaufenthalten aufwarten«, drückte Lampe die Türklinke des nächsten Krankenzimmers.

Ralf Rose hatte sich gewaschen und einen Jogginganzug angezogen. Nicht, weil er das wollte, sondern weil man ihm das abverlangte. Er konnte die Wünsche dieses Personals zurzeit nicht nachvollziehen. Waschen, rasieren, anziehen, Beschäftigung und was diese Leute sonst noch alles von ihm wollten. Wofür? Welchen Sinn hatte das? Reichte es nicht, hinter dunklen Vorhängen auf einer Couch oder einem Bett zu liegen? Die Welt hatte sich bereits vor der Entstehung des Menschen gedreht und sie würde sich auch nach dem Verschwinden der Menschheit weiterdrehen…

Ralf Rose blieb unrasiert und verbarg hinter dem Bart seine angenehmen Gesichtszüge. Er war hochgewachsen und hatte blonde, an den Schläfen ergraute Haare. Ein Mann in den besten Jahren, dem die Frauen seines Alters gerne ein Lächeln schenkten.

Wie ferngesteuert folgte er der Schwester durch die vielen Klinikgänge. Edelstahlwagen eilten mit klapperndem Geschirr in Richtung Spülküche. Andere Krankenschwestern stellten vor den Zimmern Ständer mit Infusionsflaschen auf. Reinigungsfrauen wischten sich den Schweiß von der Stirn und spannten neue Wischmöpse auf die Gestänge. Mal roch es nach Desinfektionsmitteln, dann wieder nach Putzmitteln und aus den Ritzen der geschlossenen Raucherzimmertür quoll ein Hauch von Tabakduft. Telefone klingelten und medizinisches Personal wurde durch verborgene Lautsprecher aufgerufen.

Soviel Lebendigkeit war für Rose kaum zu ertragen. Vor allem diese Schwester Vera, die ihm nun vorauseilte, sprühte voller Tatendrang.

Sie hielten an dem Raum mit der Aufschrift »Beschäftigungstherapie«. Ein Mitarbeiter öffnete und bat Herrn Rose freundlich herein.

»Rufst du bitte an, wenn Herr Rose fertig ist? Er darf die Station zurzeit noch nicht alleine verlassen«, strahlte Vera den Kollegen an und schon war sie mit einem kurzen Winken wieder fort.

In der Beschäftigungstherapie saßen Patienten und Patientinnen an ihren Arbeiten. Einige erstellten Kunstwerke aus Holz, andere kneteten und formten Ton und wiederum andere stickten Bilder.

Lustlos betrachtete Rose seine Mitpatienten und konnte über deren angeblich kreatives Schaffen nur den Kopf schütteln.

»Herr Rose«, riss ihn der Ergotherapeut aus den dunklen Gedanken, »ich gebe Ihnen nun eine Knetgummimasse in die Hand und Sie formen bitte spontan eine Figur daraus.«

Um diesem Spuk gleich zu Anfang ein Ende zu machen, rollte Rose zwischen den Fingern zwei kleine Knetgummiwürste und steckte sich diese demonstrativ in die Ohren. Dann schloss er die Augen und verschränkte die Arme vor der Brust.

Endlich war die vorgegebene Zeit in der Beschäftigungstherapie herum. Schwester Vera nahm Herrn Rose in Empfang und machte sich auf den Weg zu ihrer Station. Vor den Aufzügen drängelten sich mehrere Personen. Ein älterer Herr im weißen

Kittel, dessen Stethoskop zum Teil aus seiner Tasche baumelte, drückte nervös wieder und wieder auf einen der Knöpfe und fluchte: »Mein Gott, wie lange dauert das denn noch?«

»Dr. Müller«, lächelte Vera, »über die Treppe geht es bestimmt schneller«, und sie nickte mit dem Kinn zur Tür des Nottreppenhauses.

Der Arzt stapfte kopfschüttelnd davon. Im gleichen Augenblick hielt der Aufzug und eine Frau des Reinigungsdienstes stieß einen klappernden Wagen heraus, der mit Eimern, Wischern und Putzlappen ausgerüstet war. Sie trug ein Kopftuch und einen grünen Kittel. Als ihr Wagen an der Bodenkante zwischen Aufzug und Etagenboden holperte, fiel ein Putzeimer herunter und nahm seinen eigenen Weg.

Endlich stiegen die wartenden Fahrgäste ein. Ruckend setzte sich der Aufzug in Bewegung. Erschreckt wurde eine kleine, füllige Frau aus ihren Gedanken gerissen. Sie trug eine Brille mit dicken Gläsern. Der Patientin stand die pure Angst ins Gesicht geschrieben und Vera sprach sie freundlich an: »Ich bin Schwester Vera. Sie sehen sehr blass aus. Geht es Ihnen nicht gut? Kann ich ihnen helfen?«

Die Patientin senkte den Blick und meinte mit zitternder Stimme: »Nein, danke. Sehr nett von Ihnen. Ich habe nur gerade etwas Schlimmes erfahren. Es geht gleich wieder.«

Mit einem Ruck hielt der Aufzug im nächsten Stockwerk. Schwester Vera legte der kleinen Frau mitfühlend ihre Hand auf die Schulter: »Ich wünsche Ihnen alles Gute«, wandte sich um und zog den unrasierten Herrn mit dem leeren Blick mit sich hinaus. »Kommen Sie, Herr Rose, wir sind da!«

Der depressive Patient war erleichtert, dass Vera ihn wieder in sein Zimmer brachte. Er wartete auf einem der Stühle, bis sie das Zimmer verlassen hatte. Dann stand er auf, zog die Vorhänge vor das Tageslicht und legte sich mit geschlossenen Augen in sein frisch gemachtes Bett. Wenige Augenblicke später schlief er ein.

»Hallo Ralle?«, wurde Rose von einem neuen Mitpatienten geweckt, der plötzlich mitten im Zimmer stand. »Mensch, ist ja klasse, dass ich dich hier antreffe. Wie geht es dir, du alter Draufgänger?«

Auch Schwester Vera kam hinzu: »Die Herren Stefan Wunderlich und Ralf Rose kennen sich bereits aus den Vorjahren. Herr Rose, Sie liegen ja schon wieder auf dem Bett und haben die Vorhänge zugezogen. Wundern Sie sich nicht, wenn Sie in der nächsten Nacht kein Auge schließen können. Ich denke, die Anwesenheit von Herrn Wunderlich wird Ihnen gut tun.« Dann riss sie die Vorhänge auf und kippte das Zimmerfenster. »Leider lassen sich die Fenster aus guten Gründen nicht weiter öffnen, aber so wird die verbrauchte Luft nicht alle einschläfern«, lachte sie und eilte hinaus.

Die Sonne zog sich beleidigt hinter die Novemberwolken zurück. Die ersten Regentropfen trommelten rhythmisch auf die Blechfensterbank. Der Wind spielte frech mit der Gardine.

Stefan Wunderlich wirkte auffällig schüchtern. Der Vierzigjährige war durchschnittlich groß und trug Brille, Jeans und Karohemd. Die Lederjacke hatte er ordentlich über einen Stuhl gehängt. Er öffnete die freie Kleiderschrankseite und begann, den Inhalt seiner Reisetasche pedantisch genau einzuräumen.

»Wie lange bist du schon hier, Ralle?«, versuchte Herr Wunderlich ein Gespräch zu beginnen. Nur an den kurz geöffneten Augen des Mitpatienten erkannte er, dass Ralf zuhörte und so redete er weiter: »Mann, dich hat es ja dieses Mal schlimm erwischt. Als wir uns vor drei Jahren hier getroffen haben, warst du gerade in einer manischen Phase. Heh, war das teilweise ein Spaß. Du hast die gesamte Station auf Trab gehalten. Weißt du noch, wie der dicke Bademeister in der Physiotherapie gemeckert hat?«, stand Stefan nun neben Roses Bett und schaute ihn grinsend an. »Du hast aus dem Bewegungsbad ein Wellenbad gemacht. Du hast dich auf der einen Seite im Becken an der Stange festgehalten und hast mit deinen Beinen wie ein Raddampfer getrampelt. Das Wasser schwappte wie bei einem Tsunami über den Rand. Die Mädels sind in ihren Badeanzügen wie aufgescheuchte Hühner schreiend herumgelaufen und alle Umkleidekabinen standen unter Wasser.« Wunderlich klatschte dem Bettlägerigen auf den Unterarm. »Und du Blödmann hast dich vor lauter Lachen gar nicht mehr eingekriegt.«

Ralf Rose zeigte keine Regung. Das Gespräch war ihm gleichgültig. Der neue Patient ging zum Schrank und sortierte weiter seine Sachen ein: »Ich bin hier, weil sie wieder da sind«, und Wunderlich blickte, auf eine Reaktion hoffend, zu seinem Mitpatienten hinüber. »Ich meine, die Stimmen sind wieder da. Dieses Mal kann ich sogar beweisen, dass es sie gibt. Sie hängen mit den Typen zusammen, die ihre Kameras hier versteckt haben.« Er schob die leere Tasche auf den Schrankboden und schloss die Tür. »Ralle, dir ist es bestimmt nicht aufgefallen, aber auch hier im Zimmer sind versteckte Kameras. Totale Überwachung. Ich habe Dr. Lampe erklärt, dass selbst die Klinik nichts davon weiß. Aber wenn die Hausleitung mitspielt, werden wir sie entlarven. Der Doktor hat seine Hilfe zugesagt. Dieses Mal ist er auf meiner Seite.« In Stefans Stimme schwangen Hoffnung und Erleichterung mit. Da Rose nichts sagte, schaute er nur noch stumm aus dem Fenster.

Der Regen hatte nun auch die hartnäckigsten Patienten aus dem Garten vertrieben. Der frische Wind zerrte an den restlichen, braunen Blättern. Was blieb, schien nur noch aus Grautönen zu bestehen.

Die Herren Wunderlich und Rose wurden über den Zimmerlautsprecher zum Mittagessen in den großen Speisesaal gerufen. Als die Männer den Raum betraten, deckten andere Patienten die Tische ein.

»Morgen hast du Küchendienst!«, knurrte eine Patientin mit grimmigem Gesichtsausdruck Ralf Rose an und knallte ihre Teller widerwillig auf den Tisch. Eine andere Patientin kam in den Saal gestürmt. Sie mochte Mitte dreißig sein und sah überdurchschnittlich gut aus. Ihr langes, schwarzes Haar fiel über die Schultern und das T-Shirt zeigte einen großzügigen Ausschnitt. Als sie den neuen Mitpatienten Stefan Wunderlich erblickte, eilte sie auf ihn zu: »Stevie, mein Schatz, das ist ja toll, dass du auch wieder hier bist! Wie habe ich dich vermisst!«, und sie fiel dem überraschten Mann hemmungslos um den Hals. Ihre Lippen suchten gierig die seinen und der schüchterne Patient konnte sich nicht von ihren viel zu kräftigen Umarmungen befreien.

Schwester Vera kam mit einem Tablett herein, sah sich um und rief: »Frau Sunder, Sie lassen sofort Herrn Wunderlich los, sonst bekommen wir beide riesigen Krach. Wir haben heute

Morgen noch über dieses Thema gesprochen!«, und sie reichte das Tablett an einen sehr verängstigten jungen Mann weiter, der die Szene mit hochrotem Kopf verfolgt hatte.

Frau Sunder ließ Herrn Wunderlich los, kniff ihm frech in die Wange, hüpfte wie eine Zehnjährige um den Esstisch herum und begann, euphorisch zu klatschen und zu singen: »Und dann die Hände zum Himmel, kommt, lasst uns fröhlich sein!...«

Nach dem Mittagessen gingen Herr Wunderlich und Herr Rose zurück in ihr Zimmer. Stefan ließ sich genüsslich auf sein Bett fallen. Ein Schläfchen nach dem üppigen Essen würde gut tun. Zum anderen verhielt sich sein Zimmernachbar Rose so, als hätte er ein Schweigegelübde abgelegt. Ralf zog die Vorhänge zu und schaute nur durch einen schmalen Spalt aus dem Fenster. Draußen sah es aus wie in seinem Innersten. Die Wolken waren mittlerweile eher schwarz als grau. Die Regentropfen fielen schwer wie Wasserbomben und zerplatzten in tausend kleinen Spritzern auf der Fensterbank. Die letzten Blätter der Bäume, die der Wind nicht herunterzerren konnte, wurden nun ebenfalls mit Tropfen bombardiert.

Das monotone Rauschen lockte Stefan in den Dämmerschlaf. Er glaubte, schon wieder unwirkliche Stimmen zu hören. Doch tatsächlich war es eine menschliche Stimme. Die leise Stimme von Ralf Rose.

»Meine manische Phase gefällt mir besser«, sah Ralf durch einen Spalt zwischen den Vorhängen den segelnden Wolken nach und seine Lippen zeigten den Ansatz eines spöttischen Lächelns. »Das ist ein völlig anderes Leben. Man ist nur gut drauf. Man hat Energie ohne Ende.« Dann verfinsterte sich sein Blick. »Aber diese *Normalen* kommen damit nicht klar, Stefan, ich hatte eine so wunderbare Frau kennen gelernt. Britta hieß sie und war Sekretärin in einer Maschinenfabrik. Wir sind tanzen und essen gegangen, sind Fahrrad gefahren und haben Ausflüge gemacht. Sie mochte meinen trockenen Humor und mein souveränes Auftreten. Wir kamen tagelang nicht aus dem Bett. Ich war wirklich in sie verliebt. Von mir aus hätte das immer so weitergehen können. Mit einem Schlag wollte sie nicht mehr. Angeblich war sie völlig fertig. Sie wollte eine Beziehungspause, also bin ich gegangen.«

Rose schwieg genauso plötzlich, wie er seine Erzählung begonnen hatte. Er beobachtete, wie die frechen Vögel im Park eine Regenpause nutzten, um die Würmer zu fangen, die verärgert aus ihren überschwemmten Löchern guckten.

»Ich kann es nicht verstehen«, nahm Ralf seine Gedanken wieder auf, »in meiner manischen Phase fliegen die Frauen nur so auf mich, um kurz danach sofort alles hinzuwerfen. Es ist jedes Mal das Gleiche.«

Rose zog die Vorhänge des Fensters ganz zu und legte sich auf sein Bett.

Stefan konnte sich daran erinnern, dass Ralf in seiner manischen Phase ein völlig anderes Wesen hatte. Es war schon fast beneidenswert, wie unbeschwert und hemmungslos dieser Mann dann lebte. Er zeigte keine Furcht, kannte scheinbar keine Sorgen und verhielt sich nur himmelhoch jauchzend. Wie angenehm musste es sein, mal keine Phobien zu haben.

Stefan wurde aus seinen Gedanken gerissen, da Ralf plötzlich weitersprach: »Nach der Manie kam der scheiß Absturz in die Depression. Ich will das alles nicht mehr. Ich habe alles gesehen und kennen gelernt. Weiß Gott, habe ich das! Die Manie ist der Himmel, die Depression ist die Hölle! Es gibt keine normale Frau, die mich mit diesen Schwankungen erträgt. Also kommt die Einsamkeit hinzu. Es gibt keinen Arbeitgeber, der diese Berg- und Talfahrt mit trägt. Also kein Job, nur sozialer Rand. Was soll daran lebenswert sein?«

Stefan wusste darauf keine Antwort und schwieg…

02 LEBENSWENDE

Auf dem alten Schreibtisch des spartanisch eingerichteten Untersuchungszimmers stand ein Computermonitor der ersten Generation mit einer abgegriffenen Tastatur. An dem nostalgischen Telefon hatte der alte Herr Siemens vermutlich noch selbst geschraubt. Die verdiente Untersuchungsliege aus den siebziger Jahren versteckte sich unter gestärkten, weißen Laken.Die Patientin Conni Helmer versuchte auch jetzt, gefasst zu bleiben und den bevorstehenden, dunklen Botschaften mit

Vernunft und Beherrschung zu begegnen. Die kleine Frau schob ihre dicke Brille höher und sendete ihre Hoffnungen und Gebete zu dem alten Kirchturm hinaus, der sich hinter dem Fenster in den grauen Himmel erhob. Der Wetterhahn konnte sich heute für keine Richtung entscheiden. Frau Helmers knetende Finger verrieten die innere Anspannung. Sie war nun achtundvierzig Jahre alt. Die Pölsterchen, die sie sich im Laufe der Jahre zugelegt hatte, wirkten auf ihr Nervenkostüm wie eine schützende Rüstung. Ein bis zwei Stückchen Schokolade hatten ihren Körper täglich angemessen mit Glücksbotenstoffen versorgt. Conni störte es auch nicht, wenn es ab und zu eine Überdosis an Glück gab. Ja, im Großen und Ganzen hatte sie auch allen Grund zum glücklich sein. Ihr Sohn Florian aus erster Ehe war nun achtzehn Jahre alt und würde im nächsten Jahr sein Abitur abschließen. Ein Studium im Fachbereich BWL sollte folgen. Damit trat er in die Fußstapfen seines Adoptivvaters Bernd Helmer. Diese kleine Familie zeigte in ihren Mitgliedern ein extremes Kontrastprogramm. Conni war klein und rundlich, Bernd wirkte zerbrechlich dünn und Florian stach als breitschultriger Hüne von 1,90 m völlig heraus. Die Länge des jungen Mannes entsprach den Genen seines verstorbenen Vaters.

Frau Helmer wurde aus ihren Gedanken gerissen, da sich die junge Assistenzärztin Lena Walters räusperte. Sie las im Monitor das Krankenblatt der Patientin. Bei dem aktuellen Datum, 9. November 2009, musste sie an den Jubiläumstag der Wende in der deutschen Geschichte denken. Das Thema wurde seit den frühen Morgenstunden permanent in den Radionachrichten heruntergebetet. Eine gute Gelegenheit für alle Politiker, sich zu profilieren.

Der jungen Frau lief beim Anblick der alarmierenden Laborwerte ihrer Patientin ein Schauer über den Rücken. Für Frau Helmer gab es nun auch eine Wende. Leider keine zum Guten. Frau Walters blickte der Patientin forschend ins Gesicht und fragte: »Wie fühlen Sie sich im Moment?«

»Schlapp, so wie in den letzten Wochen überhaupt. Normalerweise hatte ich immer eine gesunde Gesichtsfarbe. Doch in der letzten Zeit wurde ich häufig darauf angesprochen, dass ich blass sei und dunkle Ringe unter den Augen hätte. Das Gefühl, so abgespannt zu sein, hatte ich auf mein Alter oder die hormonelle Umstellung bezogen.«

»Daraufhin sind Sie zu ihrem Hausarzt gegangen?«

»Ja, der hat Blut- und Stuhluntersuchungen vorgenommen und mich aufgrund der schlechten Ergebnisse hier in die Klinik geschickt. Jetzt hoffe ich mal, dass da nichts Schlimmes auf mich zukommt.«

»Ich würde Ihnen gerne sagen, dass Sie völlig gesund sind. Aber ich denke, dass Ihnen Ihr eigenes Befinden signalisiert, dass etwas nicht in Ordnung ist. Verantwortlich für Ihr Unwohlsein ist eine Anämie, eine Blutarmut. Die roten Blutkörperzellen halten sich im gesunden Zustand etwa 110 Tage. Bei ihnen, Frau Helmer, werden diese leider schon nach wenigen Tagen abgebaut. Da die roten Blutkörperchen nun zu wenig Sauerstoff transportieren, fühlen Sie sich zurzeit geschwächt. Wir schlagen Ihnen vor, den Mangel mit einer Blutkonserve auszugleichen.« Frau Walters schaute auf den Monitor und erklärte weiter: »Gleichzeitig haben sich Lymphome gebildet. Das sind vergrößerte Lymphknoten, die auf eine Erkrankung ihres Lymphsystems hinweisen. Wenn Sie Fragen haben oder wenn ich etwas wiederholen soll, dann sagen Sie mir das bitte.«

»Aber«, verschlug es Frau Helmer kurzfristig die Sprache und sie setzte erneut an, »aber wenn ich das richtig verstehe, dann sind diese Lymphome doch eine Art Krebs, oder nicht?«

»Lymphome sind vergrößerte Lymphknoten, in denen sich zu viele bösartige Lymphzellen gesammelt haben.«

Frau Helmer durchlief ein Schauer und sie fragte spontan: »Muss ich schon bald sterben?«

»Ich denke, für Sie kommt eine Chemotherapie in Frage und danach fühlen Sie sich wieder gesund«, versuchte die Ärztin beruhigend zu wirken. »Jetzt machen Sie sich nicht übermäßige Sorgen. Wir haben große Erfahrungen mit dieser Erkrankung und die Behandlungen sind sehr erfolgreich.« Dann wechselte sie rasch das Thema: »Frau Helmer, ich muss noch ein bisschen über Ihre Familie und ihre Lebensumstände erfahren.«

Offensichtlich war Frau Helmer erleichtert, aus dem dunklen Thema herauszukommen und über ihre Liebsten sprechen zu können. Also berichtete sie von dem frühen Tod ihres ersten Mannes, der mit Mitte zwanzig an einem Herzinfarkt gestorben war. Sie erzählte, wie sie danach Bernd Helmer, der unter einer extremen Muskelerkrankung litt, kennen gelernt hatte. Trotz seiner Behinderung war er für Connis Sohn bis heute ein wunderbarer Vater, der den Adoptivsohn durch das Abitur pauken und auch noch durch das Studium begleiten würde.

»Was für eine Muskelerkrankung hat Ihr Mann?«

»Es ist eine Muskeldystrophie, die in Schüben voranschreitet.«

»Und wie kommt Ihr Mann im Augenblick damit zurecht?«, machte sich Frau Walters Notizen.

»Nun ja, Bernd ist ein erstaunlich geduldiger und willensstarker Mann, der nie klagt. Das Laufen fällt ihm mittlerweile sehr schwer. Der Bewegungsablauf ist unsicher. Bernd ist in der letzten Zeit bereits mehrmals gestürzt und hat sich dann im Gesicht verletzt.«

»Ist Ihr Mann berufstätig?«

»Ja sicher! Das würde er sich nie nehmen lassen. Er ist Unternehmensberater und sehr erfolgreich«, und endlich huschte ein kleines Lächeln über den Mund der Patientin.

»Sind Sie auch berufstätig?«

»Ich bin gelernte Konditorin. Als Flo geboren wurde und ich meinen ersten Mann während seiner Herzerkrankung pflegen musste, gab ich den Beruf auf. Nach dem Tod meines ersten Mannes heiratete ich Bernd. Da er aufgrund seiner Behinderung im Haus und Garten nicht helfen konnte, wollte er auch nicht, dass ich zusätzlich arbeiten gehe«, und sie ergänzte stolz: »Aber ich engagiere mich in unserer Kirchengemeinde.«

»Frau Helmer, ich denke, die wesentlichen Dinge haben wir nun besprochen. Auch der Oberarzt wird noch zu Ihnen kommen.« Die Ärztin legte ihre Notizen beiseite und nahm liebevoll die Hände der Patientin. »Als nächstes möchte ich, dass Sie auch mit unserem Psychologen ein Gespräch führen.«

Frau Helmer hob die Brauen: »Halten Sie mich etwa für bekloppt?«, und sie zog eine beleidigte Miene.

»Aber ganz bestimmt nicht, Frau Helmer, doch wenn das Schicksal einen Menschen sehr, sehr heftig belastet, dann sollte man sich zeigen lassen, wie man diese Lasten so verarbeitet, dass die Seele keinen Schaden nimmt«, die Ärztin schmunzelte. »Sehen Sie, jeder Politiker, Manager und Talkmaster lässt sich heutzutage coachen. Warum sollte das dem Otto-Normal-Verbraucher nicht auch zustehen?«

Conni sah die Ärztin immer noch misstrauisch an. Dann zuckte sie mit den Schultern: »Also gut! Wenn Sie meinen, dass das sein muss.«

Beide erhoben sich und traten in den Flur hinaus. Vor dem Arztzimmer saßen bereits mehrere andere Patienten und starrten die junge Ärztin ungeduldig an.

»Der Nächste kann in meinem Zimmer schon einmal Platz nehmen«, lächelte Frau Walters und verabschiedete Conni Helmer.

Die kleine Frau schlurfte mit schleppenden Schritten in Richtung Aufzug.

Kurz nachdem sie einen Knopf gedrückt hatte, öffneten sich wie von Geisterhand die Schiebetüren. Im Lift stand eine Reinigungsfrau mit Kopftuch hinter ihrem Putzwagen. Sie rollte genervt mit den Augen, da der Aufzug schon wieder nicht bis zu ihrer gewünschten Etage durchgefahren war.

Frau Helmer trat ein, drückte den Knopf für ihre Station und die Türen schlossen sich knarrend. Als sie sich wieder öffneten, drängten mehrere Personen in den Fahrstuhl. Eine blonde Schwester begleitete einen seltsamen Mann, der neugierige Blicke auf sich zog. Der unrasierte Mittvierziger wirkte völlig gleichgültig.

Die fremde Schwester sprach Frau Helmer einfühlsam an: »Ich bin Schwester Vera. Sie sehen sehr blass aus. Geht es Ihnen nicht gut? Kann ich ihnen helfen?«

Conni Helmer senkte den Blick und meinte mit zitternder Stimme: »Nein, danke. Sehr nett von Ihnen. Ich habe nur gerade etwas Schlimmes erfahren. Es geht gleich wieder.«

Mit einem Ruck hielt der Aufzug im nächsten Stockwerk. Schwester Vera legte der kleinen Frau mitfühlend ihre Hand auf die Schulter: »Ich wünsche Ihnen alles Gute«, wandte sich um und zog den unrasierten Herrn mit dem leeren Blick mit sich hinaus. »Kommen Sie, Herr Rose, wir sind da!«

Ein sehr alter Herr im Bademantel trat ein und drückte einen

Knopf. Während sich die Türen schlossen, nickte er mit dem Kinn hinter dem Patienten Rose her und grinste dann Frau Helmer an: »Ham se den gesehen? Der is von der Bekloppten-station. Datt is son Taugenichts, der sich auf unsere Kosten hier durchfüttern lässt. Datt hätt et früher nich gegeben«, und er drängte umgehend auf Zustimmung. »Oder sind Sie etwa anderer Meinung?«

Frau Helmer antwortete nicht und sah nur verlegen auf ihre Füße. Endlich hielt der Lift vor ihrer Station und sie eilte in ihr Zimmer.

03 ENDSTATION S-BAHN

Da ihre Kollegin aufgrund einer Magen-Darm-Grippe zuhause bleiben musste, hatte Schwester Vera heute geteilten Dienst. Ab November breiteten sich diese ansteckenden Erkrankungen wieder epidemieartig aus und machten auch vor dem medizinischen Personal keinen Halt.

Vera blickte beim Abendessen im Speisesaal der geschlossenen, psychiatrischen Station zum freien Platz neben Herrn Wunderlich: »Wo ist Ihr Zimmerkollege Rose?«

Herr Wunderlich las gerade laut aus der Tageszeitung vor:

»Montag, 9. November 2009. Vor zwanzig Jahren fiel die Mauer zwischen Ost- und Westdeutschland. Die Bundeskanzlerin Angela Merkel erklärte…« Stefan wurde wieder deutlich von Schwester Vera angesprochen: »Herr Wunderlich, ich habe Sie gerade gefragt, wo Ihr Zimmerkollege Ralf Rose steckt?«

Der Patient räusperte sich verlegen: »Er wollte noch einmal zur Toilette. Mehr weiß ich auch nicht!«

Währenddessen hielt Ralf Rose einer jungen Küchenhilfe freundlich die Eingangstür der geschlossenen Abteilung auf, da sich deren Geschirrwagen bei der Durchfahrt verkeilt hatte. Zwei Teller waren scheppernd zu Boden gefallen und die unerfahrene Mitarbeiterin wurde ganz nervös. Ralf Rose wirkte mit sonorer Stimme und einem verständnisvollen Lächeln beruhigend auf sie ein.

Sie lächelte dankbar zurück, schob den Geschirrwagen in

den Stationsflur hinein und der Patient schloss hinter ihr von außen die Tür.

Rose lief durch das leere Treppenhaus zum Erdgeschoss und durchquerte mit langsamen Schritten völlig unauffällig die Eingangshalle des Krankenhauses. In den Sitzgruppen waren Patienten und Angehörige in Gespräche vertieft. Einige hatten Tränen in den Augen, andere hielten sich tapfer. Kleine Kinder rollten gelangweilt das mitgebrachte Obst über den Tisch. Rose grüßte verständnisvoll lächelnd die gestresste Dame an der Pforte und passierte die Ausgangstür. Die geheizte Luft des Gebäudes flüchtete hinaus in die Herbstkälte. Rose zog seine Jacke höher zu und stülpte seinen Kragen nach oben. Der Wind war unverschämt frech geworden. In den Fensternischen begann er zu heulen.

Der Patient blickte sich noch einmal zu dem Klinikgebäude um, dessen viele sterile, kalte Lichter das frühe Abenddunkel erhellten. Sein Zifferblatt zeigte 18:45 Uhr. Die Sträucher und Bäume hatten ihre Blätter fast alle abgeworfen und warteten in ihrer trostlosen Nacktheit auf die eiskalten Wintertage. Die Straßen und Wege waren regennass. Ralf Rose schritt langsam und gleichmäßig mit gesenktem Haupt vor sich hin. Er wich keiner Pfütze aus, sondern ging unaufhaltsam und direkt seinem Ziel entgegen. Er lief und lief. Autos rauschten vorbei und spritzten achtlos das Regenwasser auf die Gehwege. Bald endeten die grauen Fassaden der Mietshäuser. Die Hauptstrasse führte aus dem Ort hinaus und bewegte sich in einem langen Bogen auf ein Tal zu, das in den wärmeren Jahreszeiten zu Spaziergängen in üppiger Natur einlud.

Aus einer Gaststätte schallte moderne Musik und ausgelassenes Gelächter. Die Fröhlichkeit anderer Menschen interessierte Rose nicht. Hinter der Kneipe bog er in einen Weg ein, der zu dem Bahngleis führte, das ebenfalls dieses lange Tal durchquerte. Rose blickte nachdenklich zum schwarzen Novemberhimmel hinauf. Die turmhohen Wolken verbargen die Sterne und das Mondlicht. Die letzten Blätter schwebten wie Gespenster vom Wind getragen durch die Luft und strichen über sein Gesicht. Der kalte Wind spielte mit dem Haar und das Rauschen ließ die in der Dunkelheit verborgenen Bäume erahnen. Die

Herbstluft verströmte einen Modergeruch. Rose ging weiter und betrat eine Fußgängerbrücke.

In fünf Minuten, gegen 20:20 Uhr, würde Ralfs S-Bahn kommen. Ihm blieb noch etwas Zeit. Er erreichte den höchsten Punkt der Fußgängerbrücke, die sich über das Gleis der Bahn wölbte. Das Brückengeländer hatte die Höhe von mehr als einem Meter. Ralf schwenkte ein Bein nach dem anderen darüber, setzte sich auf den Handlauf und hielt sich mit den Füßen in den senkrechten Stäben fest. Genau unter ihm blinkten die Schienen im Licht einer Laterne wie poliertes Metall.

Neben dem Bahngleis murmelte das eisige Wasser eines Bachs, der sich in der abendlichen Dunkelheit verborgen hielt.

Bevor Ralf Rose sich schon bald fallen lassen würde, streiften seine Gedanken noch einmal die wichtigsten Stationen seines Lebens.

Kapitel 2
Das ganz normale Leben

01 SUMMA CUM LAUDE

Über dem Haupteingang des Gymnasiums prangte ein großes Transparent mit der Aufschrift ›Abi-Tour 1983‹. In der ersten Reihe der Aula saßen die Honoratioren, wie zum Beispiel der Bürgermeister, seine Stellvertreterin, wichtige Sponsoren, die Lokalpresse und die Schulleitung. In den folgenden Reihen murmelten die stolzen Eltern der diesjährigen Abiturienten. Dazwischen verteilten sich die Jungen und Mädchen, die nun endlich nach dreizehn Schuljahren erfolgreich das Gymnasium verlassen würden, um neue Lebenswege zu erkunden.

Der Oberstudiendirektor Herbert Schunke hatte eine flammende Rede gehalten und den Stolz über seine ›schöne Oberprima‹ zum Ausdruck gebracht. Jubelrufe und Applaus schallten durch die Aula.

Ralf Rose, der unverschämt gut aussehende Stufensprecher, ging nun ans Mikrophon. Er trat wie immer erstaunlich selbstsicher und ruhig auf. Seine blonden Locken bedeckten die Ohren. Die blauen Augen funkelten scharfsinnig und etwas provokant. Um seine Lippen spielte ein geheimnisvolles Lächeln.

Ralf hatte sich in Schale geworfen. Er trug zu einer schwarzen Jeans ein graues Sakko und die auffällige Krawatte war pedantisch korrekt gebunden. Ralfs Mund verzog sich zu einem breiten Grinsen und er hob seinen rechten Arm zum Zeichen, dass er mit seiner Rede beginnen wollte.

Zahlreiche Mädchenaugen strahlten den großen, schlanken Jungen ungeniert an. Silvia Becker, eine schwarzhaarige Schönheit mit auffallend weiblichen Rundungen, spürte mit Genugtuung, dass Ralf seit einiger Zeit ein Auge auf sie geworfen hatte. Sie beobachtete sehr genau das Verhalten ihrer

Konkurrentinnen und versuchte, den Blick ihres Favoriten einzufangen.

Langsam wurde es ruhig und Ralfs sonore Stimme erzeugte bei einigen jungen Damen eine Gänsehaut.

»Als Erstes möchte ich mich unseren geladenen Gästen und denen vorstellen, die mich noch nicht kennen. Mein Name ist Ralf Rose und diese tollen jungen Leute hier haben mich zu ihrem Stufensprecher gewählt.« Klatschen, Pfeifen und zustimmendes Grölen erschallte aus den Reihen der Abiturienten. Rose fuhr fort: »Ich darf Sie und unsere Eltern im Namen der Schule und der Schüler recht herzlich begrüßen. Als Zweites richte ich nun unseren Dank an unsere Lehrer und Lehrerinnen, die mit unermüdlicher Geduld versucht haben, ihr Wissen an uns weiterzugeben. Mit welchem Ergebnis das im Einzelnen gelungen ist, wird unser Stufenlehrer, Herr Böhme, im Anschluss berichten. Er stellt Ihnen die Schülerinnen und Schüler vor, die mit Bestnoten abgeschnitten haben. Doch bevor die Laudatio beginnt, erzähle ich Ihnen einige Erlebnisse aus unserer Schulzeit. Wir haben keine Kosten und Mühen gescheut und eine Abi-Zeitung erstellt, die Sie, liebe Gäste, am Ende unserer Veranstaltung hoffentlich käuflich erwerben.« Ralf machte eine Kunstpause, grinste frech und meinte: »Nein, das war ein Scherz! Ich hoffe das nicht, sondern ich weiß, dass Sie das auf jeden Fall tun werden, dass Sie uns die Zeitung aus den Händen reißen werden«, und seine Mitschüler klatschten und pfiffen wieder zustimmend.

»Der Erlös dient der Finanzierung unseres Abi-Balls«. Er hielt ein Exemplar der Zeitung hoch, auf dem in großen Lettern das Motto ›Abi-Tour 1983‹ stand. Rose schlug die Zeitung auf und las die schönsten Anekdoten aus dem Schulalltag vor. Zwischenzeitig fand er mehrmals den Blickkontakt zu Silvia, die ihn nicht mehr aus den Augen ließ. Sie hatte sich auf der letzten Klassenfete beim Tanzen zu Ralf hingezogen gefühlt. Kein Kuss, keine Berührung hatte es zwischen ihnen bisher gegeben. Da bestand nur gesteigerte Sympathie. Und nun? Dort oben stand dieser junge Mann, der unverschämt selbstsicher, erstaunlich wortgewandt und bestechend anziehend wirkte. Welcher andere Schüler wäre nicht angesichts so vieler Eltern und Würdenträger vor Lampenfieber im Erdboden versunken? Rose hingegen strotzte vor Verwegenheit und Kraft… und Silvia fühlte, dass sich ihre gesteigerte Sympathie in diesem Augenblick in Verliebtheit verwandelte.

Als weiterer Programmpunkt spielte die Schul-Jazz-Band das Instrumentalstück ›Take Five‹. Währenddessen hörte man im Hintergrund Gemurmel, Lachen, Stühlerücken und Nasenschnäuzen. Silvia lief auf Ralf zu, blieb genau vor ihm stehen und blickte zu dem hochgewachsenen jungen Mann auf. Mit funkelnden Augen fragte sie: »Ralle, du warst fantastisch! Sehen wir uns nach der Veranstaltung?«

Er lächelte sie charmant an: »Würde ich gerne, Silvia, aber mein Vater hat irgendetwas mit mir vor. Ich weiß tatsächlich nicht, worum es geht. Was hältst du davon, wenn ich dich heute Abend abhole? Bei meinem Notenschnitt leiht Vater mir vielleicht seinen Wagen. Ich rufe dich auf jeden Fall an, okay?«

»Ich freue mich schon darauf. Also bis später«, kniff sie ihm ein Äuglein und ging mit zufriedenem Lächeln zu ihrem Platz zurück.

Es wurde langsam stiller und Silvias Mutter flüsterte: »Wer ist der nette junge Mann?«

»Das ist Ralf. Aber jetzt hör zu«, legte Silvia den Finger auf ihre Lippen und nickte mit dem Kinn zur Bühne.

Der Stufenlehrer, Oberstudienrat Wilhelm Böhme, betrat die Bühne der Aula. Der humorvolle Mann trug einen dunklen Anzug und hielt eine edle Mappe in den Händen. »Silencium!«, bat er um Ruhe. »Auch ich begrüße unsere Gäste im Namen unseres Gymnasiums recht herzlich. Aber im Mittelpunkt unserer Veranstaltung stehen heute unsere Schülerinnen und Schüler des Abiturjahrgangs 1983.« Dann erklärte Böhme die Bedeutung des Abiturs an sich und dessen Wert in der Gesellschaft. Er berichtete über die derzeitige Schulsituation und beklagte sich bei den anwesenden Kommunalpolitikern über fehlende Mittel, die eine optimale Wissensvermittlung immer schwerer machten. Böhme hob hervor, dass diese jungen Menschen hier in Kürze die Pfeiler der Gesellschaft darstellen würden.

Als sich die ersten Hände vor die gähnenden Münder legten,

bat Böhme die drei Jahrgangsbesten auf die Bühne: »Ralf Rose, Marie Stellter und Volker Klein, kommen Sie bitte zu mir!«

Klatschen und Pfeifen begleiteten den Auftritt der drei jungen Leute. Der Oberstudienrat zog einige Dokumente aus seiner Mappe und wandte sich den drei Schülern zu: »Ralf Rose ist der Jahrgangsbeste. Er hat einen Notenschnitt von 1,0 erreicht und das nenne ich ›summa cum laude‹! Herzlichen Glückwunsch, Ralf. Die Schule ist stolz auf Sie!«

Die Stuhlreihen klapperten und alle Zuhörer erhoben sich von ihren Plätzen. Pfeifen und Klatschen ertönte. Ralfs Wangen wurden ungewohnt rot. Dann wiederholte sich das Procedere bei Nummer zwei und drei.

Nach den Gratulationen und Lobhudeleien kamen die Kommunalpolitiker zu Wort. Der Bürgermeister hielt mit übertriebener Gestik und Mimik eine wortgewaltige Rede und hatte nach einer Viertelstunde im Grunde nichts gesagt. Aus reiner Höflichkeit gab es für ihn einen verhaltenen Applaus. Immer öfter schauten die Schüler gähnend auf ihre Uhren. Doch die Schule war gut darauf vorbereitet und endlich gab es zur Belebung Sekt, Cola und duftenden Kaffee.

02 OBEN OHNE

Hans-Jürgen Rose besaß ein erfolgreiches Immobilienmaklerbüro mit mehreren Angestellten. Der ehemalige Banklehrling hatte laut seines Vorgesetzten nicht das Zeug gehabt, um in dem renommierten Geldinstitut Karriere zu machen. Rose gehörte nämlich nicht zu den geschmeidigen Dauerlächlern, die die Kunden einwickeln konnten. Nein, er war nur clever, fleißig und mutig. Wenn Hans-Jürgen heute mit 44 Jahren Bilanz zog, konnte er zufrieden sein. Er lebte mit seiner zwei Jahre jüngeren Frau Uschi und Sohn Ralf in einem stattlichen Bungalow mit Pool. Ein großes Mietshaus mit zwanzig Wohnungen brachte fette Zusatzeinnahmen und zur Erholung diente das Ferienhaus in Neuharlingersiel an der Nordseeküste. Hans-Jürgen genoss die große Genugtuung, dass sein ehemaliger Chef dieses Ziel nicht erreicht hatte.

Frau Rose schätzte elegante Kleidung und sah für ihr Alter sehr attraktiv aus. Die langen rötlichen Haare umrahmten ein schönes Gesicht mit blauen Augen.

Uschi Rose kam mit den Wesensschwankungen ihres Mannes nur mühsam zurecht. Es gab Zeiten, da lebte Hans-Jürgen wie ein Workaholiker. Dann folgten Phasen, in denen ließ er sich total hängen. Finanziell spielten diese Schwankungen Dank ausreichender Rücklagen kaum eine Rolle. Dass dieser erfolgreiche Mann keinen Mittelweg fand, verstand Uschi bei bestem Willen nicht. Also kriselte es während der hyperaktiven oder der gleichgültigen Phase ihres Mannes gewaltig im Hause Rose.

Doch heute hatte der einzige Spross der Familie mit ›summa cum laude‹ sein Abitur bestanden und Uschi genoss ihr Bad in der heilen Welt. Die Junisonne strahlte von einem tiefblauen Himmel. Hans-Jürgen strahlte ebenfalls. Sein Sohn würde in das Finanzwesen einsteigen und es allen so richtig zeigen! Er würde eines Tages das Geschäft des Vaters übernehmen und mit Sicherheit noch weiter ausbauen.

Herr Rose wartete sehnsüchtig darauf, dass Ralf sich endlich aus der aufgekratzten Schülertraube löste und den Weg in seine väterliche Umarmung finden würde. Ralf ging jedoch zuerst grinsend auf seine Mutter zu und drückte sie liebevoll an sich. Sie überhäufte ihn mit Küssen, zückte bald darauf ein Taschentuch und befreite die Wangen des jungen Mannes von ihrem Lippenstift.

Vater Rose drückte dem Sohn kräftig die Hand. Er flüsterte Ralf ins Ohr: »Zuhause wartet eine Überraschung auf dich. Die wird dich umhauen!«

Als Familie Rose zum Parkplatz schritt, hob Ralf immer wieder die Hand und grüßte auf Zuruf seine Mitschüler. Alle Eltern und Schüler waren in Aufbruchstimmung. Hier und dort wurde übermütig gehupt.

Silvia stand neben dem Wagen ihrer Eltern und rief: »Ralle, du denkst dran?«

Der junge Mann nickte und setzte sich auf den Rücksitz des väterlichen Mercedes. Am frühen Nachmittag rollte der schwere Wagen über den knirschenden Kies auf seine Garage zu. Hinter ihm schloss sich automatisch das schmiedeeiserne Tor zwischen der zwei Meter hohen Grenzhecke. Der weiße Bungalow reflektierte die Strahlen der heißen Sommersonne und die majestätischen Bäume warfen erfrischend große Schatten. Uschis duftende Blumenbeete leuchteten in allen Farben.

»Ralf, mach mal das Garagentor auf«, lächelte Vater Rose mit erwartungsvoller Miene.

»Warum denn, Dad? Du hast eine Fernbedienung!«, verhielt sich Ralf gespielt cool, um die Spannung noch zu erhöhen.

»Nun mach schon!«, drängte Hans-Jürgen und wirkte ungeduldig. Auch Mutter Uschi stimmte nun mit ein: »Schatz, du tust jetzt sofort, was Dad dir sagt, okay?«

Ralf unterdrückte ein Lächeln und stieg aus dem Wagen. Selbstverständlich war ihm klar, dass hinter dem Doppelgaragentor etwas auf ihn wartete. So etwas ließ sich vor einem Neunzehnjährigen kaum verheimlichen. Aber was das genau sein würde, wusste Ralf nicht. Sein großer Traum war ein eigener Wagen. Hin und wieder hatte er seinem Vater Autozeitungen mit entsprechenden Bildern vorgelegt. Vater Rose hatte es stets vermieden, seinen Sohn mit Geldzuwendungen zu verwöhnen. Es gab ein kleines Taschengeld und für Extrawünsche musste Ralf kellnern gehen. Schon das Kleinkraftrad hatten die Eltern ihm verboten, da sie um die Sicherheit des Einzelkindes fürchteten. Vielleicht hatte sich der alte Herr durchgerungen und einen alten VW-Käfer angeschafft?

Der junge Mann tippte an der kleinen Wandtastatur der Garage einen PIN-Code ein und das elektrisch betriebene Tor setzte sich ratternd in Bewegung. Die Eheleute Rose waren ebenfalls ausgestiegen und beobachteten aufgeregt den stolzen Nachwuchs. Dann hallte endlich ein Freudenschrei durch die Siedlung.

»Ein Alfa Romeo! Ist der für mich?«, sah Ralf ungläubig zwischen seinen Eltern und dem gelben Cabrio immer wieder hin und her.

Uschi nickte stumm und kleine Tränen glitzerten in ihren Augenwinkeln.

Hans-Jürgen ging auf seinen Sohn zu und legte ihm den Arm um die Schultern: »Na, gefällt er dir?«

»Ich kann es nicht ganz glauben«, und er strich mit seinen

Händen über den Kotflügel bis zur Windschutzscheibe. Dann umarmte er seinen Vater und gab ihm einen Kuss auf die Wange. Hans-Jürgen fühlte sich gerührt, da solch ein Kuss in dem Alter seines Sohnes die Ausnahme war. Er setzte sich voller Genugtuung auf den Beifahrersitz.

Endlich saß auch Ralf hinter dem Lenkrad seines neuen Autos, drehte den Zündschlüssel und ließ den Motor im Leerlauf mehrmals aufheulen. Schon knirschte der Kies unter den Rädern und Mutter Uschi winkte ihnen besorgt nach.

Um 18 Uhr hupte vor dem Reihenhaus der Familie Becker ein Wagen und Silvia blickte ungläubig durch die Gardinen ihres Zimmerfensters. Sie schaute noch mal und dann zog ein Lächeln auf ihren Mund. Sie schnappte nach ihrer Handtasche, ergriff das neueste Jäckchen und stürmte durch den Hauseingang. »Ich bin mit Ralf weg!«, hörte Mutter Becker, während die Tür ins Schloss fiel.

Der junge Mann öffnete ihr wie ein Gentleman die Beifahrertür: »Einsteigen, Prinzessin, auf zur Jungfernfahrt!«

»Wahnsinn, ist das dein Wagen?«, strahlte sie Ralf an und strich über das zusammengefaltete Verdeck des Cabriolets.

Unterwegs erzählte Ralf, wie ihn diese riesige Überraschung zuhause erwartet hatte. Dann fragte er: »Und was hat dir dein Abi eingebracht?«

»Eine super Stereoanlage. Musst du dir unbedingt mal anhören.«

»Oh, war das gerade eine Einladung in dein Privatgemach?«, lachte Ralf und bog in die Landstraße ein.

Der Motor des Zweisitzers heulte auf und der Wind griff in Silvias Haar. Sie öffnete ihre Handtasche und zog ein Haargummi hervor, mit dem sie ihre schwarzen Locken hinter dem Kopf zusammenband.

»Na, gefällt es dir, so oben ohne?«, meinte Ralf verschmitzt.

»Du meinst, so ohne Verdeck? Ja, es ist toll. Es hat etwas von Freiheit und Abenteuer.«

Ralf beschloss, zum zehn Kilometer entfernten Hövelstausee zu fahren. Die Straße der Hügellandschaft war sehr kurvenreich. Sie schlängelte sich zwischen Wäldern und Feldern hindurch, die ihre anregenden Düfte in die warme Abendluft atmeten.

Das brummende Motorgeräusch hallte in den Waldschneisen in sportlichem Sound zurück und Ralf grinste voller Genuss. Silvia streckte ab und zu ihre Hand über die Windschutzscheibe hinaus und ließ genüsslich den Fahrtwind durch ihre gespreizten Finger gleiten. Die Straßenlage des Alfas ließ ein forsches Fahren zu und so quietschten in mancher Kurve die Reifen. Im Radio stampften die Bässe heißer Rhythmen. Als der Alfa auf einen Parkplatz in der Nähe des Yachthafens einbog, hupte Ralf mehrmals und die dort versammelten jungen Leute jubelten ihnen mit winkenden Armen zu. Einige der frisch gebackenen Abiturienten waren mit ihren betagten Autos gekommen, andere saßen immer noch auf Kleinkrafträdern. Nur zwei Jungen hatten es bereits zu einem großen Motorrad gebracht. Sabine und Bettina standen stolz neben ihrer klapprigen Ente.

Zur Gruppe dieser Jugendlichen zählten auch Jüngere, die nicht alle das Gymnasium besuchten. Die Lehrlinge kamen sich im Alter von sechzehn Jahren sehr erwachsen vor. Einer von ihnen war der Elektronikerlehrling Oliver Schwarz. Auf seiner stolzen Honda saß seine hübsche Freundin Tanja und beobachtete, wie das Cabrio neugierig umringt wurde. Am Kiosk tönte die neue deutsche Welle aus den Lautsprechern.

»Hi Rose, ist das etwa dein Wagen? Mann, Mann, Mann, da sieht man, wo die Knete steckt! Das kostet jetzt aber eine Blechrunde!«, und dann wurde der Alfa noch näher unter die Lupe genommen. Ralf zeigte sich spendabel und kaufte am Kiosk Cola und Dosenbier. Man redete über die Schule und dass nun für die Abiturienten endlich die verdammte Paukerei vorbei sei. Man war erwachsen. Man gehörte dazu. Man war endlich wer.

Nachdem die Sonne im Stausee untergegangen war, nahm Ralf seine hübsche Beifahrerin an die Hand und lief mit ihr am Leinpfad in die Dämmerung hinein.

»Verlauft euch bloß nicht!«, riefen einige aus der Gruppe lachend hinter ihnen her und Ralf winkte nur stumm ab.

Leise schwappten die Wellen ans Ufer. Die Gräser und Sträucher dufteten intensiv. Einige Amseln pfiffen sich die letzten Grüße zu, um bald unter dem dichten Blattwerk der Bäume zu schlummern.

Ralf legte seinen Arm um Silvias Schultern und sie umschlang seine Taille. Je dunkler der Abendhimmel wurde, umso heller leuchteten die Lichter der Häuser des gegenüberliegenden Ufers. Die ersten Sterne traten hervor und die zunehmende silberne Sichel des Mondes stieg wie ein entfernter Ballon zum Firmament empor. Die Frösche quakten und im Unterholz raschelten die kleinen nachtaktiven Bewohner. Die Juniluft war trotz der Nähe des Wassers sehr mild. Die letzten Motorboote und Segler glitten ihrem Hafen entgegen.

Die jungen Leute liefen wortlos. Nur ihre Schritte klangen mit dem stiller werdenden Abend lauter. In einer Einbuchtung des Uferwegs wartete unter dem schützenden Blätterdach alter Bäume eine Parkbank. Sie nahmen Platz. Ralf umfasste Silvias Schultern und drückte sie fest an sich. Sie legte ihren Kopf an seinen Hals.

»Ich hatte in der letzen Zeit zwei brennende Wünsche«, meinte Ralf im Flüsterton. »Der erste ist mit dem Auto in Erfüllung gegangen«, und er blickte schweigend zu den fernen Lichtern des anderen Ufers.

Silvia drehte ihr Gesicht nah zu dem seinen: »Und der zweite Wunsch?«

Er hob sanft ihr Kinn und suchte mit seinem Mund ihre Lippen. Der erste Kuss wurde sogleich leidenschaftlich und seine Hand glitt auf dem engen T-Shirt über ihre Brüste. Als Ralf sich weiter vorwagen wollte, hielt sie seine Hand fest. Sie biss ihm zärtlich ins Ohrläppchen und flüsterte: »Nicht hier. Komm, lass uns zurück zu den anderen gehen.«

»Hast du vor dem Beginn der Uni schon Urlaub geplant?«, küsste er sie auf die Stirn.

»Meine Eltern wollten mich mit nach Bayern nehmen. Darauf habe ich absolut keinen Bock. Ich bleibe lieber zuhause.«

»Meine Eltern haben an der Nordsee ein Ferienhaus. Hast du Lust, mit mir dort hinzufahren? Sommer, Sonne, Meer und und und.«

»Was verstehst du denn unter *und und und*?«

»Und kühle Getränke, denke ich«, stand Ralf von der Bank auf und zog Silvia an der Hand hoch.

Der Fußweg war in der Dunkelheit nur noch schattenhaft

zu erkennen. In der Ferne hörten sie, wie junge Leute zur Gitarrenbegleitung John Denvers Song ›Take me Home, Country Roads‹ sangen, klatschten und mit leeren Getränkedosen den Takt dazu schlugen. Mit jedem Schritt, den das verliebte Pärchen auf die Gruppe zukam, wurde der Gesang lauter und schräger. Als sie das fröhliche Völkchen erreichten, hörte man nur noch die Gitarre.

Oliver Schwarz spielte gerade einen Blues und erzeugte mit einem Glasröhrchen herzergreifende Klänge. Appetitlicher Hanfgeruch stieg auf und mischte sich mit dem Duft der Pflanzen und des Wassers.

»Ralle, nimm mal nen Zug! Wolle hat ne ganz tolle Tüte gebaut.«, reichte einer der Jungs Rose den Joint.

»Danke, lass mal«, winkte Ralf ab und steckte sich eine normale Zigarette an. »Ich muss noch fahren. Aber habt ihr noch Cola für mich?«

Jemand reichte ihm eine Dose: »Hier, die letzte. Wir müssen unbedingt noch Nachschub holen. Der Kiosk macht um 23 Uhr dicht!«

Silvia hatte sich in die Nähe von Oliver gesetzt und lauschte fasziniert den Gitarrenklängen.

03 SOMMER, SONNE, MEER UND ZUKUNFT

Bereits wenige Tage nach dem Abi-Ball hatte Ralf Rose ein dreiwöchiges Praktikum in der Filiale eines großen Bankhauses begonnen. Seine Vorgesetzten waren beeindruckt, mit welchem enormen Engagement der junge Mann sich in die verschiedenen Aufgaben einarbeitete. Ralfs Ziel war eigentlich das Studium der Betriebs- und Volkswirtschaft gewesen, doch der Leiter der Bankfiliale überredete den hochtalentierten Jungen, eine Banklehre zu beginnen. Er versprach ihm gute Weiterbildungs- und Aufstiegsmöglichkeiten.

»Herr Rose, die modernen Banken, wie die unsere, möchten ihre engagierten Nachwuchstalente nicht verlieren. Deshalb bietet unser Haus die berufsbegleitenden Studiengänge an, die ebenfalls zu einem akademischen Abschluss führen können«, klopfte der Filialleiter seinem Praktikanten väterlich auf die Schulter. »Und im Gegensatz zur Universität erhalten Sie hier ein monatliches Einkommen.«

Voller Euphorie stimmte Ralf dem Lehrvertrag zu, stattete sich mit Jacket, Schlips und Kragen aus und war schon bald der Liebling der Bankkunden.

Im Haus Rose hatte es zwischen Vater und Sohn heftige Diskussionen über das neue Ausbildungsziel gegeben. Hans-Jürgen traute diesen selbstgefälligen Bankleitern nicht über den Weg. »Ich habe doch am eigenen Leib erfahren, wo die Versprechungen zum Schluss hinführen«, erklärte er mit wegscheuchenden Handbewegungen. »Die nutzen dich doch nur aus. Du wirst noch an meine Worte denken.«

Ralf wünschte sich so schnell wie möglich die Unabhängigkeit von seinem Elternhaus.

Doch nun standen erst einmal die vielversprechenden Ferien vor der Tür. Die Autobahn Richtung Oldenburg hatte mehrere Baustellenbereiche. Endlich löste sich der Stau der Urlaubsreisenden auf und Ralf trat kräftig aufs Gaspedal. Das Faltdach des Alfas hob sich bei 150 km/h zu einer Wölbung und der Fahrtwind rauschte laut.

»Deine Mutter hat vorhin ganz schön sauer geguckt, als ich dich abgeholt habe. Die ist nicht davon begeistert, dass du mit mir zur Nordsee fährst, nicht wahr?«, rief der junge Fahrer gegen die lauten Motor- und Windgeräusche an.

Silvia schüttelte lachend ihre schwarzen Locken: »Sie hätte es lieber gehabt, wenn ich mit ihr und Papa nach Bayern gefahren wäre.«

»Mein Gott, du bist doch wohl alt genug, um alleine Urlaub zu machen. Andererseits bist du ja auch nicht alleine. Du hast mich schließlich dabei!«

»Das ist es ja. Meine Eltern haben Sorge, dass ich schwanger zurückkomme.« Die junge Frau machte eine nachdenkliche Pause und blickte über die endlosweiten, grünen Felder, die die norddeutsche Landschaft prägten. Peinlich berührt ergänzte sie: »Ich vertrage die Pille nämlich nicht.«

Ralf legte verständnisvoll seine Hand auf ihr Knie und fragte: »Deshalb hast du mich bis jetzt auf Abstand gehalten, oder?«

Sie blickte weiter verlegen aus dem Fenster und nickte nur stumm.

Ralf fragte mit frechem Grinsen: »Kennst du den kleinsten Dom der Welt?«

Sie hob verwundert die Brauen: »Was ist das denn jetzt für eine Frage?«

»Der kleinste Dom ist der Kondom. Da passt nur einer rein und der muss sogar noch stehen!«

Sofort löste sich Silvias Anspannung und sie rief lachend: »Du Blödmann!«, dann schmiegte sie ihren Kopf an seine Schulter.

Der zauberhafte Hafenort Neuharlingersiel hatte sich für ein Postkartenbild gerüstet. Die Hochsommersonne strahlte von einem stahlblauen Himmel, an dem weiße Wölkchen segelten. Die Flut hatte das erstaunlich warme Wasser bis zu den hellen Sandstränden ansteigen lassen, sodass vom Wattschlamm nichts zu sehen war. Erfrischend plätscherten die Wellen verspielt ans Land, trugen den heißen Sand ein Stück mit sich, um ihn bald darauf an anderer Stelle wieder anzuschwemmen. Kinder bauten unter Jauchzen und Zurufen stolze Sandburgen, die mit Muscheln verziert wurden.

»Mama, nun guck doch endlich mal!«, forderte der dicke, zehnjährige Burgherr immer wieder volle Aufmerksamkeit.

»Schön, sehr schön, Kevin«, antwortete die urlaubsreife Mutter ihrem geliebten Sprössling. Dann drehte sie sich genervt in die entgegengesetzte Blickrichtung und flüchtete ihre Gedanken in die ferne Welt eines Liebesromans.

Ralf Rose bewunderte die schwarzhaarige Schönheit, die bauchwärts vor ihm auf einem riesigen Badehandtuch lag. Der knappe Bikini ließ die junge Frau noch reizvoller erscheinen. Ihr Gesicht zeigte im Profil einen Ausdruck tiefer Zufriedenheit. Ralf öffnete gefühlvoll den Verschluss ihres Oberteils und ließ die Enden zur Seite fallen. Dann tropfte er Sonnenöl in seine Hand und massierte dieses sanft auf ihrem geröteten Rücken ein. Hin und wieder beobachtete er die vielen, bunten Segelboote, die schräg im Wind über das blaue Wasser glitten. Eine Meeresbrise ließ die Duftmischung aus Salzwasser, Fischgeruch, Sonnenölen und dem Grillgeruch des benachbarten Campingplatzes an Ralfs Nase vorbeiziehen und er fragte: »Riechst du das auch?«

»Du meinst den leckeren Fleischgeruch?«, hob sie schnuppernd den Kopf an.

»Ja, wir haben zwar das Ferienhaus, aber auch einen leeren Kühlschrank. Das ist der Nachteil am ersten Urlaubstag. Ich schlage vor, dass wir in einer Stunde losziehen und Grillkohle, Essen und Getränke einkaufen.«

Drei Stunden später liefen sie mit schweren Einkaufstüten auf das freistehende Ferienhaus der Familie Rose zu. Über der Eingangstür des eineinhalbgeschossigen Klinkerbaus stand der Name ›Haus Uschi‹. Auf dem Einstellplatz leuchtete der gelbe Alfa in der Spätnachmittagsonne.

Silvia war von dem Ferienhaus und seiner geschmackvollen Einrichtung überwältigt. Sie räumte die Frischwaren in den Kühlschrank. Während Ralf auf der Terrasse den Grill aufbaute, schaute die junge Frau sich im Haus um. Sie packte ihre Tasche aus und brachte ihre Pflegemittel ins Bad. Mit Bewunderung glitten ihre Augen über die Marmorfliesen, die Eckwanne, die großzügige Dusche und den Granitwaschtisch. Die Familie Rose schien sehr wohlhabend zu sein.

Die Türen der drei Schlafzimmer im Dachgeschoss standen zum Lüften auf. Die Möblierung entsprach dem norddeutschen Stil und bestand aus massivem Holz. Silvia suchte sich ein Zimmer aus und räumte ihre Kleidung in den Einbauschrank. Sie tänzelte wieder die Wendeltreppe hinab und betrat den Wohnbereich. Die funktionelle, kleine Küche war mit einer Theke vom Wohn- und Esszimmer getrennt.

»Hast du alles gefunden?«, steckte Ralf den Kopf durch die Terrassentür und grinste sie an.

»Ja, ich bin beeindruckt«, drückte sie ihm einen Kuss auf den Mund. »Soll ich schon mal Teller bereitstellen und die Salate in die Schüssel füllen?«

»Das wäre gut, und in wenigen Minuten können wir auch das Fleisch auf den Grill legen«, wandte er sich wieder der leicht qualmenden Holzkohle zu.

Als die Sonne am ersten Urlaubsabend im Meer versank, nahm der Himmel eine rötliche Färbung an. Auf dem Deich erkannte man die schattenhafte Silhouette eines eng umschlungenen Liebespärchens. Die See rauschte und ein Schwarm Möwen flog kreischend Richtung Festland. Nach dem Sonnenuntergang wechselte das bunte Bild in Grautöne. Die Dämmerung kündigte die Nacht an. Ralf nahm Silvias Hand und sie schritten langsam mit ihren nackten Füßen durch den immer noch warmen Sand zum Haus zurück.

»So ein kleiner Spaziergang nach dem Essen tut sehr gut«, schmunzelte sie. »Wenn meine Eltern so etwas behauptet haben, musste ich immer lachen.«

Bald darauf saßen sie wieder auf der Terrasse und Ralf schenkte Rotwein in die Gläser: »Probiere mal, das ist der halbtrockene aus Vaters geheiligten Beständen. Der läuft wie Öl«, nahm er sein Glas und stieß es klingend an das ihre.

Aus der Ferne schallte romantische Musik herüber. Die Amseln stellten ihren Gesang ein und steckten die Köpfe unter das Gefieder. Der intensive Duft der Blumenbeete untermalte die gemütliche Atmosphäre. Auf dem Tisch flackerten drei Windlichter und zauberten ein Schattenspiel an die Hauswand. Mücken umkreisten brummend die Kerzenflammen. Die Tagesgeräusche verstummten mehr und mehr und das monotone Wellenrauschen wirkte wie eine Meditation.

Ralf holte warme Jacken, da die Abendluft spürbar kühler wurde. Silvia kuschelte sich immer enger an den jungen Mann und auch die zweite Weinflasche war fast zur Hälfte geleert.

»Die Seeluft macht irgendwie müde. Findest du nicht?«, nahm sie seine Nasenspitze neckisch zwischen Daumen und Zeigefinger.

»Willst du mich jetzt zu einem Pinocchio machen?«, lachte er und hob sie aus dem Gartenstuhl.

Sie legte ihre Arme um seinen Hals und quietschte vergnügt: »Ich glaube, ich bin ganz schön angebrütet«, und gab ihm einen Kuss.

Während Silvia unter der Dusche stand, räumte Ralf die Gläser, Flaschen und Lichter ins Haus. Danach duschte er ebenfalls und trat dann nur mit einem Slip bekleidet in ihr Zimmer. Silvia lag in einem kurzen Nachthemd quer auf dem Bett und stellte einen Radiosender ein.

Er klopfte förmlich an den Türrahmen und fragte: »Dein Zimmer gefällt dir gut?«

»Es ist urgemütlich.«

»Und, empfängst du um diese Uhrzeit noch Besuch?«, tippte er bedeutungsvoll auf seine Uhr. »Wir haben zehn Minuten nach Mitternacht! Das ist die Geisterstunde, die Zeit der Klabautermänner und Kobolde!«

»Oh, da bekomme ich aber so richtig Angst«, verkroch sie sich demonstrativ unter der Bettdecke bis nur noch die Nase herausguckte. »Würdest du mich denn beschützen, bis die Geisterstunde vorbei ist?«, kicherte sie.

»Gut, dann will ich mal eine Ausnahme machen«, löschte Ralf das Licht und kroch unter ihre Decke.

04 EPISODE

Der Polizeiwagen bog in die Krankenwagenzufahrt einer Hamburger Klinik ein und rollte bis zum Eingang für Krankentransporte. Ein Arzt und das Pflegepersonal der psychiatrischen Intensivstation warteten auf den Patienten, der über Funk zur Aufnahme angemeldet worden war. An der Scheibe eines darüber liegenden Wartezimmers drückten sich Neugierige die Nasen platt. Der Aprilregen legte endlich eine Pause ein. Windböen wehten durch Sträucher und Bäume und verteilten frischen Blütenstaub, der sich in den Pfützen wie bei einem Wasserfarbmalkasten sammelte.

Der Streifenwagen parkte ein und zwei uniformierte Beamte stiegen aus. Es öffnete sich ebenfalls eine der hinteren Türen. Der Herr des Ordnungsamtes trat mit seinen pedantisch gepflegten Lederschuhen in die Pfütze mit dem rutschigen Blütenstaub und wäre fast ausgeglitten. Fluchend klammerte er sich an die Wagentür und machte angewidert einen Schritt ins Trockene.

Einer der Polizisten öffnete die andere Tür des Wagens und zog einen Mann an dessen Oberarm heraus. Das blonde Haar und der Vollbart der hochgewachsenen Person wirkten vernachlässigt. Der Mann schien zwischen 25 und 30 Jahre alt zu sein. Seine Mimik vermittelte einen völlig teilnahmslosen Eindruck.

Das medizinische Personal nahm den Patienten freundlich auf, doch er sprach kein Wort.

Zur gleichen Zeit saß Hans-Jürgen Rose in seinem Büro und überflog die Tageszeitung. Man schrieb das Jahr 1991. Der 52-jährige Rose überflog die Schlagzeilen und murmelte vor sich hin: »Also haben die Amis nichts Besseres zu tun, als ihre militärischen Ausflüge im Irak fortzusetzen.«

Er blätterte weiter zum Wirtschaftsteil, biss zwischendurch in ein Butterbrot, legte es zurück auf den Teller und griff dann genüsslich zur Kaffeetasse. Plötzlich klopfte es an seiner Bürotür und die Sekretärin schaute herein.

»Och nö«, verzog Rose sein Gesicht und meinte mit vollem Mund kauend: »Kinder, lasst mir doch bitte wenigstens meine kleine Frühstückspause. Dann könnt ihr mich ja wieder permanent in Beschlag nehmen.«

»Chef, Ihre Schwiegertochter ist am Telefon. Sie ist ganz aufgeregt. Ich glaube, es gibt Nachricht über Ihren vermissten Sohn Ralf!«

Hans-Jürgen hätte sich fast verschluckt und stammelte nervös: »Ja, sicher, stellen Sie das Gespräch sofort zu mir durch!«

Es klickte mehrmals in der Leitung, dann hörte Rose die Stimme seiner Schwiegertochter Silvia: »Papa, man hat Ralf gefunden!«

»Sag schon, wo steckt der Junge? Wie geht es ihm? Ist er verletzt? Hat man ihm etwas angetan?«

»Ralf ist in einer psychiatrischen Klinik in Hamburg«, versuchte Silvia so ruhig wie möglich zu berichten. »Er scheint körperlich unversehrt zu sein. Aber mit seiner Psyche soll etwas nicht stimmen. Viel mehr weiß ich noch nicht. Ich frage Uschi, ob sie sich um die Kinder kümmert, dann fahre ich umgehend rauf nach Hamburg.«

»Hamburg, was macht Ralf in Hamburg? Wie ist er dort hingekommen? Silvia, selbstverständlich gehen die Kinder zu Oma Uschi und ich werde dich begleiten. Ich sage hier umgehend alle Termine ab und bin in einer Stunde bei dir. Weiß Uschi eigentlich schon, wo Ralf ist?«

»Nein, ich wollte erst mit dir sprechen. Uschi ist seit Ralfs Verschwinden doch völlig mit den Nerven runter. Rufst du sie bitte an?«

»Gut, bis gleich!«, stammelte Rose und legte hektisch auf.

Hans-Jürgen eilte zu seinem Wagen und raste los. Die Gedanken überschlugen sich. Er konnte sich absolut nicht vorstellen, was sein hochbegabter Sohn in der Psychiatrie zu suchen hatte. Da konnte nur ein Verbrechen hinter stecken. Doch nun hieß es, ›Nerven behalten‹ und alles gut durchorganisieren. Silvia hatte Recht. Zuerst mussten die Kinder versorgt sein. Sein ältester Enkel Mark ging bereits in die erste Klasse. Der zweite, der kleine Sven, steckte noch im Kindergarten. Egal, das waren Oma-Aufgaben!

Eine halbe Stunde später zog sich Hans-Jürgen zu Hause um. Statt einem Anzug trug er nun Jeans und Lederjacke.

»Schaffst du das mit den Enkelkindern?«, nahm Rose seine Uschi in die Arme.

Sie nickte mit kleinen Tränen in den Augen: »Bring mir Ralf gesund zurück, hörst du?«

Der Immobilienmakler drückte seiner Frau einen Kuss auf die Wange und schloss hinter sich die Haustür. Uschi stand am Fenster und beobachtete voller Sorge, wie sich der Mercedes auf dem knirschenden Kies der Garagenzufahrt in Bewegung setzte.

Seit drei Wochen war ihr Sohn Ralf spurlos verschwunden. Mein Gott, hatte das lange gedauert, bis die Polizei eine Fahndung herausgegeben hatte. Aber danach war die Sache für Uschi noch schlimmer geworden. Unzählige, peinliche Fragen hatten die gesamte Familie Rose, die Freunde und sogar die Nachbarn beantworten müssen.

Zu der großen Sorge um Ralfs Verschwinden hatte eine weitere schockierende Nachricht die Familie getroffen. Auf der Suche nach ihrem Mann hatte Silvia erfahren, dass man Ralf aufgrund eines auffälligen, hemmungslosen Benehmens gegenüber der Geschäftsführung schon vor vielen Wochen gekündigt hatte. Er sollte angeblich den Geschäftsführer und andere Vorgesetzte beleidigt und beschimpft haben. Ralf hätte ihnen vorgeworfen, dass sie ihre Kunden vorsätzlich zugunsten der Bank falsch beraten oder sogar betrügen würden. Die kleinen Angestellten hätte er mit *Schleimer*, *Speichellecker* und *Arschkriecher* tituliert.

Sicherlich waren Uschi und vor allem Silvia die hyperaktiven und euphorischen Wesensveränderungen von Ralf aufgefallen. Zu Anfang hatten gerade seine Vorgesetzten die hyperaktiven Leistungen begrüßt und als beispielhaft gelobt.

Doch der einst eher ruhige Ralf hatte seit Wochen wie ein Wasserfall geredet und war dabei vom Hundertsten ins Tausendste gekommen. Seine Konzentrationsschwierigkeiten waren vor allem dadurch aufgefallen, weil er nach etlichen verlorenen Spielen frustriert die Mitgliedschaft seines geliebten Schachclubs gekündigt hatte. Ralf war ständig in Bewegung gewesen. Er benötigte kaum noch Schlaf. Silvia hatte sich vor Ralfs Verschwinden noch bei Uschi ausgesprochen und gemeint, dass ihr Mann nicht mehr der sei, den sie geheiratet habe. Mutter Rose hatte der Schwiegertochter beschwichtigend erklärt, dass Vater Hans-Jürgen auch seine Workaholiker-Phasen und auch Durchhänger-Phasen gehabt hätte und dass eine gute Ehe so etwas aushalten muss.

Uschi Rose atmete tief durch und riss sich von den dunklen Gedanken los, um nun die Enkelkinder einzusammeln.

Die Jungen waren begeistert, als Oma Uschi sie überraschenderweise vom Kindergarten und von der Schule abholte, mit zu sich nach Hause nahm und sogar deren Lieblingsgericht kochte. Nach dem Essen klapperte der kleine Sven mit seinem Playmobil auf dem Teppich herum und Mark spielte mit seinem nervig piependen Nintendo.

Währenddessen nahm Uschi ein Fotoalbum aus dem Wohnzimmerschrank. Sie setzte sich an den Esstisch und schlug es auf. Darin stand in liebevoll gemalten Lettern: ›Hochzeit von Ralf und Silvia, Taufe von Mark‹.

Frau Rose blätterte andächtig weiter. Neben den Bildern der Trauung, dem Festmahl mit den vielen Gästen, stach ein großes Foto des glücklichen Brautpaars hervor.

»Wie jung die beiden noch waren«, murmelte Uschi vor sich hin und ergänzte: »Na ja, schließlich mussten sie heiraten.« Dann schlug sie die nächste Seite des Albums auf. Das Taufbild ihres ersten Enkels Mark erschien. Ihn hatten sich Ralf und Silvia aus dem Sommerurlaub in Neuharlingersiel mitgebracht.

Plötzlich klingelte das Telefon. Alarmiert eilte Mutter Rose in die Diele und nahm den Hörer ab: »Hans-Jürgen, bist du das? Was ist mit Ralf?«

»Hier ist die psychiatrische Klinik Hamburg Mitte. Ich bin Schwester Gerda. Bin ich mit Frau Ursula Rose verbunden?«

»Ja, Rose am Apparat!«, holte Uschi tief Luft.

»Ich gebe den Hörer an Ihren Mann weiter«, knirschte es im Hörer.

Dann meldete sich Hans-Jürgen: »Uschi? Bist du mit den Enkelkindern klargekommen?«

»Ja sicher, kein Problem. Nun erzähle doch endlich. Wie geht es Ralf? Was ist passiert?«

»Jetzt fasse dich erst einmal. Hier ist alles nicht so schlimm. Nichts, was ich nicht wieder in Ordnung bringen kann. Die Polizei hat Ralf irgendwo in Hamburg aufgegriffen. Er ist körperlich gesund. Was mit seiner Psyche nicht stimmt, versuchen die Seelenklempner hier herauszubekommen«, und da Schwester Gerda ihn bei diesem Satz sehr kritisch ansah, stockte Rose.

»Hans-Jürgen, bist du noch da?«, fragte Uschi besorgt nach.

»Ja, sicher. Ich meinte, dass die Ärzte sich hier um Ralf bemühen. Also, wenn ich den Arzt richtig verstanden habe, dann hat Ralf wohl so etwas wie eine manisch-depressive Erkrankung oder so. Ich muss noch mal nachfragen. Auf jeden Fall hat er keinen an der Mütze!«, und der Blick von Schwester Gerda ließ ihn wieder stocken. Rose wandte ihr den Rücken zu und fuhr fort: »Er soll eine vorübergehende Psychose haben. Das ist also etwas ganz anderes als bekloppt. Die haben hier Pillen für so was. Damit wird Ralf wieder völlig in Ordnung kommen.«

»Ja, aber warum hat Ralf sich seit Wochen nicht gemeldet?«, fragte die besorgte Mutter nach.

»Er muss vorübergehende Ausfälle im Kopf gehabt haben. Er hat Silvia und mich auch nur kurz angesehen und wollte nicht mit uns sprechen. Silvia hat diese Reaktion sehr verletzt. Der Arzt hat sich sehr nett um sie gekümmert. Ich gebe sie dir mal ans Telefon.«

Silvia übernahm den Hörer: »Uschi, kommst du mit den Kindern zurecht? Sind sie lieb?«

Oma Rose beobachtete durch die Wohnzimmertür, wie der kleine Sven Opas Lieblingssessel gerade als Trampolin benutzte und bestätigte: »Ja, ja, sie sind brav wie immer.«

Silvia fuhr fort: »Mache dir nicht so viele Sorgen. Man kümmert sich hier um Ralf. Wenn du noch ein bisschen länger mit den Kindern klarkommst, dann bleiben Papa und ich noch ein bis zwei Tage. Wir müssen auch noch ein Hotel suchen. Mann, ist das aufregend. Aber egal, die Hauptsache ist, dass Ralf wieder ganz gesund wird und bald nach Hause kommt. Gib den Kindern ein Küsschen von mir und sage ihnen, dass ich sie lieb habe. Ich gebe dir Papa noch einmal.«

05 UNZUFRIEDENHEIT

Hans-Jürgen Rose stand ein Jahr vor seinem 60. Geburtstag. Sein welliges Haar war in den letzten Tagen noch grauer geworden. Die dunklen Ringe unter seinen sonst so verschmitzten Augen zeugten von Sorge. Die Sorgen hatten nichts mit seinem Geschäft zu tun. Nein, die Bilanzzahlen stimmten. Finanziell ging es der Familie Rose sehr gut. In den letzten Jahren hatte er durch seinen talentierten Sohn viel Unterstützung bekommen. Ralf war nach seiner psychischen Episode ein glänzender Makler geworden. So hervorragend wie dieser junge Mann Schach spielte, so taktisch klug führte er auch seine Geschäfte durch.

Hans-Jürgen hatte sich nun ein großes Stück aus seinem Maklerbüro zurückgezogen, um sich neuen Aufgaben zu widmen. Er legte sich als Finanzexperte für seinen FDP-Ortsverein stark ins Zeug. Und er genoss als Stadtverordneter sogar großes Ansehen bei seinen politischen Gegnern.

Fast dreißig Jahre hatte seine schöne FDP im Bundestag die Regierung gestellt. Mit der Bundestagswahl 1998 war jetzt jedoch die Katastrophe eingetreten, denn der FDP wurde die Regierungsverantwortung entzogen. In Roses Ortsverein stand die unfassbare Frage im Raum: ›Wie konnte der Wähler nur so dumm sein und eine Partei wie *Die Grünen* in die Regierung einsetzen?‹

Der Frust über die politische Niederlage erhöhte den Taktschlag der Stammtischrunden und die Biere linderten ein bisschen den Verlustschmerz.

Silvia Rose quälte ein anderer Frust. Da sie sehr früh Mutter geworden war, hatte sie keine Berufsausbildung abgeschlossen. Das Abitur bescheinigte ihr zwar einen gehobenen Bildungsstatus, doch Frauen ohne Beruf wurden von ihren Konkurrentinnen etwas herablassend belächelt.

»Hausfrau und Mutter, was bedeutet das schon?«, murmelte sie vor sich hin und blickte sehr kritisch in den Spiegel ihres edlen Badezimmers. Mit ihrem Aussehen durfte sie zufrieden sein. Nein, sie sah nicht aus wie vierunddreißig. Sie würde mit dieser Figur und dem mädchenhaften Gesicht höchstens auf vierundzwanzig geschätzt. Aber interessierte das irgendjemanden? Interessierte das ihren Mann? Ralf war doch längst wie sein Vater geworden. Morgens um 8:30 Uhr fuhr er ins Büro. Von dort vermittelte er Grundstücke, Häuser, Wohnungen und Gewerberäume zwischen irgendwelchen Vermietern, Mietern, Käufern und Verkäufern. Abends um 19 Uhr fragte der Herr vielleicht mal nach seiner Familie. Natürlich riefen dann die Kollegen vom Schachclub oder Tennisclub an und die waren ja offensichtlich wichtiger als Frau und Kinder. Selbstverständlich hatte der *Ernährer der Familie* seiner Meinung nach *seine* Freizeit verdient.

»Und was habe ich als Hausfrau und Mutter verdient?«, fragte Silvia ihr Spiegelbild und verließ das geräumige Bad. Hinter dem kuscheligen Schlafbereich passierte sie die Kinderzimmer. Dann fiel ihr Blick durch die Tür des Bügelzimmers auf einen wartenden Wäscheberg. Sie zog die Tür rasch zu, um den Ruf dieses Berges nicht mehr zu hören und lief die Marmorwendeltreppe hinab. Im Wohnzimmer blieb sie stehen und schaute sich um. Drei Zweiercouchen standen um einen massiven Tisch herum. Auf der breiten Marmorfensterbank protzten mehrere Orchideen mit ihrer Blütenpracht, da Silvia bei Pflanzen eine sehr glückliche Hand besaß. Neben der massiven Schrankwand funkelten die edlen Elemente einer Stereo-Anlage. Die freistehenden Referenz-Boxen hatten Ralf ein Vermögen gekostet. Nun ja, ihr Klangzauber wurde auch von jedem Auditorium hoch gelobt.

Im Esszimmer zog ein englischer Kamin die Blicke jedes Besuchers auf sich. Für die geschmackvollen Dekorationen und Bilder war allein Silvia zuständig und damit beschäftigte sie sich sehr gern. Sie betrat unschlüssig ihre Designerküche. Aus dem Spülbecken lugte auffordernd der Griff einer Bratpfanne heraus, die Silvia nach dem Mittagessen dort zum Einweichen unter Wasser gesetzt hatte. Sie verschränkte die Arme vor der Brust und blickte durch die Terrassentür hinaus in den Garten. Der vierzehnjährige Mark und sein drei Jahre jüngerer Bruder spielten Fußball. Sie nahmen das Wort ›Tor‹ an der Garage wörtlich. Immer wieder schepperte das Blech, wenn der kleine Torwart nicht schnell genug reagierte.

Der Sommer war zu Ende gegangen und für den gemauerten Kamingrill würde sich nun viele Monate niemand mehr interessieren. Nur noch einmal müsste der Rasen geschnitten werden, dann würde die trübe, graue Winterzeit kommen. Silvia besah sich die Blätter der Obstbäume. Sie verloren bereits ihre grüne Farbe und wurden bunt. Ein Symbol des Altwerdens, des Sterbens.

Als Mark seine Mutter hinter der Scheibe der Küchentür erblickte, winkte er lachend. Sie erwiderte den Gruß mit Kopfnicken und zwang sich ein Lächeln ab. Dann drehte sie sich herum und ihre Augen wanderten vom einen zum anderen technischen Küchenhelfer.

Ein schlechtes Gewissen und Zweifel stiegen in Frau Rose auf. Sie fragte sich: »Darf ich überhaupt unzufrieden sein? Es ist doch verdammt noch mal alles vorhanden. Quatsch! Es ist mehr als das! Es geht mir saugut! Woher kommt meine Unzufriedenheit?« Sie zog einen Stuhl unter dem Küchentisch hervor, setzte sich und stützte ihr Kinn auf die gefalteten Hände.

Sie schloss die Augen und in Gedanken zogen die Erinnerungen der letzten Jahre an ihr vorbei:

Ralfs psychische Episode war seit einigen Jahren überstanden. Vater Hans-Jürgen hatte einen hervorragenden Psychiater und Psychotherapeuten für seinen Sohn gefunden. Mit Medikamenten und vielen Gesprächen war Ralf nach einigen Monaten stationärer Behandlung offensichtlich geheilt worden. Die Fachleute erklärten Ralfs damalige Wesensveränderung mit einer manisch-depressiven Erkrankung. Die Ursache dafür vermutete man in einer Stoffwechselstörung des Gehirns. So etwas konnte eben mal vorkommen. Es hatte aber auch Patienten gegeben, bei denen diese sogenannten Episoden häufiger vorgekommen waren. Doch für Silvia und die restliche Familie stand fest, dass Ralf völlig geheilt war.

Die Arbeit in der Bank hatte er, wie zu erwarten, nicht wieder aufnehmen dürfen, obwohl sogar sein Psychotherapeut ein vermittelndes Gespräch mit Ralfs ehemaligem Arbeitgeber gesucht hatte. Er hatte den Geldmenschen fachlich darlegen wollen, dass Ralf für seine verbalen Exzesse während der Manie nicht verantwortlich gewesen sei.

Die Leitung der Bank hatte großes Verständnis gezeigt, aber leider war Ralfs alte Stelle bereits wieder besetzt worden.

Danach hatte sich Ralf zwangsläufig in die Geschäfte seines Vaters eingearbeitet und damit war für Hans-Jürgen sogar ein Herzenswunsch in Erfüllung gegangen.

Nachdem die Kinder größer geworden waren, hatte Silvia ihrem Mann vorgeschlagen, dass sie sich eine Arbeit in einem Büro suchen wolle.

Ralf hatte umgehend den Kopf geschüttelt und gefragt: »Wofür? Wo fehlt dir hier etwas? Du hast ein Haus. Du hast ein Auto. Deine Kleiderschränke sind zum Bersten voll. Ständig hast du die Qual der Wahl, wenn du etwas Schönes anziehen möchtest. Von den unzähligen Schuhen gar nicht zu reden. Und du hast einen unverschämt gutaussehenden Ehemann oder nicht?«

In solchen Situationen hatte er sie auch noch mit Küssen überschüttet, auf seine Arme gehoben und sich mit ihr so lange gedreht, bis sie lachen musste.

Silvia Rose tauchte aus ihren Erinnerungen auf und hörte die Rufe des Wäschebergs, des schmutzigen Geschirrs und der übrigen stupiden Aufgaben. Sie raffte sich auf und die Stunden flossen zäh dahin. Sie versuchte, Ralf anzurufen. Im Büro ging er nicht ans Telefon und von seinem Handy meldete sich nur die Mailbox.

Nach dem Dunkelwerden rief sie die Kinder zum Abendessen. Ralf hätte längst zu Hause sein müssen. Seitdem er damals während seiner Psychose plötzlich verschwunden war, stieg auch heute noch in Silvia ein alarmierendes Gefühl auf, wenn ihr Mann ohne Absprache zu spät nach Hause kam.

Als die 20 Uhr-Nachrichten im Fernseher begannen, wählte sie noch einmal Ralfs Handynummer. »Der Teilnehmer ist zurzeit nicht erreichbar. Wenn Sie eine Nachricht hinterlassen möchten…«, drückte Silvia kopfschüttelnd die Auflegetaste. So durfte es nicht weitergehen. Heute Abend musste sie mit ihrem Mann reden. Vielleicht könnte sie in der Firma ihres Schwiegervaters eine kleine Verwaltungsaufgabe bekommen. Auf diese Weise würde sie Ralf tagsüber öfter sehen.

Telefonklingeln riss sie aus den Gedanken und sie ergriff eilig den Hörer: »Rose, ja bitte?«

»Ralf hier, hallo Schatz. Entschuldige, dass ich mich jetzt erst melde. Erschrecke dich nicht. Vater hatte an seinem FDP-Stammtisch einen Zusammenbruch. Man hat ihn in die Klinik gebracht. Er liegt auf der Intensivstation. Sehr wahrscheinlich hat er einen Hirninfarkt. Sein Zustand ist aber jetzt stabil. Hier kann ich ihm im Moment nicht helfen. Uschi weiß noch nichts. Ich will ihr das auch nicht am Telefon mitteilen und fahre jetzt zu ihr, ok?«

»Ja, sicher ist das ok. Kann ich irgendetwas tun?«

»Nein, Schatz, du kannst die Kinder ja nicht alleine lassen. Bis später!«, und dann war die Leitung stumm.

Silvia legte auf und wiederholte flüsternd: »Nein, ich kann die Kinder ja nicht alleine lassen!«, und sie ergänzte frustriert: »Als wenn ich sonst schon mal zu etwas Anderem gebraucht worden wäre.«

Umgehend meldete sich ihr schlechtes Gewissen und fragte: »Hallo, liegst du jetzt mit einem Hirninfarkt in der Klinik oder jemand anderes? Hast du wirklich einen echten Grund zu jammern?«

Silvia zeigte sich selbst einen Vogel, stand auf und ging vor dem hölzernen Flaschenständer mit den Cognac-, Whisky- und Obstlerflaschen in die Hocke. Einen Moment später gluckerte ein großer Schuss Weinbrand in den kristallenen Schwenker und entfaltete ein herrliches Bouquet.

06 DER SCHERBENHAUFEN

Das Millennium sollte nicht nur ein Jahrtausendwechsel werden. Für Silvia Rose sollte ein völlig neuer Lebensabschnitt beginnen.

Sie saß in dem Büro einer Scheidungsanwältin und schaute sich nervös um. Auf der großflächigen Schreibtischplatte türmten sich Akten, unzählige Schriftstücke und Briefumschläge. Am Computermonitor lehnte ein Kalender. Das Telefon hatte wahnsinnig viele Funktionstasten. Der Kaffee in der halbleeren Tasse musste längst kalt geworden sein. Der Bürostuhl war leer.

An der einen Wand reihten sich regalweise Aktenordner. Die Wand gegenüber bestand nur aus Büchern. Hinter den Schals der Fenster gähnte ein dunkelgrauer Winterhimmel.

»Entschuldigen Sie, Frau Rose, dass Sie warten mussten«, betrat die Anwältin ihr Büro und schloss die Tür. Die etwa Fünfzigjährige trug einen Hosenanzug, dessen Jackett etwas spannte. Trotz ihrer Fülle bewegte sich Frau Dr. Bernard sehr flink und ließ sich schwungvoll in ihrem Sessel nieder.

»Frau Rose, Sie sagten am Telefon, dass Sie sich scheiden lassen wollen. Ist das richtig?«

Silvia nickte stumm und sah in die warmherzigen Augen der selbstsicheren Juristin.

»Gut, dann erzählen Sie mir bitte erst einmal etwas über ihre Ehe.«

Frau Rose beschrieb, wie sie ihren Mann in der Schule kennen gelernt hatte, dass sie recht früh heiraten musste. Dann beschrieb sie Ralfs erste psychische Episode und deren Auswirkungen auf seinen Beruf und ihre Ehe.

Dr. Bernard machte sich Notizen und fragte gelegentlich nach Einzelheiten.

Silvia redete und redete. Wie aus einem Überdruckventil entwich mit den ausgesprochenen Gedanken auch ihre quälende Anspannung. Hier würde ihr niemand einen Vorwurf machen. Diese Dame war schließlich ihre Anwältin und sie war eine Frau. Eine Frau, die sich bestimmt in die Gefühle einer anderen hineinversetzen konnte.

»Frau Rose, bitte erzählen Sie mir noch etwas genauer, was

nach dem Tod Ihres Schwiegervaters geschehen ist. Inwieweit hat sich Ihr Mann danach verändert? Was hat sich für Sie selbst verändert?«

»Hans-Jürgen, mein Schwiegervater, hatte einen Gehirninfarkt. Zu Anfang waren die Ärzte sehr zuversichtlich. Dann traten Komplikationen auf und er starb. Meine Schwiegermutter nahm psychologische Hilfe in Anspruch. Mehr noch, sie arbeitet seitdem in einer Selbsthilfegruppe, die sich mit der Trauerarbeit von Angehörigen befasst. Mein Mann stürzte sich noch mehr in die Maklerbüroaufgaben hinein als je zuvor. Er wollte wohl beweisen, dass er seinem Vater ebenbürtig war. Für mich und die Kinder hatte er kaum noch Zeit. Auch seine Mutter konnte ihn nicht bremsen. Ich bat ihn immer wieder, mal seinen Psychotherapeuten aufzusuchen. So etwas konnte bei seiner Vorgeschichte doch nur nützlich sein. Mein Mann meinte dazu, dass er genau unterscheiden könne, wann er krank wäre und wann nicht. Ein langjähriger Mitarbeiter des Maklerbüros hatte die volle Übersicht und dieser treue Mann leitete den ganzen Laden, bis Ralf sich auf den Thron seines Vaters setzte. Vor einem Jahr hat Ralf ihn rausgeschmissen. Das Büro sollte so geführt werden, wie mein Mann es sich vorstellte.«

Frau Rose unterbrach sich, da die Sekretärin zwei Tassen Kaffee hereinbrachte.

»Bitte, fahren Sie fort«, nickte Dr. Bernard mit verständnisvollem Lächeln.

»Wo war ich? Ach ja, Ralfs Alleingang. Gut, er schien tatsächlich alles im Griff zu haben. Die Familie, sein Tennisclub und selbst der Schachclub sahen ihn kaum noch. Ralf brauchte seltsamerweise auch kaum noch Schlaf. Gleichzeitig ärgerte er sich über jeden Mitarbeiter oder jede Mitarbeiterin, die mit seinem Arbeitstakt nicht Schritt hielten. Gelegentlich wurde er sehr ausfällig.« Frau Rose nahm einen Schluck Kaffee und fuhr fort: »Als wir uns kennen lernten, war er ruhig, gelassen und rücksichtsvoll. Ein liebevoller, anziehender Mann. Doch den Mann, den ich nun beschreibe, der war nicht mehr Ralf Rose. Das Personal in Ralfs Büro kündigte einer nach dem anderen. Neue Mitarbeiter warfen nach kurzer Zeit das Handtuch. Die Geschäfte liefen immer schlechter. Die Kunden waren sehr wahrscheinlich auch von ihm vergrault worden. Trotzdem begann Ralf, viel Geld auszugeben. Er kaufte sich einen Porsche. Er lud mich zu einem Wochenende in ein Wellness-Hotel ein.« Sie winkte ab: »Das war übrigens das letzte Mal, dass wir Verkehr hatten. Danach brauchte er mich ja nicht mehr.«

Dr. Bernard notierte sich etwas und fragte: »Wie lange sind Sie von Tisch und Bett getrennt?«

»Seit etwa einem Jahr auf jeden Fall.« Und dann platzte es aus Frau Rose heraus: »Nachdem ich von verschiedenen Seiten erfahren hatte, dass er im Büro, und was weiß ich wo, mit anderen Frauen herumgemacht hat, habe ich ihn aus dem Haus geworfen.«

»Wie hat er darauf reagiert?«

»Er ist einfach gegangen. Er meinte nur: ›Dann sieh mal zu, wovon du jetzt lebst!‹, drehte sich um und ging. Als Makler war es kein Problem für ihn, eine kleine Wohnung zu finden. Auch dort soll es nach kurzer Zeit Ärger mit den Nachbarn gegeben haben. Sie müssen wissen, dass mein Mann in einer manischen Phase kaum Hemmungen hat. Man kann ihn nicht einschüchtern. Seinem Blick hält kaum jemand stand. Die Leute bekommen Angst, wenn er sie ohne mit der Wimper zu zucken provoziert. Auch seine Mutter hatte keinen Einfluss mehr auf ihn. Sie wollte, dass er sich unbedingt mal an seinen ehemaligen Psychotherapeuten wenden solle. Ralf hat nur schallend gelacht. Dann vernachlässigte er das Büro. Verträge wurden nicht mehr eingehalten. Zum Schluss ging die Firma den Bach runter. Eines Tages war mein Mann, so wie bei seiner ersten manischen Episode, wie vom Erdboden verschwunden. Wieder griff die Polizei ihn auf und sorgte dafür, dass er in eine Klinik eingewiesen wurde. Meine Schwiegermutter Uschi, ein wirklich lieber Mensch, überredete mich, mit ihr Ralf in der Klinik zu besuchen. Ich durfte und konnte meine Schwiegermutter in dieser schwierigen Situation nicht hängen lassen. Also machten wir uns auf den Weg. Die Ärzte erklärten mir, dass die erneute Psychose meines Mannes sehr wahrscheinlich durch den Tod seines Vaters ausgelöst worden wäre. Gut, das erklärt einiges und entschuldigt vielleicht sein falsches Handeln. Als seine manische Phase beendet war und er sich den

Scherbenhaufen ansah, stürzte Ralf in eine tiefe Depression. Die Schuldgefühle müssen ihn verrückt gemacht haben. Er hatte versucht, sich in der Klinik zu erhängen. Im Grunde tut er mir leid. Aber was geschehen ist, ist nun mal geschehen. Die Sachen mit den anderen Frauen werde ich nie vergessen können.«

Frau Rose brach in Tränen aus.

»Was macht Ihr Mann zurzeit?«

»Es kann sein, dass er sich in einer Klinik aufhält. Ich habe seit einigen Wochen keinen Kontakt mehr. Ich bin selbst mit den Nerven am Ende. Ich weiß doch gar nicht, wie es mit mir selbst weiter geht. Ich suche gerade eine Arbeit. Die Kosten des Hauses laufen weiter. Alles läuft weiter. Aber von Ralf kommt kein Geld mehr. Woher auch? Die Firma existiert ja nicht mehr.«

»Hat ihr Mann eine Insolvenz angemeldet?«

Frau Rose zuckte mit den Schultern, zog ein Taschentuch aus der Handtasche und schnäuzte sich.

Die Anwältin stand auf, drückte auf eine Taste an der Telefonanlage und bestellte bei ihrer Mitarbeiterin zwei weitere Tassen Kaffee. Sie schritt um den Schreibtisch herum und legte ihre Hand tröstend auf die Schulter ihrer Mandantin: »Wir machen jetzt eine Pause. Das war sehr viel für Sie, Frau Rose. Ich werde Sie so gut unterstützen, wie es mir möglich ist. Als nächstes besprechen wir nach der Kaffeepause, wie wir Ihre finanzielle Situation verbessern können.«

Silvia trocknete ihre Tränen, trompetete noch einmal kräftig in ihr Taschentuch und nickte zustimmend.

07 ZWISCHEN DEN POLEN

Das kleine Dorfkrankenhaus unterhielt drei Fachabteilungen. Die erste war die Chirurgie und Traumatologie, die zweite gehörte den Internisten. Und dann gab es noch die Psychiatrie.

Die Chirurgie war schon immer im Haus gewesen und erfreute sich großer Beliebtheit, da man den Arzt für die alltäglichen Verletzungen sozusagen *um die Ecke* hatte.

Die internistische Abteilung besänftigte seit eh und je die gereizten Mägen der üppig lebenden Dörfler. Der Blutdruck wurde gesenkt und der Herzrhythmus in Takt gebracht. Die pflegebedürftigen, älteren Herrschaften fanden in diesem Haus eine Obhut, wenn sich die jüngere Generation auf Reisen begab. Bei dieser Gelegenheit wurden Oma und Opa mal richtig durchgecheckt und am Ende der Ferien als geheilt entlassen.

Die Psychiatrie hingegen war an die Stelle der Gynäkologie und Entbindungsstation getreten, da die Geburtenzahlen Anfang der achtziger Jahre extrem zurückgegangen waren. Bevor die psychiatrische Abteilung eingerichtet worden war, hatte es große Diskussionen im Dorf gegeben. Hinter vorgehaltener Hand hatte man sich gefragt, ob man die Kinder denn überhaupt noch auf die Straße lassen könnte, wenn die Verrückten ins Dorf kommen würden. Warum mussten die denn gerade hier behandelt werden? Gab es nicht genug andere Plätze weiter außerhalb?

Die besorgte Bevölkerung hatte sich damals darüber lange und sehr impulsiv an der Theke ausgelassen. Spätestens nach dem zehnten Bier war der Vorschlag gekommen, dass ein großer Zaun um die Klinik gezogen werden müsste. Nach dem fünfzehnten Bier hatten die Disputanten bereits unter dem Verlust ihrer Muttersprache gelitten, doch man war sich einig geworden: »Eine Psychiatrie gehört nicht in dieses, unser Dorf!«

Nach der durchzechten Nacht hatten die Beamten eines Streifenwagens eine hilflose Person unweit der Dorfschenke gefunden. Sie war beim Versuch zu urinieren in eine Hecke gefallen und dort besinnungslos liegen geblieben. Nur die Schuhe hatten alarmierend aus dem Gebüsch herausgeragt. Die Polizeibeamten hatten die Person in der benachbarten Dorfklinik dem wachhabenden Arzt der psychiatrischen Abteilung übergeben. Selbstverständlich traf dieser ausgenüchterte Patient am nächsten Abend wieder wie gewohnt am Tresen der benachbarten Dorfschenke ein, hielt sich aber aus den erneut aufflammenden Diskussionen über das Für und Wider der Psychiatrie heraus.

Im Sommer des Jahres 2006 hatte sich die Meinung der

Dorfbevölkerung gegenüber der Psychiatrie deutlich zum Positiven gewandelt. Die Fachabteilung hatte nun 25-jähriges Jubiläum und lud die Bürger zu einem *Tag der offenen Tür* ein. Verständlicherweise blieb die Tür der geschlossenen Abteilung davon ausgenommen. In den Räumlichkeiten der Beschäftigungstherapie lockte eine Ausstellung mit künstlerischen Werken, die von kreativen Patienten hier geschaffen worden waren. Die Nachmittagsonne strahlte in den Klinikpark und ließ die bunten Blumenbeete leuchten. Blütenduft mischte sich mit Kuchen- und Grillgeruch. Viele fröhliche Stimmen schwatzten wirr durcheinander. Der Schulchor der Grundschule hatte gerade einige Liedchen zum Besten gegeben und der Musiklehrer nickte den Kindern anerkennend zu. Nun stellte sich der Spielmannszug der Freiwilligen Feuerwehr auf. Der Andrang der Besucher und der geladenen Gäste überstieg erfreulicherweise alle Erwartungen der Klinikleitung.

Ralf Rose gehörte zu den Patienten, die sich bereit erklärt hatten, kleine Aufgaben zu übernehmen. Er bediente den Würstchengrill und machte einen sehr ausgeglichenen Eindruck. Seine Bratwürste waren so begehrt, dass die Schlange der hungrigen Gäste immer länger wurde. Auch die Auslage der Kuchentheke leerte sich dank der moderaten Preise mehr und mehr.

Da in der Klinik auch Suchtkranke behandelt wurden, boten die Gastgeber nur alkoholfreie Getränke an. Die Fröhlichkeit litt erstaunlicherweise nicht darunter.

Schwester Vera betreute einen Tisch mit älteren Patienten. Die demente Oma Haffner brabbelte unverständliches Zeug vor sich hin und steckte genussvoll eine Gabel mit Käsesahnetorte nach der anderen in den Mund. Sie war sichtlich glücklich. Auch wenn die alte Dame tüddelig wirkte, so war sie mit ihrem anziehenden Lächeln der Liebling der Station.

Neben ihr saß Willi Neumann, ein älterer Herr, dessen Augen verschmitzt die Aktivitäten im Garten beobachteten. Sein Gesichtsausdruck glich aufgrund einer Parkinson-Erkrankung, die im Volksmund als Schüttellähmung bezeichnet wurde, einer freudlosen Maske. Seine zittrige Hand verlor gerade zum vierten Mal das kleine Stück Bienenstich von der Gabel und er schüttelte etwas verärgert den Kopf.

Schwester Vera lächelte ihn verständnisvoll an: »Nicht aufgeben, Neumännchen, dafür schmeckt der Kuchen viel zu gut, oder?«

Willi nickte und setzte erneut an. Es gelang und er ließ sich den süßen Happen auf der Zunge zergehen. Gott sei Dank hatten die Tabletten ihm nun helfen können, dass sein Gang sicherer geworden war. Die typischen Tippelschritte, die zu dieser Erkrankung gehörten, hatten Willi zuhause schon mehrfach stürzen lassen. Vielleicht ließ das Zittern seiner Hände in Kürze ebenfalls nach. Zuversichtlich spieß Neumann das nächste Kuchenstück auf. Dieses Mal klappte es auf Anhieb.

Hermann Sattler erfreute sich nicht so großer Beliebtheit in der Station. Der alte Herr war von kräftiger Gestalt und hatte noch volles, weißes Haar. Sein Gesicht war streng wie das einer römischen Feldherrnstatue. Seine Unterlippe schob sich ständig grimmig vor. Die Augen wirkten manchmal sehr bösartig. Der einst so liebevolle Familienvater litt aufgrund seiner Alzheimer-Erkrankung an einer extremen Wesensveränderung. Seine Angehörigen konnten dieses Phänomen bis heute nicht verstehen. Hermanns aggressive Beschimpfungen gegenüber seinen Kindern ließen deren Besuche zur Seltenheit werden. Schwester Vera kam dank ihrer Engelsgeduld gut mit dem »alten Knötterbock« zurecht. Kein anderer Mensch hätte Hermann so nennen dürfen. Bei ihr rang er sich sogar ein Lächeln ab.

»Möchte noch jemand Lose kaufen?«, trat Stefan Wunderlich an den Tisch der alten Herrschaften. Im gleichen Moment spielte die Feuerwehrkapelle mit Pauken und Trompeten auf. Die Alten sahen Wunderlich fragend an und hielten sich eine Hand hinter ihr Ohr.

Stefan fragte noch lauter, kam aber gegen die Beschallung des Musikzugs nicht an und trottete weiter. Er kreuzte die Wiese des Parks und stand bald darauf neben Ralf Rose. Der Andrang am Würstchenstand hatte endlich nachgelassen.

»Hi, Ralle, du machst mit deiner Wurst ja mächtig Umsatz«, hielt Stefan seinem Zimmerkumpel die Schüssel mit den Losen hin. »Hier, zieh mal eins und versuche dein Glück.«

»Was kann man gewinnen?«, grinste Ralf den braunhaarigen Mann mit der kleinen Brille an.

»Der erste Preis ist eine Traumreise mit Haloperidol!«, lachte Stefan laut los.

»Dafür brauch ich kein Los. Spätestens bei meiner nächsten Manie wird man mich damit wieder beglücken.«, wandte sich Ralf kurz ab und hielt dann die Zange mit einer Wurst hoch. »Hier mein Freund, lebe den Augenblick. Unser Slogan heißt: ›Wer unsere Würstchen kennt, geht nicht mehr fremd!‹ Mit den besten Empfehlungen des Hauses«, und Ralf legte die Wurst lachend in ein aufgeschnittenes Brötchen.

Stefan nahm dankbar an und begann mit vollem Mund zu erzählen.

Die Feuerwehrkapelle spielte das Lied ›Die Hände zum Himmel‹ und einige Patienten klatschten begeistert auf die Hände ihrer Nachbarn. Dann kam in dem Party-Song die Textstelle »...lasst uns trinken, noch einen trinken, bis man die Sorgen ganz vergisst!«, und der Chefarzt der Psychiatrie zeigte der Kapelle einen mahnenden Finger.

Die Reihen der Besucher lichteten sich allmählich. Der technische Dienst begann unauffällig mit den ersten Aufräumungsarbeiten.

Plötzlich klopfte Oberarzt Dr. Lampe dem Patienten Rose auf die Schulter: »Sie haben großartig mitgemacht. Wir unterhalten uns morgen mal über Ihre Entlassung. Ist Ihnen das recht?«

Rose nickte zustimmend und der Arzt wandte sich einem weiteren Patienten zu.

Gegen 19 Uhr saßen Ralf und Stefan alleine auf einer Bank im Krankenhausgarten. Sie sogen genüsslich an ihren Zigaretten.

»Wir wollen nachher Karten spielen?«, schaute Wunderlich seinen Mitpatienten an. »Hast du Lust mitzuspielen?«

»Nee, danke! Mir geht das Gejammer deiner Neurotiker auf den Senkel.«

»Warum hast du kein Verständnis für unsere depressiven Sorgenkinder? Gerade du weißt doch, wie man sich in einer Depression fühlt.«

»Stefan, wir unterscheiden in der Psychiatrie zwischen Neurosen und Psychosen. Die Neurose zeigt zum Beispiel bei zu viel Stress als Symptom eine gesteigerte Gereiztheit. Bei Liebeskummer entstehen als Symptome Traurigkeit, Appetitlosigkeit und Antriebsschwäche. Nimmt man den Neurotiker aus dem Stress heraus, dann wird seine Gereiztheit verschwinden. Verliebt sich der Mensch neu, dann ist sein Liebeskummer schon bald vergessen und der Appetit ist wieder da. Sicherlich sind viele neurotische Symptome nicht so einfach zu erklären wie in diesen Beispielen, doch das bleibt ja Aufgabe der Analytiker. Wird die Ursache der Symptome festgestellt und beseitigt, dann hört auch das Gejammer auf. Vereinfacht gesagt, wenn unser Leben recht glatt verläuft, dann wird der Mensch auch kein Neurotiker. Also sollte man Stress, Ärger und so einen Scheiß grundsätzlich vermeiden. Klar?«

Stefan zuckte nur stumm mit den Schultern.

»Eine Psychose ist ganz etwas anderes«, fuhr Ralf fort. »Sie ist hirnorganisch bedingt. Sie kann vererbt werden oder sie kann durch eine Stoffwechselerkrankung entstehen. Denke nur mal daran, wie sich die Menschen verändern, die sich die Birne mit Drogen oder Alkohol zudröhnen. Genauso nimmt der Psychotiker seine Welt verändert wahr. Und da haben wir doch die herrlichen Varianten, wie die bipolare Affektivität, also Manie und Depression. Die Manie lässt einen immer gut drauf sein. Solange man keine Scheiße baut, ist das eine total angenehme Phase. Man ist voller Kraft und Tatendrang, voller Euphorie. Viele Künstler, die manisch wurden, hatten in dieser Episode oft ihre größte Intuition und Schaffenskraft. Viele große Feldherren, die für ihre ungehemmten, siegreichen Schlachten berühmt wurden, waren sehr wahrscheinlich Maniker.« Ralfs freudiger, strahlender Gesichtsausdruck ging in eine trübe Miene über. »Na ja, die Depression ist natürlich das genaue Gegenteil. Die Schizophrenie und die Paranoia hast du ja persönlich kennen gelernt. Ich meine deine Stimmen im Kopf. Das sind Psychosen, echte Krankheiten.«

Stefan zuckte mit den Schultern: »Das erklärt nicht, was du gegen Neurotiker hast.«

»Mann Stefan, es ist das Gejammer! Du wirst keinen Psychotiker erleben, der in einer depressiven Phase jammert. Der zieht sich ins Dunkel zurück. Der will mit niemandem etwas zu tun haben. Hast du mich jemals jammern hören?«, sah Rose Wunderlich streng an.

Stefan schüttelte schüchtern den Kopf.

Rose erklärte weiter: »Entweder sitzt der Psychotisch-Depressive diese ganze Scheiße voller Leere, Sinnlosigkeit und tiefster Traurigkeit aus oder er macht der Sache ohne viel Zirkus ein Ende! Die Neurotiker haben im Gegensatz dazu meiner Meinung nach keine Gehirnerkrankung. Sie schaffen es nicht, ihre Probleme zu lösen und ihre Welt mit sich in Gleichklang zu bringen. Sie zicken herum, fühlen sich zurückgesetzt und gemobbt. Sie beschweren sich ständig über zu wenig Zuneigung, sie labern einen permanent voll, und wenn sie angeblich vom Dach springen wollen, machen sie vorher einen riesigen Alarm. Zum Schluss springen die sowieso nicht. Das ganze Theater ist doch nur ein Aufschrei nach Anerkennung. Ein Betteln nach Wertschätzung und Liebe.«

Während die Männer schwiegen, begann eine Amsel im Kastanienbaum ihr Abendlied. Der Boden des Parks roch erdig. Die Blumenbeete hauchten ihren Duft aus. Ein leichter Wind griff in die Haare der Männer.

Stefan stand auf und zog den Reißverschluss seiner Trainingsjacke höher. Er schaute Ralf von oben an und seine Stimme klang belegt: »Aber sehnen wir uns denn nicht alle nach Anerkennung, Wertschätzung und Liebe? Was soll falsch daran sein?«

Auch Rose stand auf. Er klopfte seinem Zimmernachbarn auf die Schulter: »Da hast du schon Recht, aber muss man deswegen anderen ständig eine CD mit Klageliedern ins Ohr schieben? Mir tun die Therapeuten echt leid. Denen müsste bei den Neurotikern doch schon das Blut aus den Ohren laufen. Wird es dadurch besser? Man muss sein Leben in die Hand nehmen. Stefan, alles was du tun willst, fange damit an!«, lachte Ralf seltsam und machte sich auf den Weg zum Eingang der Klinik.

Am nächsten Morgen klopfte es an der Tür des Arztzimmers von Dr. Lampe und Ralf Rose steckte den Kopf durch die Tür: »Ich soll mich bei Ihnen melden.«

»Ja, Herr Rose, wir möchten Sie nun auf eigene Beine stellen. Was halten Sie davon?«

»Mir geht es zur Zeit sehr gut und ich kann schließlich nicht ewig hier wohnen«, setzte sich Ralf und sah dem Psychiater direkt und fest in die Augen.

»Erzählen Sie mir, was Sie nach diesem Klinikaufenthalt vorhaben. Ich weiß, dass Sie zurzeit eine Erwerbsunfähigkeitsrente beziehen. Kommen Sie damit finanziell zurecht? Wo werden Sie wohnen? Ich hörte, dass es in der letzten Wohnung Probleme gab.«

Rose grinste verschmitzt: »Ja, die letzte Wohnung. In meiner Manie war ich wohl ein bisschen zu direkt. Egal, ich ziehe erst einmal zu meiner Mutter. Die hat ein großes Haus und Platz genug.«

»Wie sieht Ihr soziales Umfeld zurzeit aus?«

»Ich werde versuchen, zu meiner Exfrau und den Kindern Kontakt aufzunehmen. Während meiner letzten manischen Phase hat Silvia mir den Besuch der Kinder verboten.« Ralf blickte eine Zeit lang nachdenklich aus dem Fenster und fuhr dann fort: »Ich hatte in meiner manischen Phase ganz massiven Druck auf meine Ex-Frau ausgeübt, dass sie wieder zu mir zurück kommen sollte. Heute weiß ich, dass man mit Druck und Zwang nichts erreicht und dass ich die Scherben meiner Ehe nicht mehr zusammensetzen kann. Ich fange ganz neu an.«

Dr. Lampe machte eine auffordernde Handbewegung: »Bitte, Herr Rose, ich bin ganz Ohr!«

Ralf räusperte sich: »Die Unterkunft bei meiner Mutter soll nur ein Start ins Leben sein. Sobald ich Fuß gefasst habe, nehme ich mir eine kleine Wohnung. Mit unserem Sozialarbeiter hier im Haus habe ich besprochen, dass ich ehrenamtlich im ›Café Brücke‹ arbeiten werde. Das ist ein Treffpunkt für Patienten mit Suchtproblemen und Neuanfängern wie ich.«

»Das Projekt ›Brücke‹ kenne ich«, nickte Lampe zustimmend und lehnte sich entspannt in seinem Stuhl zurück. »Das klingt sehr gut. Was haben Sie noch vor?«

»Ich versuche, den Kontakt zu meinem alten Schachclub wieder aufzunehmen. Wenn das nicht klappt, gründe ich einen eigenen. Na ja, und dann werde ich viel Rad fahren. Wenigstens mein Körper soll wieder fit sein.«

Rose machte plötzlich ein ernstes Gesicht und schwieg.

Dr. Lampe blickte dem Patient tief in die Augen: »Wenn Sie

Sorgen oder Bedenken haben, dann sprechen sie diese bitte aus.«

»Wie viel Zeit bleibt mir bis zur nächsten Manie?«

»Wir können das leider nicht voraussagen. Da Sie aber mittlerweile selbst große Erfahrungen gesammelt haben, dürften Ihnen die ersten Anzeichen nicht unbekannt sein. Sie wissen, dass sich die Patienten in der Manie recht wohlfühlen und deshalb nur ungern Ihren Arzt aufsuchen. Wenn Sie aber weiter regelmäßig Kontakt mit uns halten und die Zeitabstände des Kontakts nicht zu groß sind, dann können wir rechtzeitig etwas für Sie tun. Ich kann Ihnen das nur nahe legen und unsere Hilfe anbieten. Annehmen müssen Sie diese schon von sich aus.« Dann sah er auf seine Armbanduhr. »Haben Sie noch weitere Fragen?«

Ralf schüttelte den Kopf und stand auf. Lampe reichte ihm mit festem Druck die Hand und brachte seinen Patienten zur Tür.

08 SCHACH MATT

Uschi Rose schaute durch das Küchenfenster hinaus in ihren großen Garten. Die Blumenbeete, der Rasen und die Sträucher an der Grundstücksgrenze zeugten von liebevoller, gärtnerischer Hingabe. Nun rollte von rechts eine Schubkarre ins Bild, die von einem braungebrannten Mann geschoben wurde. Sein freier Oberkörper war verschwitzt, doch dadurch glänzten seine durchtrainierten Muskeln noch deutlicher in der Sommersonne. Sein volles, blondes Haar wurde von kleinen Windböen bewegt.

Als der 46-Jährige seine Mutter hinter dem Küchenfenster erblickte, strahlten seine weißen Zähne vor Lachen. Uschi winkte zurück.

Seit drei Jahren wohnte Ralf nun wieder bei ihr. Sein Klinikaufenthalt im Jahr 2006 schien ein voller Erfolg gewesen zu sein. Keine manische und keine depressive Episode hatte sich mehr eingestellt. Ralf spielte fantastische Schachturniere und galt als der Champion des Clubs. Er engagierte sich im »Café

Brücke«, einer sozialen Einrichtung für Drogen- und Alkoholkranke und er trainierte jede Woche im Fitnessstudio.

Mit gemischten Gefühlen tauchte Mutter Uschi in die Erinnerungen an ihren Geburtstag am letzten Wochenende ein.

Silvia, ihre ehemalige Schwiegertochter, kam mit dem neuen Lebenspartner Reiner Brahms zu Besuch. Ralf schmunzelte auffällig provokant, als er den fülligen Bürohengst mit seinen Geheimratsecken zum ersten Mal sah. Das Geburtstagskind Uschi befürchtete, dass Ralf jeden Moment eine spöttische Bemerkung machen würde. Aber nichts dergleichen geschah. Silvia las in Ralfs Augen sehr genau, was er gerade dachte. Sie bezog sofort Position, indem sie ihrem Reiner demonstrativ einen Kuss auf die Wange drückte. Als nächste kamen einige Nachbarinnen und Bekannte zu Besuch. So wuchs die gesprächige Runde mehr und mehr. Ralf zeigte sich von seiner charmanten Seite und bediente die Gäste auf der Terrasse sehr aufmerksam.

Endlich trafen auch Uschis Enkelkinder Mark und Sven ein. Mark war mittlerweile 25 und brachte seine Freundin Alina mit. Der BWL-Student hatte eine sportliche Figur wie sein Vater Ralf. Sven, der 22-jährige IT-Kaufmann, war wie Silvias Vater sehr still und leicht untersetzt.

Ralf unterhielt sich schon bald mit seinen Söhnen angeregt über Fußball und andere Sportarten.

Sport war ganz und gar nicht Brahms Thema. Er war ein reiner Büromensch und leitete die Rechnungsprüfungsstelle eines großen Stromversorgungsunternehmens. Irgendwie störten ihn die Blicke, die zwischen diesem unverschämt gutaussehenden Rose und seiner Ex-Frau Silvia hin und wieder aufflackerten. Die sommerliche Nachmittagsonne strahlte nun mit aller Kraft auf die Terrasse. Brahms hatte der Etikette zuliebe immer noch seinen hellgrauen Sakko anbehalten. Er wollte bei Uschi Rose einen stilvollen Eindruck hinterlassen. Immer öfter schob er seine Brille auf der verschwitzten Nase nach oben. Die Schweißtröpfchen sammelten sich auf Stirn und Oberlippenbart.

Ralf beobachtete das Schwitzen dieses Mannes während seines Gesprächs mit den Söhnen voller Genugtuung. Er selbst trug nur ein weißes, kurzärmliges Hemd und knöpfte sich nun lässig die oberen drei Hemdknöpfe auf. Sollte der Dicke doch weiter schwitzen.

Reiner sah seine Silvia fragend an und erweiterte den Sitz seiner Krawatte.

Silvia schüttelte den Kopf: »Schatz, zieh doch endlich die Jacke aus. Du bekommst sonst noch einen Hitzschlag.«

Nun stand Rose auf und zog einen Sonnenschirm soweit vor, dass der Schlipsträger im Schatten saß und meinte ironisch: »Siehst du, jetzt sitzt der Schatz schön im Schatten«, und er klopfte Brahms wie bei einem kleinen Jungen auf die Schulter.

Nun reichten Brahms diese herablassenden Gesten. Er musste Rose dort treffen, wo es wehtat. Also wartete er geduldig, bis zwischen Ralf und den Jungen eine Gesprächspause eintrat.

Brahms lächelte freundlich:»Herr Rose, sagen Sie doch einfach Reiner zu mir«, und da sein Gegenüber zustimmend nickte, fuhr er gleich fort: »Gut, mein lieber Ralf. Was macht die Arbeit? Ich hörte von Silvia, du warst früher ein Banklehrling, dann hast du das Maklerbüro deines Vaters in die Insolvenz geführt. Heute arbeitest du in einem Café? Ich meine eines, das von Spenden lebt und in dem sich nur geistig Kranke, Alkoholiker und Junkies treffen?«

Umgehend brachen alle anderen Gespräche ab und die Blicke vereinten sich auf Ralfs Gesicht. Es wurde beängstigend still.

Ralf sah Reiner ganz langsam von oben bis unten an. Nur für einen Moment schob sich seine Unterlippe kämpferisch nach vorne. Dann zog ein freudiges Lächeln auf seinen Mund. Seine Augen suchten die des Konkurrenten.

Reiner versuchte Ralfs durchdringendem Blick standzuhalten. Mit viel Konzentration gelang ihm das, obwohl sein Oberlippenbärtchen bereits leicht zuckte. Die Luft schien in dieser sprachlosen Stille gefährlich zu knistern. Plötzlich flatterte ein Vogel hastig aus einem Gebüsch auf und Reiner nahm die Gelegenheit dankbar an, dort hinzusehen. Silvia wurde sichtlich nervös und Mutter Uschis Augen flehten den Sohn an, ruhig zu bleiben.

Ralfs Mundwinkel zogen sich soweit hoch, dass sein Lächeln diabolisch wirkte und er erklärte in völliger Ruhe: »Alkoholiker, Drogensüchtige und Psychischkranke habe ich in diesem

Café sehr oft getroffen. Menschen, die dem Druck ihres Jobs nicht mehr standgehalten haben. Menschen, die ein arrogantes Arschloch als Chef hatten, die nur gemobbt wurden und die dann als Ausweg zur Flasche griffen. Es sind nette Leute. Ehemalige Ärzte, Anwälte, Verwaltungsmenschen wie du und andere arme Teufel.« Ralf blickte in die stummen Gesichter der Geburtstagsgäste und machte mit seiner Hand eine weit schweifende Bewegung. »Ja, es kann jeden treffen. Ganz unabhängig von seinem Stand, seiner Bildung oder seinem Geldbeutel.« Dann sah Ralf Reiner streng an. »Aber Junkies? Der Begriff *Junkie* kommt von dem englischen Wort *Junk* und bedeutet *Müll oder Abfall*! Nein, menschlichen Abfall habe ich dort noch nicht getroffen!«

Noch bevor Reiner eine Antwort einfiel, grinste Ralf ihn an: »Ich spiele im Café mit den anderen Geisteskranken schon mal Schach. Hast du Lust auf eine Partie? Bei deiner geistigen Größe wird das Spiel wohl nur wenige Minuten in Anspruch nehmen.«

Mark Rose klatschte begeistert in die Hände: »Das will ich sehen. Gegen Papa hat der null Chancen!«

»Ich denke nicht, dass wir Uschis Geburtstag mit Schachspielen verbringen sollten« wandte sich Silvia mahnend an ihren Ältesten.

Doch er erwiderte trotzig: »Warum nicht? Wenn Reiner meinen Vater für bekloppt hält, dann kann das Spiel ja nicht lange dauern. Außerdem könnt ihr eure Gespräche inzwischen fortsetzten. Gönne uns doch den Spaß«, und er sah den neuen Freund seiner Mutter provozierend an.

Uschi stand auf: »Och, Kinder, streitet euch bitte nicht. Es ist ein so herrlicher Tag und ich freue mich, dass ihr alle gekommen seid.«

»Mama«, grinste Ralf wie ein schelmischer, kleiner Junge, »lass uns doch ein paar Minuten spielen, dann sind wir wieder da!«, und er stand auf. Im Vorbeigehen klopfte er Reiner auffordernd auf die Schulter: »Komm, den Spaß gönnen wir uns!«

Silvia legte ihre Hand auf Reiners Unterarm: »Du bist dazu nicht verpflichtet.«

»Glaubst du vielleicht, ich würde kneifen? Da kennst du mich aber schlecht!«, stand auch Reiner auf, drückte ihr einen Kuss auf die Wange und folgte Ralf in das Wohnzimmer.

Ralf stellte die edlen Holzfiguren auf das Brett und machte eine freundliche Geste, damit Reiner Platz nahm. »Bitte schön. Als Gast unseres Hauses überlasse ich dir die weißen!«

Reiner ließ sich schwer in die Polster fallen. Er sah kurz in das lächelnde Gesicht von Ralf, dann blickte er auf das Schachbrett und zog einen weißen Bauern zwei Felder vor. Rose setzte seinen schwarzen Bauern nach. Reiner hätte Ralf gerne mit dem Schäferzug in vier Zügen matt gesetzt, doch Ralf musste schon beim Ansatz dieses Angriffs lachen: »Mein lieber Reiner, das ist doch hier kein Kindergeburtstag!«, und er parierte den versteckten Angriff. Nun ließ sich Reiner bei jedem weiteren Vorgehen immer mehr Zeit. Ralf hingegen parierte jeden Zug des Gegners scheinbar, ohne sich zu konzentrieren oder überhaupt nachzudenken. Reiners Miene wurde immer grimmiger. Plötzlich legte sich Ralf in seinem Sessel zurück und faltete seine Hände hinter dem Kopf: »So gut wie matt!«, murmelte er kaum hörbar vor sich hin.

Seine beiden Söhne schauten mit zusammengekniffenen Brauen erst auf das Brett, dann in das Gesicht ihres Vaters.

»Wo, was, wo soll hier ein Schach-Matt in Sicht sein?«, kreisten Reiners Augen über das Brett.

»Matt innerhalb der nächsten vier Züge!«, grinste Ralf und griff zu einem Wasserglas.

»Gong!«, schlug Uschis alte Standuhr im Wohnzimmer und Reiner zuckte völlig überrascht zusammen. Sofort hatte er sich gefasst, schüttelte den Kopf und machte den nächsten Zug.

Ralf sah von einem Sohn zum anderen: »Seht ihr jetzt, dass es nur noch drei Züge sind?«

Sven zuckte mit den Schultern. Mark nahm seine Nasenspitze nachdenklich zwischen Daumen und Zeigefinger und rief plötzlich: »Ja, ich sehe es.«

Reiners Blick verfinsterte sich und er sah zwischen Vater, Sohn und dem Spielbrett hin und her. Ralf stand schmunzelnd auf und drückte den ältesten Sohn in seinen Sessel: »Gut, dann spiele die Partie zu Ende!«

Etwas verunsichert sah Mark Rose in Reiners Gesicht. Dem

Mann stand der Schweiß auf der Stirn. Mark machte umgehend mit seiner schwarzen Figur den drittletzten Zug. Der Herausforderer hob seine weiße Dame, bewegte sie in der Luft über dem Brett mal nach links, dann nach rechts. Nun erkannte er die fiese Falle. Mit dem nächsten Zug des jungen Mannes wäre er matt gesetzt worden. Mürrisch legte Reiner die weiße Dame quer auf das Brett.

Mark grinste breit und der jüngere Sven lief zur Terrasse hinaus: »Mark hat gewonnen!«

Die Gäste sahen ihn verständnislos an.

Ralf verschränkte die Arme vor der Brust und fragte Reiner: »Wie man sieht, ein Kinderspiel! Na, möchtest du eine Revanche?«

Brahms erhob sich schwerfällig aus dem Sessel und ging stumm zur Terrasse hinaus. Silvia lächelte ihn mitleidig an: »Mach dir nichts draus. Ralf ist schließlich im Training«, und sie griff nach Reiners verschwitzter Hand.

»Och, das kann man nicht sagen«, ging Ralf auf seinen Gartenstuhl zu. »Ich war erstaunt, dass das Spiel so schnell vorbei war«, er klopfte seinem Sohn Mark anerkennend auf die Schulter. »Nicht zu vergessen, dass dieser junge Mann hier gewonnen hat.« Dann blickte er Silvia genau in die Augen. »Wenn ich mit meinen Geisteskranken im Café schon mal Schach spiele, dann dauern die Partien oft mehrere Stunden.«

Silvias Augen blitzten ihren Ex-Mann verärgert an. Sie stand auf und wandte sich an Uschi: »Vielen Dank für deine Einladung. Der Kuchen war wie immer hervorragend. Aber Reiner und ich müssen noch weiter. Ich hoffe, du hast Verständnis?«

09 TÄGLICH NEUE ÜBERRASCHUNGEN

Frau Herzig hatte ihren Chef gebeten, am Freitagmittag Feierabend machen zu dürfen. Abzufeiernde Überstunden hatte die 40-jährige Sekretärin im Übermaß. Selbstverständlich hatte der Chef ihre Bitte wie immer vergessen und ihr geplanter Einkaufsbummel begann erst am späten Nachmittag. Zum Glück reichten die Öffnungszeiten seit dem Millennium bis weit in den Abend hinein. Die Altstadt lockte mit so vielen hübschen Geschäften, dass Frau Herzig gerne noch einige Stunden weiter geshoppt hätte. Nach einer längeren Regenperiode waren alle aus dem Häuschen und in der Einkaufsstraße klingelten ordentlich die Kassen. Das schwüle Sommerwetter raubte in den Geschäften ohne Klimaanlage den Kunden die letzte frische Luft. Dort mischten sich Parfum- und Schweißduftnoten. Im Freien lockten Würstchengrills, Dönerbuden und Bierstände. Jeder Händler dudelte dazu seine eigene Musik über die Straße, die mit dem Stimmengewirr der Kaufhungrigen eine lebendige Klangfülle bildete. Obdachlose verteilten ihre Zeitungen und bettelten um eine Spende. Mit der untergehenden Sonne traten die beleuchteten Reklameschilder deutlicher hervor.

Als die alte Turmuhr 20:30 Uhr schlug, war Frau Herzigs Portmonee deutlich dünner geworden. Nun musste sie ihre Beute nur noch in den Bus und nach Hause schleppen. Die Sekretärin bog um die Hausecke eines seltsam aussehenden Cafés in Richtung Bushaltestelle. In diesem Moment setzten sich drei junge Männer in Bewegung und folgten ihr. Zwei von ihnen waren kahlgeschoren, der dritte hatte einen seltsamen Bürstenhaarschnitt. Sie holten die Frau ein und alberten mit affenartigen Tönen um sie herum. Einer von ihnen stellte sich plötzlich der Sekretärin in den Weg. Die beiden anderen blieben links und rechts hinter ihr.

»Heh, du Pflaume, gib mir mal fünf Euro!«, verschränkte der mit dem Bürstenhaarschnitt seine Arme vor der Brust. Er schien der Anführer zu sein. Frau Herzig bekam einen roten Kopf und wollte ausweichen. Doch die beiden anderen jungen Männer hielten sie an den Schultern fest. Hilfesuchend sah sich die Frau um. Die Passanten, die die Situation gesehen haben mussten, senkten umgehend die Köpfe und beschleunigten ihren Schritt.

»Verdammt, lasst mich in Ruhe!«, rief sie mit ängstlicher, flatternder Stimme. »Ich habe kein Geld mehr. Ich habe alles ausgegeben. Bitte lasst mich gehen!«

Der Skinhead, der links hinter ihr stand, versuchte die Handtasche von ihrer Schulter herunterzureißen. Frau Herzig griff mit ihrer rechten Hand zum Riemen der Tasche und verlor dabei die erste Einkaufstüte. Gleichzeitig rief sie endlich um Hilfe.

Obwohl die Einkaufsstraße belebt war, schien ihr niemand helfen zu wollen. Flehend blickte sie in die Gesichter der weit entfernten, tatenlosen Mitmenschen.

Als endlich jemand sein Handy vor sich hielt und eine Nummer wählte, stieg in ihr etwas Hoffnung auf. Doch bis die Polizei kommen würde, wäre bestimmt alles zu spät.

Der kalte Angstschweiß rann Frau Herzig über das Gesicht. Die drei Kerle genossen ihre Macht. Unzählige beleidigende Worte schossen aus ihnen heraus.

Der Anführer machte sich über die ängstlichen Passanten lustig: »Heh, ihr Arschgeigen, ihr habt doch alle keine Eier in der Hose, oder? Sollen wir die Lady hier mal ordentlich rannehmen, damit ihr mal seht, wie das geht?«,

Der Skinhead durchtrennte den Riemen der Handtasche mit einem Messer und hielt sie wie eine Trophäe über seinen Kopf. Er wollte gerade einen Jubelschrei ausstoßen, da bekam er einen mächtigen Schlag zwischen die Schulterblätter. Ihm wurde speiübel und schwarz vor den Augen. Er verlor die Besinnung, sank zu Boden und blieb mit dem Gesicht auf dem Gehweg liegen. Die Handtasche fiel ebenfalls auf die Gewegplatten und der gesamte Inhalt rollte heraus. Das Messer, das der Handtaschendieb bei dem Schlag in den Rücken fallen ließ, erreichte nicht den Boden. Eine flinke Hand hatte es in der Luft aufgefangen. Noch bevor der Schläger mit dem Bürstenhaarschnitt verstand, was geschehen war, hielt ihm jemand von hinten die Klinge direkt an den Hals und sagte mit ruhiger, sonorer Stimme: »Dein Kumpel hat genau zehn Sekunden Zeit, sich mindestens zehn Schritte weit zu entfernen. Sage ihm das!«

Der erste Glatzkopf lag immer noch bewusstlos am Boden, der zweite sah den Anführer irritiert an.

Trotz des Messers am Hals begann der junge Mann spöttisch zu grinsen und meinte mit aufgesetzten Ton: »Das traust, du Arschloch, dich sowieso nicht«, und er zwinkerte seinem Kumpel zu, damit der sich für eine günstige Attacke bereit hielt.

Frau Herzig war kreideweiß und starr wie eine Salzsäule. Sie blickte den braungebrannten Mann hinter dem Bürstenkopf entsetzt an. Doch der beachtete sie nicht. Seine Augen schienen den Glatzkopf neben ihr zu durchbohren. Noch nie hatte Frau Herzig so einen entschlossenen Blick gesehen.

Sie zuckte zusammen, als dem Bürstenkopf plötzlich Blut am Hals entlang lief und sich einen Weg in den T-Shirt-Ausschnitt suchte.

»Glaubst du es immer noch nicht?«, fragte die sonore Stimme und hörte sich völlig unbeeindruckt an.

Nun wurde der Bürstenkopf kreideweiß und er zischte seinen Kumpel an: »Glotz nicht so dämlich! Hau endlich ab, du Penner! Siehst du nicht, dass der Sack mich killen will?«

Langsam bewegte sich der Glatzkopf Schritt für Schritt rückwärts. Dann blieb er stehen. Er beobachtete, wie der blonde Mann hinter seinem Kollegen seine Unterlippe kurz vorschob und mit einem Kinnnicken andeutete, noch weiter zurückzutreten. Als die Glatze den Rand der gaffenden Menge erreichte, wichen die Zuschauer vor ihm ängstlich zur Seite.

Der seltsame Retter lächelte Frau Herzig vertrauensvoll an und sagte: »Heben Sie Ihr Handy vom Boden auf, wählen Sie die Nummer der Polizei und dann gehen Sie zu unseren tapferen Zuschauern hinüber. Dort sind Sie sicher!«

Frau Herzig bückte sich nach dem Telefon und versuchte mit zitternden Fingern zu wählen. Sie hielt das Handy ans Ohr. Nach wenigen Sekunden schüttelte sie den Kopf: »Es funktioniert nicht!«

»Versuchen Sie es noch einmal. Vielleicht haben Sie eine Zahl vergessen. ›Eins, eins, null‹ ist der Notruf der Polizei.«

Noch bevor Frau Herzig ihre zitternden Finger auf die Tasten setzen konnte, tauchten hinter dem Glatzkopf zwei kräftige Polizisten mit Helmen auf. In der Ferne erklang ein Martinshorn. Der Glatzkopf wendete sich zur Flucht und lief den Beamten genau in die Arme.

Frau Herzig rief ihrem Retter zu: »Auch hinter Ihnen kommen Polizeibeamte!«

Der Mann mit dem Messer antwortete ironisch: »Sie sollen sich Zeit lassen. Wir haben ja endlos Geduld!«

Die Polizisten sahen den jungen Mann, der unter dem Messer des Mittvierzigers nach hinten gestreckt stand, von oben bis unten forschend an.

»Tut doch was, ihr Penner!«, schrie die Bürste plötzlich die Polizisten an. »Seht ihr Säcke nicht, dass der mich hier killen will? Verdammt, ich habe schon fünf Liter Blut verloren!«

Langsam rollte sich der andere Glatzkopf am Boden auf den Rücken und richtete sich zum Sitzen auf. Verwirrt sah er sich um. Der blonde Mittvierziger blickte von einem Polizisten zum anderen und meinte: »Sehen Sie, der Strom ist wieder da! Bevor der Bursche keine Handschellen trägt, kann ich die Klobürste hier leider nicht loslassen.«

Einer der breitschultrigen Polizisten holte Handschellen heraus und die Hände des jungen Mannes wurden hinter seinem Rücken fixiert.

Der andere Polizist sah dem Mittvierziger in die Augen und brummte mit tiefer Stimme: »Lassen Sie jetzt den Jungen los. Wir sind ja nun hier.«

Vorsichtig löste der Mann, wie befohlen, das Messer und trat zurück. Umgehend schoss der Bursche mit dem Bürstenhaarschnitt nach vorne und rannte auf den enger gewordenen Kreis der Gaffer zu. Alles ging so schnell, dass die ängstlichen Zuschauer versäumten, dem gefährlichen jungen Mann auszuweichen. Durch den Aufprall stürzten mehrere Menschen. Plastiktaschen lagen herum und ein Hut rollte davon. Fluchen, Schreie und lautes Stimmengewirr untermalten die hektische Szenerie. Plötzlich stolperte der Bürstenkopf über einen schaulustigen Rentner und kam kurzfristig zu Fall. Noch bevor der Schläger wieder auf seinen Füßen stand, beugten sich zwei Polizisten über ihn und befestigten Handschellen hinter seinem Rücken.

Als die Gefahr offensichtlich vorüber war, rückten die Schaulustigen behutsam näher. Nun wurde das Stimmengewirr sehr laut. Alle Zuschauer redeten gleichzeitig auf die Polizei ein. Jeder berichtete aus seiner Sicht, was geschehen war.

»Das hätte es bei Adolf nicht gegeben!«, schimpften die weißhaarigen Veteranen und drohten mit erhobenen Gehstöcken. »Denen gehört eine Kugel ans Bein und ab in den Straßenbau! Wir haben viel zu wenig Polizei. Das hat ja ewig gedauert!«

»Wenn wir uns hier nicht selbst geholfen hätten, wäre die Frau nicht gerettet worden!«, meldete sich ein weiterer.

Nachdem der Retter das Messer an einen Polizisten übergeben hatte, reichte er Frau Herzig freundlich die Hand: »Ralf Rose ist mein Name.«

Sie griff zitternd zu und stellte sich mit dünner Stimme vor.

Ralf hob ihre Einkaufstüten vom Boden auf und die Sekretärin sammelte den verschütteten Inhalt ihrer Handtasche wieder ein.

Einer der Polizeibeamten ließ sich den Personalausweis von Herrn Rose zeigen und sah ihn ernst an: »Sie haben einen Menschen mit dem Messer bedroht und verletzt!«

»Das Messer gehörte der Glatze, die hier am Boden lag. Ich habe es mir nur ausgeliehen, bis Sie und Ihre Kollegen sich hierher bemüht haben.«

»Genau! Das stimmt!«, schoss es aus Frau Herzig heraus. »Die Kerle haben mich umstellt. Sie haben mich beschimpft, an den Schultern festgehalten und dann mit dem Messer meine Handtasche losgeschnitten!«

Der Beamte sah zwischen den beiden kurz hin und her. Nun bestätigten auch unzählige Stimmen aus dem enger gezogenen Kreis der vielen Augenzeugen, dass Rose aus Notwehr gehandelt hatte.

Der Beamte nickte: »Ich bitte Sie, zu uns auf die Wache zu kommen, um Ihre Aussagen aufzunehmen. Möchten Sie mit in unserem Wagen fahren?«

Rose bot an: »Ich habe selbst einen Wagen. Wenn Frau Herzig einverstanden ist, dann kann sie mit mir fahren.«

»Ich nehme das Angebot von Herrn Rose gern an und fahre mit ihm zur Wache.«

Auch nachdem die Polizei, Frau Herzig und Herr Rose den Tatort verlassen hatten, standen noch viele Schaulustige zusammen und diskutierten. Endlich kam auch ein Reporter der Tageszeitung herangehetzt und machte sich die ersten Notizen.

Ralf Rose trug die Einkaufstüten zu einem silbernen VW-Golf und hielt seiner Begleitung die Beifahrertür auf. Als sie vor der ersten roten Ampel standen, atmete Frau Herzig zum ersten Mal erleichtert auf und lächelte Herrn Rose an: »Danke! Ich habe mich vor lauter Aufregung noch gar nicht bedankt. Also, wenn Sie nicht gewesen wären, dann wäre die Sache für mich böse ausgegangen.«

Rose winkte ab: »Dann wäre jemand anderes zu Hilfe gekommen.

»Nein, nein, es kam ja noch nicht einmal ein zweiter hinzu.«

»Aber irgendjemand hat auf jeden Fall die Polizei angerufen«, lachte Rose. »Das ist auch eine wichtige Hilfe.«

Der silberne Golf bog auf den Parkplatz der Polizeiwache ein. Nachdem eine Beamtin die Aussagen von Frau Herzig und Herrn Rose aufgenommen hatte, drückte Kommissar Weber Ralf fest die Hand: »Sie haben große Zivilcourage bewiesen. Das ist in der heutigen Zeit eine seltene Tugend. Aber ich habe da noch eine Frage, Herr Rose. Im Protokoll lese ich unter dem Punkt berufliche Tätigkeit die Angaben Rentner, Makler, Bankkaufmann und Mitarbeiter im ›Café Brücke‹. Was machen Sie denn nun wirklich?«

»Ich musste aus gesundheitlichen Gründen innerhalb dieser Tätigkeiten wechseln. Kann sein, dass ich morgen wieder als Makler tätig werde. Wir werden sehen. Das Leben bietet täglich neue Überraschungen«, und Rose sah lächelnd zu Frau Herzig, »so wie diese Dame das heute leider erleben musste!«

Rose hatte Frau Herzig angeboten, sie nach Hause zu fahren und die Sekretärin nahm dankbar an. Während der Fahrt beobachtete sie den Fahrer. Er hatte ein schönes, männliches Gesicht. Seine Figur wirkte sportlich. Er mochte etwas über Vierzig sein. Sein kurzärmliges, feingemustertes Hemd, die schwarze Jeans und die blanken Lederschuhe zeugten von gutem Geschmack. Ja, er war sehr attraktiv.

»Sind Sie verheiratet?«, rutschte es der sonst so schüchternen, allein stehenden Frau heraus und ihre Wangen wurden rot.

Er sah sie lächelnd an und blickte dann wieder auf die Fahrbahn: »Ich bin geschieden und lebe allein.«

Eine Zeit lang sprach niemand. Die Dunkelheit legte sich über die Stadt. Immer deutlicher entfaltete sich das städtische Lichtermeer.

»Würden Sie wohl Britta zu mir sagen?«, strahlten ihre Augen hinter der großen Brille.

»Gerne, ich bin der Ralf oder Freunde sagen kurz Ralle.«

»Darf ich dir eine persönliche Frage stellen?«, sah sie Ralf gespannt an und wartete sein Kopfnicken ab. »Was machst du tatsächlich beruflich?«

»Hauptberuflich rette ich schöne Frauen!«

10 VÖLLIG VERÄNDERT

Die Augustsonne strahlte in das Schlafzimmer von Frau Herzig. Sie lag allein auf ihrem Bett und hielt das Schnurlostelefon an ihr Ohr. Ihre Augen huschten über das Zifferblatt der Uhr. Es war kurz vor zehn.

»Du bist völlig verändert«, bemerkte Brittas Freundin Mareike und fragte voller Neugier nach: »Du hast einen Mann kennengelernt, nicht wahr? Sag schon, es stimmt doch? Ich höre das an deiner Stimme.«

Britta schmunzelte und rollte sich in ihrem Bett vergnügt auf die andere Seite: »Ja, du Schlaumeier. Dir kann man nichts vormachen. Mareike, es ist ein Traummann. Ich kann es noch gar nicht so richtig glauben. Er ist total süß.«

»Was soll denn total süß sein? Darunter kann man sich alles und nichts vorstellen«, und die Freundin drängte: »Nun halte mich nicht so lange hin. Ich will alles wissen. Ist er schlank oder so ein Rollmops? Wie alt, wie groß, hat er Geld?«

»Ich schätze, dass er 1,85 m groß ist. Er hat strahlend blaue Augen, volles blondes Haar, ein schönes Gesicht und die Figur ist sportlich. Seine Stimme ist tief und anziehend. Das Alter?«, machte Britta eine nachdenkliche Pause. »Du, ich habe ihn gar nicht danach gefragt. Aber er kann nicht viel älter sein als ich. Vor allem ist er zuvorkommend und nett. Ein Mann, der auch zuhören kann.«

»Und im Bett?«, lachte Mareike. »Jetzt will ich alles wissen!«

»Du bist ganz schön frech, meine Liebe! Und jetzt ist das Verhör beendet!«, kicherte Britta wie ein Teenager.

»So einen Mann gibt es nur in der Werbung!«, machte Mareike eine ernste Stimme, »Du willst mich auf die Schippe nehmen.«

Britta rollte sich wieder auf den Rücken und zog ihre Bettdecke über sich: »Du wirst ihn demnächst bestimmt kennenlernen. Ich sehe dich ja bald auf deiner Geburtstagsparty.«

»Und wie lange geht das schon mit euch?«

»Seit einem Monat. Ein Sommermärchen!«

»Was macht er beruflich?«

»Ja, wie soll ich sagen?«, stockte Britta.

»Ganz einfach«, meinte Mareike, »ist er vielleicht sogar noch Banker?«

»Bingo, du hast genau ins Schwarze getroffen!«

»Meine liebe Britta«, machte Mareike eine ernste Stimme, »entweder flunkerst du mich an oder an der Sache stimmt etwas nicht. Irgendwie gehen bei mir gerade sämtliche Warnlampen an.«

Britta ließ sich enttäuscht in ihr Kissen zurückfallen: »Quatsch! Es ist alles ok. Du kannst dir nur nicht vorstellen, dass eine Frau wie ich so einen Mann treffen kann.«

»Heh, ich wollte dich nicht verletzen. Aber als Freundin darf ich mir schließlich noch Sorgen um dich machen, oder nicht?«

»Ist in Ordnung. Du, ich mache jetzt Schluss und springe unter die Dusche. Ralf will mich in einer Stunde abholen. Wir möchten das herrliche Sonntagswetter nutzen. Heute Abend gehen wir essen und danach, mal schauen. So, tschüss, bis bald!«

Brittas Sonntag war wie im Flug vorbeigezogen. Gegen 19 Uhr betrat sie mit Ralf das voll besetzte Restaurant. Parfum und Essensgeruch schwängerten die Luft. Die Gäste unterhielten sich angeregt, Besteck und Geschirr klapperten leise vor sich hin. Instrumentalmusik schaffte eine gemütliche Atmosphäre.

Britta und Ralf bekamen endlich einen Tisch. Britta trug ihr neues Sommerkleid und die neuen offenen Schuhe drückten. Ihr Gesicht, das Dekolleté und die Arme waren deutlich von der intensiven Sonne gerötet.

»Du hast eine Menge Farbe bekommen«, lächelte Ralf seine Partnerin an.

»Ich war schon ewig nicht mehr mit diesem Schiff auf dem Stausee. Eigentlich schade, da der See doch direkt vor der Haustür liegt.«

»Warum in die Ferne schweifen, wenn das Gute liegt so nah«, hob Ralf sein Rotweinglas und hielt es Britta zum Anstoßen entgegen.

»Wer hat das gesagt?«, hob auch sie das Weinglas.

»Der Altmeister, Johann Wolfgang von Goethe«, gab er zum Besten.

Ein Kellner servierte die Vorspeise.

Nachdem Britta nachdenklich mehrmals einige Salatblätter nach links, dann wieder nach rechts sortiert hatte, machte sie ein ernstes Gesicht und fragte: »Ralf, ich möchte dich noch mal fragen, was du beruflich machst und wieso du bei deiner Mutter wohnst.«

»Du traust mir nicht. Du meinst, ich spiele dir etwas vor, nicht wahr?«

Sie wurde umgehend knallrot und schüttelte heftig den Kopf: »Nein, das ist nicht richtig. Ich... wie soll ich sagen? Ich kann mir nur nicht vorstellen, dass ein Mann wie du nur in einem Café für, ich weiß nicht was, für Menschen arbeitet. Und warum hast du keine eigene Wohnung?«

Ralf senkte verlegen seinen Blick: »Ich habe nach dem Abitur eine Ausbildung zum Bankkaufmann gemacht. Während dieser Zeit musste ich sehr jung heiraten und bald kamen auch zwei Kinder. Mark und Sven, zwei tolle Jungen. Mit Weiterbildungskursen bin ich in dem Geldinstitut recht schnell aufgestiegen. Mein Vater hatte ein großes Immobilienmaklerbüro und es war immer sein Wunsch gewesen, dass ich sein Geschäft weiterführen würde. So bin ich eines Tages auch dort eingestiegen. Leider hat der alte Herr viel zu früh das Zeitliche gesegnet und ich übernahm sein Büro. Eines Tages liefen die Geschäfte schlecht und die Firma stürzte in die Insolvenz. Dann kam, was kommen musste. Kein Geld, keine Liebe! Meine Frau Silvia ließ sich von mir scheiden und lebte mit unseren beiden Jungen weiter in unserem Haus. Ich war also erst einmal arbeitslos. Dann war ich auch noch eine Zeit lang sehr krank.«

Frau Herzig hob mitfühlend die Brauen: »War es etwas Ernsthaftes?«

»Das ist ein ganz anderes Thema.«

»Wenn dir die Fragen zu persönlich werden, dann sage mir das bitte.«

»Schon ok.« Ralf lächelte und fuhr fort: »Da ich vom Arbeitslosengeld lebte, wollte ich wenigstens ehrenamtlich etwas tun und arbeite seitdem im ›Café Brücke‹. Es ist mehr oder weniger eine soziale Einrichtung. Dort kommen Menschen hin, die neu anfangen wollen, die aufgrund von irgendwelchen Schicksalsschlägen aus der Bahn geworfen wurden. Ich bin dort ein Junge für alle Fälle. Buchhaltung, Organisation und Kellnern gehören zu meinen Aufgaben.«

Britta lächelte ihn an: »Und so ganz nebenbei bist du ein Mann für die Rettung bedrohter Damen mit Einkaufstaschen, nicht wahr?«

»Ja, ich stand damals zufällig am Fenster des Cafés, als dich diese Idioten attackierten.«

Frau Herzig machte ein ernstes Gesicht: »Was mich am meisten bei dir gewundert hat war, dass du nicht ein bisschen Angst gezeigt hast. Drei gegen einen? Und dann noch mit einem Messer?«

»Was hätte mir denn passieren können? Sterben müssen wir alle einmal. Gibt es nichts Ritterlicheres, als für eine schöne Frau zu sterben?«

»Ich glaube Ihnen kein Wort, Ritter Lanzelot.«

Während Sie die Hauptspeise genossen, sprachen hauptsächlich ihre Blicke.

Nach dem Essen schaute Britta auf ihren leeren Teller: »Jetzt habe ich fast nur Salat gegessen und fühle mich trotzdem total übersättigt«, sie winkte ab. »Auf jeden Fall war es sehr lecker.«

»Gut, dann trainieren wir das Essen jetzt wieder ab. Ich kenne ein nettes Tanzlokal. Hast du Lust?«

Sie atmete schwer: »Ehrlich gesagt, Ralf, bitte verstehe mich nicht falsch. Aber ich bin ziemlich fertig. Soviel, wie ich mit dir in den letzten Wochen unternommen habe, habe ich wohl kaum in den letzten fünf Jahren unternommen. Und zum Schlafen komme ich auch kaum noch.«

»Ich dachte, es hat dir gefallen?«, zog Ralf ein ernstes Gesicht.

»Ja, sicher hat mir das alles gefallen. Aber ich merke, dass meine Energie aufgebraucht ist. Ich schleppe mich morgens nur noch zur Arbeit und bin zeitweise unkonzentriert.« Sie zuckte mit den Schultern. »Scheinbar brauchst du ja kaum Schlaf. Du bist immer gut drauf und wirst nie müde.«

Ralf hatte seinen Charme spielen lassen und Britta zu wenigstens einem Tanz überredet. Die Zeit flog dahin und beim Verlassen der Discothek schlug die Kirchturmuhr Mitternacht.

»Ist doch eine gute Idee gewesen, ein bisschen das Tanzbein zu schwingen, oder nicht?«

»Ja, es hat wirklich Spaß gemacht. Aber ich bin völlig geschafft!«

Die Straßen der Stadt waren um diese Zeit leer. Auf die meisten Menschen wartete in sieben bis acht Stunden ein arbeitsreicher Alltag.

Ralf parkte den Golf vor Brittas Haustür und machte den Motor aus. Er beugte sich zu ihr, umarmte sie und seine Lippen suchten ihren Mund. Nach einem innigen Kuss versuchte Britta, sich sanft zu lösen: »Ralf, ich bin völlig durchgeschwitzt. Ich bin froh, wenn ich gleich unter der Dusche stehe«, dann öffnete sie die Autotür und gab ihm einen Abschiedskuss. »Vielen Dank für den schönen Tag. Wir telefonieren morgen, ok?«

Sein Gesichtsausdruck zeigte große Enttäuschung. Dann sah Ralf geradeaus auf die Straße und nickte stumm. Britta stieg trotzdem aus und ging auf die Haustür des Vierfamilienhauses zu. Ihre Wohnung lag im Erdgeschoss. Sie winkte noch einmal zu dem parkenden Wagen, dann verschwand sie in der Haustür.

Britta schloss hinter sich die Wohnungstür, stieg aus ihren Schuhen und bewegte erleichtert ihre Zehen. Die Handtasche plumpste achtlos auf den Telefonschrank. Die müden Beine durchquerten die Wohnung zur Terrassentür und sie hängte ihre Sommerjacke zum Lüften hinaus. Rock und Bluse wurden vom Wohnzimmersessel aufgefangen. BH und Slip flogen im hohen Bogen im Bad auf die Waschmaschine. Schmuck klimperte auf das Waschbecken und dann rauschte endlich die erfrischende Dusche.

Sie genoss die lauwarmen Wasserstrahlen und ihre Gedanken überflogen noch einmal die wunderbaren Erlebnisse des Tages. Es waren bis jetzt so viele traumhafte Tage mit Ralf gewesen. Ja, und es waren auch wunderbare Nächte mit Ralf gewesen. Er war jetzt sicherlich enttäuscht, dass sie ihn nicht wieder mit in die Wohnung genommen hatte.

Als sie gerade zum duftenden Duschbad greifen wollte, hörte sie ein Geräusch und sie meinte, kurzfristig einen Luftzug durch die angelehnte Badezimmertür gespürt zu haben. Beunruhigt stellte sie das Wasser ab, um besser lauschen zu können.

Ihre Gedanken rasten: »Verdammt, habe ich etwa die Terrassentür nicht richtig geschlossen?«

Britta hörte noch einige Sekunden konzentriert, aber da war nichts zu hören…

Sie hob die Brauen, schüttelte den Kopf über ihre Ängstlichkeit und stellte das Wasser wieder an.

Wie ein Stein würde sie gleich ins Bett fallen und schlafen, schlafen und nochmals schlafen…

Plötzlich nahm sie hinter der Duschtür einen Schatten wahr und schrie auf.

Als sich die Tür der Dusche öffnete, umklammerte sie reflexartig ihre Brüste mit den Armen. Das Herz raste panisch und für einen Moment lang wurde ihr ganz schwindelig.

Endlich fing sie sich wieder und stieß aus: »Bist du wahnsinnig geworden? Du hast mich zu Tode erschreckt! Wie kannst du nur…«, erstickten ihre Worte, da Ralf komplett mit Hemd, Jeans und Socken bekleidet in die Dusche stieg. Er presste seine Lippen auf ihren Mund.

Sie trommelte wütend mit ihren Fäusten auf seine Schultern, doch er hielt ihren Kopf zwischen den Händen und seine Lippen lösten sich nicht.

Brittas Widerstand ließ immer mehr nach. Dann hingen ihre Arme locker um seinen Hals und ihre Zunge erwiderte seinen Kuss. Sie knöpfte sein nasses Hemd auf und die vor Wasser triefende Jeans rutschte herunter. Zentimeter um Zentimeter wanderten seine Lippen und Hände über ihren Körper.

11 BEZIEHUNGSPAUSE

Ralf Rose fühlte sich völlig als Mittelpunkt der Partygäste. Er ließ in seiner Euphorie kaum noch andere zu Wort kommen. Das Anfangsthema waren Immobilien gewesen, dann hatte er die Zusammenhänge der anstehenden Bankenkrise erklärt und nun vertiefte er seinen Vortrag über eine fachgerechte Gartenpflege. Rose kam vom Hundertsten ins Tausendste. Er bemerkte nicht, dass die meisten Gäste aufgrund seiner maßlosen Euphorie und seines endlosen Redeschwalls genervt mit den Augen rollten.

Britta stand in der Küche ihrer Freundin Mareike und sah zu, wie diese ihre Geburtstagsgeschenke auspackte.

Mareike behielt ihren Blick auf die Geschenke, um Britta nicht ansehen zu müssen. Ganz vorsichtig meinte sie: »Dein Ralf ist ein sehr gut aussehender Mann. Aber unter einem guten Zuhörer, wie du ihn mir am Telefon beschrieben hast, stelle ich mir etwas anderes vor.«

Britta atmete tief ein und meinte leise: »Als ich dir das vor drei Wochen sagte, da war das auch noch so. Ralf hat sich verändert. Ich verstehe es gar nicht. Er möchte auch nicht darüber reden. Er hält sich für völlig ok. So euphorisch wie jetzt, war er vorher überhaupt nicht. Er braucht auch fast keinen Schlaf mehr. Ich hingegen, ich kippe fast aus den Latschen. Mareike, ich kann nicht mehr. Aber ich will ihn auch nicht verlieren!« Brittas Augen füllten sich mit Tränen.

Mareike schloss die Küchentür und nahm Britta in die Arme. Ganz behutsam fragte sie: »Kann es sein, dass Ralf Drogen nimmt? Vielleicht Kokain oder so?«

»Das glaube ich nicht. Er hat sich ganz langsam verändert. Mit dem Thema *Arzt* darf ich ihm schon gar nicht kommen. Als ich nur beiläufig erwähnte, dass ich eventuell mit seiner Mutter Uschi darüber reden wolle, da ist er zum ersten Mal richtig böse geworden. Du hättest mal seine Augen sehen sollen. Er hat gedroht, dass unsere Beziehung umgehend beendet wäre, wenn er herausbekäme, dass ich in seinem Leben herumschnüffele!«

»Meine liebe Britta, die Geschichte stinkt zum Himmel. Gehen bei dir denn keine Warnlampen an? Der Junge ist krank oder er spielt mit dir ein falsches Spiel.« Mareike drückte die Busenfreundin an sich. »Du musst ja nicht sofort mit ihm Schluss machen, aber verlange eine Beziehungspause. Wenn er es ernst mit dir meint, dann muss er dafür Verständnis haben.«

»Daran habe ich auch schon gedacht. Allein aus dem Grund, weil ich nicht mehr kann. Ich sehe morgens nur noch fertig aus! Mein Chef hat mich doch tatsächlich gefragt, ob ich angefangen hätte zu trinken! So eine Frechheit! Die Alte vom Chef hat nämlich tatsächlich ein Alkoholproblem. Nun steht bei ihm jeder unter Verdacht, der morgens nicht aussieht wie das blühende Leben.«

Mareike nahm einen strengen Ton an: »So darf das nicht weiter gehen. Das lasse ich auch nicht zu. Ich werde mal ein Wörtchen mit diesem Ralf wechseln!«

Im gleichen Augenblick öffnete Ralf die Küchentür und strahlte über das ganze Gesicht: »Hi, Mädels! Ihr habt gerade einen super Witz verpasst, aber egal, ich erzähle ihn euch noch einmal. Passt mal auf!«

Mareike schüttelte energisch den Kopf: »Ne, ne, das passt jetzt überhaupt nicht! Wir müssen mal über etwas ganz anderes reden.«

Ralf winkte hektisch ab und legte kurz den Finger auf die Lippen, damit Mareike still sein solle. »Erst kommt mein Witz. Draußen haben alle vor Lachen flach gelegen«, und er ließ sich nicht davon abhalten, seine schlüpfrige Geschichte bis zum Ende vorzutragen. Dann klatschte Ralf übertrieben laut in die Hände und lachte.

Die Frauen sahen ihn nur ernst an. Mareike baute sich vor Ralf auf und stemmte ihre geballten Fäuste in die Hüften.

Nur langsam löste sich der Mann aus seiner Euphorie. Stumm sah er von einer Frau zur anderen. Dann zuckte er mit den Schultern: »Meine Güte, habt ihr keinen Humor mehr?« Erst jetzt nahm er wahr, dass Britta geweint hatte.

Mareike sah ihm wütend in die Augen und Britta wunderte sich, dass bei Ralf eine Unsicherheit zu erkennen war.

»Mein lieber Ralf Rose, meine Freundin Britta möchte eine Beziehungspause haben! Was mit dir los ist, darüber willst du ja nicht mit ihr sprechen. Dir fehlt auch jedes Gefühl dafür, dass Britta völlig fertig ist. Wenn du sie wirklich liebst, dann ziehst du dich bitte mal eine Zeit lang zurück!«

Eine gefühlte Ewigkeit sahen sie sich stumm in die Augen. Ralf spürte Mareikes Entschlossenheit. Also blickte er Britta streng an: »Du möchtest diese Trennung?«

Ihre Augen klimperten vor Nervosität. Dann nickte sie stumm und schaute verlegen auf ihre Schuhe.

»Gut, das kannst du haben!«, sagte er barsch, wandte sich um und schlug die Küchentür hinter sich zu. Kurz darauf fiel die Haustür laut ins Schloss.

Brittas Augen füllten sich erneut mit Tränen.

Kurz nach Ralfs Verschwinden hatte Britta ein Taxi gerufen und sich nach Hause bringen lassen. Achtlos warf sie ihre Jacke über den Telefonschrank und schoss ihre Stöckelschuhe durch den Flur. Im Wohnzimmer griff sie zu einer Cognac-Flasche, zog den Stöpsel heraus und setzte den Flaschenhals an ihre Lippen. Nach einem tiefen Schluck schüttelte sie sich und hätte die Flasche am liebsten an die Wand geworfen. Sie schaltete den Fernseher ein, nahm die Fernbedienung und tippte von einem Programm zum nächsten. Als sie alle 34 Sender durchgeschaltet hatte, warf sie die Fernbedienung verärgert in einen Sessel und ließ sich auf die Couch plumpsen.

Plötzlich klingelte das Telefon. Sie sprang auf, stürzte fast über den niedrigen Glastisch und stolperte zur Ladestation. Mit zitternden Fingern drückte sie die Annahmetaste und rief: »Ralf, es tut mir so unendlich leid!« Ich habe einen Fehler gemacht! Bitte verzeihe mir.«

»Ich bin es, Mareike. Ich sagte dir doch, du sollst ihm nicht hinterher laufen. Du brauchst Abstand, um einen klaren Kopf zu bekommen.«

»Nein, ich hätte es ihm ganz anders beibringen müssen. Verdammt!«, schluchzte Britta. »Ich war froh, endlich einen anständigen Mann gefunden zu haben. Jetzt habe ich bestimmt alles kaputt gemacht. Ich werde ihn jetzt anrufen!«

Mareikes »Nein« hörte Britta nicht mehr. Sie trennte das Gespräch. Hektisch wählte sie Ralfs Handynummer. Eine Festnetznummer besaß er angeblich nicht.

»Der Teilnehmer ist zurzeit nicht erreichbar. Wenn Sie eine Nachricht hinterlassen wollen, sprechen Sie bitte…«, hörte Britta die Computerstimme des Netzbetreibers und legte auf.

Wie eine Wildkatze im Käfig lief sie in der Wohnung hin und her. Dann wählte sie erneut Ralfs Handynummer. Dieses Mal sprach sie ihm auf die Mailbox: »Britta hier! Ralf, es tut mir leid. Lass uns bitte reden. Ruf mich an! Egal, auch wenn es Nacht ist!« Sie versuchte es eine Stunde später. Wieder lief nur die Ansage der Mailbox.

Auch in den nächsten Tagen versuchte Britta vergeblich, Ralf zu erreichen. Dann meldete sie sich bei Ralfs Mutter. Auch Frau Rose war voller Sorge, denn ihr Sohn war schon länger nicht mehr nach Hause gekommen. Gerne hätte Uschi Britta von Ralfs manisch-depressiver Erkrankung erzählt, um ihr eine nachvollziehbare Erklärung für das Verhalten ihres Sohnes zu geben. Doch das hatte Ralf ihr ausdrücklich untersagt. Schweren Herzens hielt sie sich an dieses Versprechen.

Kapitel 3
Montag

01 CHEFSACHE

Das Sekretariat der Maschinenbaufirma Hebel & Co lag zwischen dem Büro des alten Herrn Hebel und dem Konferenzraum, aus dem nur unverständlich mehrere Stimmen zu hören waren. Die Chefsekretärin Britta Herzig und ihre junge Kollegin Simone Althof waren in ihren Verwaltungsaufgaben vertieft, als im Radio die Nachrichten gesendet wurden. Sie unterbrachen ihre Arbeit und lauschten.

»9. November 2009«, meldete sich die sonore Stimme des Nachrichtensprechers. »Die Bankenkrise bereitet unseren Politikern große Sorgen, da im kommenden Jahr mit einem gewaltigen Einbruch in der Wirtschaft zu rechnen ist. Es ist ein extremer Anstieg der Arbeitslosigkeit zu erwarten...«.

Frau Herzig stand auf und drehte das Radio leise. »Diese permanente Schwarzmalerei, diese ständigen Untergangsprognosen machen mich langsam kirre. Ich kann das nicht mehr hören!« Sie ging zum Fenster und schaute hinaus in das trübe Novembergrau. Die Straße war regennass und die Fußgänger waren mit bunten Schirmen bewaffnet.

Simone Althoff kaute auf dem Ende ihres Kugelschreibers herum und fragte dann mit besorgter Stimme: »Meinst du, dass der Chef noch mehr Leute entlassen muss und dass wir beide auch davon betroffen sein können?«

»Wenn wir keine Kredite mehr bekommen, kann es schon eng werden. Warten wir erst einmal ab, was die weisen Köpfe im Konferenzraum austüfteln. Der Chef ist auf jeden Fall hochgradig besorgt und entsprechend angespannt. Am besten, man geht ihm heute aus dem Weg.«

Plötzlich schellte Frau Herzigs Telefon. Die Frau des Chefs

wollte umgehend ihren Mann sprechen. Die Chefsekretärin erklärte, dass das zurzeit ganz ungünstig sei und bat um einen späteren Anruf. Dann knisterte die Luft.

»Frau Herzig!«, schrie die Frauenstimme am anderen Ende der Telefonleitung, so dass die Chefsekretärin den Hörer weit von ihrem Ohr entfernt hielt. »Wenn ich nicht umgehend mit meinem Mann verbunden werde, dann garantiere ich ihnen, dass Sie hochkantig rausfliegen! Habe ich mich deutlich ausgedrückt?«

»Aber Frau Hebel, Ihr Mann befindet sich in einer Besprechung mit unserem Wirtschaftsberater Herrn Helmer und den Abteilungsleitern des Hauses. Er hat mir ausdrücklich gesagt, dass ich keine Anrufe durchstellen darf, außer wenn es brennt.«

»Dann sagen sie meinem Mann, dass es brennt. Unser Haus steht in vollen Flammen und sein Reitstall ebenfalls. Reicht diese Auskunft?«

Britta Herzig verdrehte die Augen und sah ihre Kollegin am anderen Schreibtisch hilfesuchend an. Doch die grinste nur breit, wies auf das Telefon von Britta und tippte sich mit dem Finger an die Stirn.

Frau Herzig atmete tief durch und antwortete ganz ruhig: »Ich werde sehen, was ich für Sie tun kann. Bleiben Sie bitte in der Leitung. Wenn ich Ihren Mann erreiche, dann verbinde ich Sie.«

Die Sekretärin sammelte sich und wählte die Telefonnummer ihres Chefs. Noch bevor sie etwas sagen konnte hörte man durch die geschlossene Bürotür im Nebenraum eine donnernde Stimme: »Ich hatte Ihnen gesagt, dass ich nicht gestört werden will!«

Im Konferenzraum stand dem Sechzigjährigen der Schweiß auf dem fast kahlen Haupt. Sein Blutdruck war den gesamten Tag schon viel zu hoch. Frau Herzig hatte ihn zwar wie jeden Morgen an seine Herz-Tabletten erinnert. Ob er sie tatsächlich einnahm, wagte sie nicht zu fragen.

Der äußerst korpulente Herr Hebel zog seine Krawatte weiter auf und schaute streng in die Runde seiner leitenden Mitarbeiter. Dann blieb sein Blick an seinem geladenen Gast Helmer hängen. Dieser zierliche Fünfzigjährige strahlte eine ansteckende Ruhe und Freundlichkeit aus. Er litt unter einer extremen Muskelschwunderkrankung, die ihn beim Laufen unsicher oder gar hilfsbedürftig erscheinen ließ. Seine Augen wiesen auf Scharfsinn und geistige Wendigkeit hin. Der hochgelobte Betriebswirt arbeitete für ein Beratungsbüro, das große und mittelständische Unternehmen in finanziellen und wirtschaftlichen Fragen unterstützte.

Helmers entwaffnendes Lächeln ließ Direktor Hebels cholerischen Anfall im Keim ersticken. Er tupfte sich mit einem Taschentuch den Schweiß von der Stirn und fragte Frau Herzig mit gespielt ruhiger Stimme: »Also, meine Gute, was gibt es Wichtiges?«

»Chef, Ihre Frau hat ein so dringendes Anliegen, dass sie mich freundlich gebeten hat, sie durchzustellen.«

Direktor Hebel blickte genervt aus dem Fenster: »Stellen Sie meine Frau durch, Frau Herzig. Und danke!« Während Hebel wartete, schaute er durch die Scheibe auf seinen geliebten Mercedes M-Klasse, der in der ersten Parkbox stand. Neben seinem Pferd war ihm dieser Geländewagen das Zweitliebste. Was hatte er denn sonst, außer täglich zehn Stunden Sorgen um die Firma und abends eine alkoholabhängige, permanent meckernde Frau. Plötzlich hörte Hebel im Hörer ihre aufgebrachte Stimme und er erklärte: »Liebling, ich bin in einer sehr wichtigen Besprechung. Bitte, fasse dich kurz.«

Hinter seinem Rücken warfen sich die Abteilungsleiter spöttische Blicke zu. Herr Helmer registrierte mit freundlichem Lächeln die peinliche Szene.

»Wann kommst du heute nach Hause?«, zischte Frau Hebel.

»Ich hatte vor, kurz in der Stadt essen zu gehen und dann zum Reitstall zu fahren«, trommelte der Firmenchef mit den wurstigen Fingern nervös auf seiner Stuhlarmlehne.

Sie schrie: »Du fährst heute Abend nirgendwo hin. Dein Pferd hat nämlich aus Versehen angerufen. Ich werde ihren Namen herausbekommen. Du kommst nach der Besprechung sofort nach Hause!«, und ihr Hörer knallte auf die Gabel.

Frau Hebel hatte so laut ins Telefon geschrien, dass alle Anwesenden schmunzeln mussten. Doch als Hebel sich schwungvoll mit seinem Chefsessel wieder zu seinen Mitarbeitern herumdrehte, blickten alle mit ernsten Mienen äußerst konzentriert auf ihre Datenblätter oder Laptopbildschirme.

»Entschuldigen Sie die Unterbrechung, meine Herren, eine dringende Angelegenheit. Wo waren wir stehen geblieben?«

Frau Herzigs Puls hatte sich wieder beruhigt. Sie hörte die Stimme ihres Chefs im laufenden Diktiergerät und verfasste einen Text.

»Meinst du, dass der Chef glücklich ist?«, richtete sich die jüngere Verwaltungsangestellte an Britta.

Die unterbrach ihr Schreiben: »Wenn man täglich seine Gereiztheit beobachtet, dann ist das wohl nicht das, was man allgemein unter Glücklichsein versteht«, sie blickte zum Fenster und sah den teuren Wagen des Direktors. Auf dem einen Meter breiten Grünstreifen zwischen der Parkbox und dem Bürgersteig hob ein Rottweiler gerade sein hinteres Bein. Britta runzelte die Stirn: »Hast du mitbekommen, dass der Wagen vom Chef in der letzten Zeit immer wieder angepinkelt wurde?«

»Nein«, lachte die junge Frau, »war es ein Hund oder ein Mensch?«

»Der Chef behauptet, dass er mehrmals einen Mann mit grauem Hut in der Abenddämmerung gesehen habe. Sein Gesicht wäre dem Chef irgendwoher bekannt, aber er konnte es nicht zuordnen. Ein Mitarbeiter von uns ist diesem Unbekannten sogar zweimal nachgelaufen. Der Verdächtige sei im letzten Augenblick in den Bus gesprungen. Beim anderen Mal sei er im ›Brunnen‹ untergetaucht. Der Chef hat Anzeige gegen Unbekannt erstattet.«

»In was für einem Brunnen soll der denn getaucht sein?«

»Gaststätte ›Zum Brunnen‹, du Dummchen. Etwa 200 Meter weiter die Hauptstraße hinauf. Wenn der Chef nicht gelassener wird, bekommt er wegen eines pinkelnden Besoffenen noch einen Infarkt. Der Herr Direktor besitzt ein großes Haus mit Schwimmbad, ein Auto, das bestimmt so viel kostet wie eine Eigentumswohnung, ein Pferd und sicherlich ein beruhigendes, finanzielles Polster. Alles Dinge, die glücklich machen könnten. Hinzu kommt sein Erfolg. Er hat in den sechziger Jahren als Maschinenbauingenieur einige Patente erworben. Seine heutige Frau war damals Sekretärin bei ihm. Ich hatte mal Hochzeitsbilder von ihr gesehen. Sie sah umwerfend gut aus.«

»Wie, die aufgedunsene Qualle war mal schlank?«, flüsterte die junge Frau erstaunt.

»Alkohol, alles nur vom Alkohol, meine Liebe«, lächelte Britta. »Der Chef war mit dem Aufbau des Betriebes rund um die Uhr beschäftigt. Seine Frau fühlte sich von ihm vernachlässigt. Nur Shoppen macht eben nicht glücklich.«

»Warum hat sie nicht bei ihm im Büro weiter gearbeitet?«

»Sie wurde nach der Hochzeit schwanger. Leider hatte sie eine Fehlgeburt. Sie konnte danach keine Kinder mehr bekommen. Hebel konnte dadurch von ihr auch keinen Thronfolger erwarten. Ob er sie seine Enttäuschung spüren ließ, weiß ich nicht. Auf jeden Fall fiel die Gute in eine tiefe Depression. Als sie wieder daraus auftauchte, war das Computerzeitalter angebrochen und sie hatte den Anschluss verpasst. Also teilten sie sich die Aufgaben. Er brachte das große Geld ein und sie gab es wieder aus. Zu Anfang für teure Klamotten, danach für Alkohol.«

»Gibt es eine andere in seinem Leben?«, hielt sich die junge Frau flüsternd die Hand vor den Mund.

»Seine Frau glaubt das scheinbar. Auf jeden Fall ist sie krankhaft eifersüchtig. Selbst gegen mich hatte sie schon Verdacht geäußert. Aber das ist ja Quatsch. Mit seinen 130 Kilos ist er nicht gerade besonders attraktiv, oder? Und was sein Reiten betrifft, da muss er aufpassen, dass er nicht Theater mit dem Tierschutzbund bekommt!« Beide Frauen kicherten laut los.

»Darf ich mitlachen, die Damen?«, stand Direktor Hebel plötzlich in der Tür.

Die Frauen blickten beschäftigt auf ihre Computerbildschirme.

»Herr Klaas«, sprach Herr Hebel einen jungen Angestellten an, »Sie bringen unseren lieben Herrn Helmer bis zu seinem Wagen. Sie garantieren mir dafür, das er wohlbehalten dort ankommt.«

Nachdem der Direktor das Sekretariat wieder verlassen hatte, atmete Frau Herzig auf: »Gott sei Dank. Ich denke, heute bekommen wir pünktlich Feierabend. Auf jeden Fall werde ich gleich Schluss machen. Ich habe mich mit einer sehr interessanten Bekannten aus dem Yoga-Kurs im ›Café Nostalgie‹ verabredet«, und sie begann ihren Schreibtisch aufzuräumen.

Conni Helmer fühlte sich nach der schrecklichen Krebsdiagnose völlig aus der Bahn geworfen. Lymphome, Anämie und Chemotherapie hießen die beängstigenden Begriffe, um die ihre Gedanken seit dem Gespräch mit der Ärztin permanent kreisten. Sie betrat ihr Krankenzimmer. Leider war ihre nette Bettnachbarin ausgeflogen. Frau Helmer ging zum Fenster und blickte zu dem mittelalterlichen Kirchturm. Die kahlen Bäume spiegelten Connis Seelenstimmung wieder.

Sie konzentrierte ihre Gedanken auf das alte Gotteshaus, in dem sie mit ihrem Kirchenchor so oft gesungen hatte. Frau Helmer war nicht nur eine bekennende Christin, sondern das Christliche schimmerte in all ihrem Handeln hindurch. Immer wieder hatte sie sich für die Alten und Bedürftigen in dieser Gemeinde eingesetzt. Sie liebte die Messe, das sakrale Orgelspiel und das beruhigende Gefühl, Teil einer Gemeinschaft zu sein.

Bernd Helmer, ihr Mann, war nicht fromm. Aber er respektierte Connis intensiv gelebten Glauben und begleitete sie zu den Messen. Bei ihrem Sohn Florian hatte die Kommunion nur eine Erinnerung an eine große Feier und eine Aufbesserung des Sparkontos hinterlassen. Nach der Firmung ging Flo nur noch zu Weihnachten mit seinen Eltern in die Kirche.

»Lieber Gott, was habe ich falsch gemacht?«, faltete Conni die Hände und sah zum grauen Novemberhimmel hinauf. Im gleichen Moment öffneten die Wolken ihre Schleusen und ein Platzregen ließ die Gräben des Krankenhausparks zu reißenden Bächen anschwellen. Wie bei einer Zirkusnummer trommelten die schweren Wassertropfen auf die Blechfensterbank.

»Warum gerade ich?«, fragte Conni den Kirchturm, der hinter der Regengardine immer undeutlicher zu erkennen war. Sie blickte auf ihre gefalteten Hände: »Sag mir, lieber Gott, warum? Warum bestrafst du mich mit dieser Krankheit?«

Da der liebe Gott keine spontane Antwort gab, ließ sie ihren Blick über die Einrichtung des Zimmers gleiten. Die Wände leuchteten in hellen Farben. Bunte Bilder und Gardinen schafften eine warme Atmosphäre.

Die Krankenbetten ließen sich elektrisch verstellen und sorgten für Bequemlichkeit.

Auf dem Tisch lockte das Menüangebot der kommenden Woche. Jeder Patient durfte sich aus einer Liste nach Wunsch seine Mahlzeiten zusammenstellen.

Plötzlich kam Frau Helmer ein erleuchtender Gedanke: »Ist es nicht auch Gottes Geschenk, dass ich hier so gut versorgt werde? Wenn diese Erkrankung gar nicht gottgewollt ist, er aber dafür sorgt, dass alles Menschenmögliche für mich getan wird, um das Beste aus meiner bescheidenen Situation zu machen, bin ich dann nicht undankbar?«, und sie wandte ihren Blick wieder dem Kirchturm zu. Der Platzregen endete genauso plötzlich, wie er begonnen hatte. Conni sah die Kirche jetzt wieder klarer.

»Du lässt mich bestimmt nicht im Stich«, nickte sie dem Turm zu und atmete tief ein. Sie spürte, wie ihr Lebensmut langsam zurückkehrte.

Nun brauchte sie unbedingt Zerstreuung. Frau Helmer schlenderte in den Aufenthaltsraum und lauschte still einer diskutierenden Männerrunde.

Ein 88-Jähriger meinte: »Habt ihr gelesen, dass die Krankenkasse schon wieder die Beiträge erhöhen will? Wer soll das denn noch bezahlen? Wenn ich denen mal vorrechnen würde, was ich alles eingezahlt habe, pah, die würden sich wundern!«

»Hast du auch mal darüber nachgedacht, was ihr alten Knöpfe der Kasse schon gekostet habt?«, meldete sich ein 45-Jähriger zu Wort. »Wenn ich mich recht erinnere, dann hast du uns gestern Abend noch vorgestöhnt, dass du zwei künstliche Hüften hast und dass bereits drei Bypass-Operationen bei dir durchgeführt wurden. Dann denke mal an deine ganzen Medikamente, über die du morgens meckerst. Ja, Willi, das kostet mehr, als du je eingezahlt hast.«

»Dafür habe ich Deutschland aufgebaut!«, rief der Alte verärgert.

»Was habt ihr denn da aufgebaut?«, mischte sich ein 32-Jähriger ein. »War es nicht das, was ihr mit eurem Scheißkrieg erst alles kaputt gemacht habt? War das eure Generation oder meine? Und dann konntet ihr doch froh sein, dass nach dem

Krieg genug Arbeit da war. ›Wirtschaftswunder‹ habt ihr das genannt. Heute bekommt kaum noch jemand einen unbefristeten Arbeitsvertrag, sofern er überhaupt Arbeit bekommt.«

»Die jungen Leute sind ja auch viel zu faul zum Arbeiten. Wie die schon aussehen! Tattoos auf dem Arsch und Sicherheitsnadeln in der Backe. So was hätte es früher bei uns nicht gegeben!«

»Wieso? Hatte die SS nicht auch Tätowierungen unter den Armen?«

Der 45-Jährige versuchte, die aufgebrachte Diskussion zu beschwichtigen: »Nicht zanken! Tatsache ist, dass die Ansprüche der Patienten mit den Jahren immer mehr gewachsen sind, aber niemand zusätzlich dafür bezahlen möchte. Laut Statistik haben sich die Ausgaben pro Nase seit 1970 bis heute verzehnfacht. Schaut euch die Zimmer hier an. Schaut euch die Verpflegung an. Viele Menschen in unserem Land leben im Krankenhaus besser als zuhause, oder nicht?«

Die anderen Patienten sahen ihn nur stumm an. Einige nickten zaghaft, andere winkten mürrisch ab. Der Mann fuhr fort: »Dann betrachtet auch mal die medizinischen Leistungen. Vor den 70er Jahren gab es nur das Röntgen. Heute werden Magnetresonanztomographien, Computertomographien, Endoskopien, Sonographien und Herzsonden zur Diagnostik eingesetzt.

Vor den 70er Jahren wurde auch kaum eine Hüftprothese eingesetzt und Knieprothesen gab es gar nicht. Die Technik war noch nicht so weit. Schrittmacher, Herzoperationen, künstliche Herzklappen oder gar ein künstliches Herz haben erst in den letzten dreißig Jahren Einzug gehalten. Dann die ganzen Augenoperationen. Die Altersblindheit ist selten geworden. Selbst 95-Jährigen setzt man beim grauen Star neue Linsen ein, damit sie ihre geliebte Zeitung wieder lesen können.

Dann denkt mal an die teuren Medikamente gegen AIDS und Krebs. Bevor die nicht erforscht waren, hatten die Krankenkassen auch keine finanzielle Belastung damit.

Und noch was! Denkt mal an unsere Wohlstandserkrankungen. Lungenkrebs aufgrund von Zigaretten. Lebererkrankungen wegen der Sauferei und, und, und!«

Der 45-Jährige sah den alten Patienten an: »Willi, hattest du nicht ebenfalls zwei Staroperationen?«

Willis Hörgerät piepte und er klopfte sich auf das Ohr. Dann fragte der alte Herr: »Du kennst dich so gut aus, arbeitest du bei der Kasse?«

»Nein, ich bin bei der Rentenversicherung angestellt.«

»Das ist ein gutes Thema!«, klatschte der 32-Jährige sich auf die Schenkel. »Ja, Willi, wie lange bekommst du schon Rente? Zwanzig, fünfundzwanzig Jahre? Auch über die Renten gibt es Statistiken. Meine Generation wird auf keinen Fall mehr Renten in der Höhe bekommen, die heute unsere Großeltern und Eltern genießen. Wir dürfen nur noch einzahlen und gucken später in die Röhre.«

Der Alte stützte sich an seinem Krückmann ab und stand gequält auf. Er wandte sich dem jungen Mann mürrisch zu. In dem faltigen Gesicht funkelten erstaunlich wache Augen: »Wenn ihr zu faul seid, genug Blagen in die Welt zu setzen, dann beschwert euch nicht, wenn später keiner eure Renten bezahlen kann. Meine Generation hat wenigstens drei bis sechs Kinder pro Familie in die Welt gesetzt. Wo gibt es das denn bei euch noch?« Er grinste hämisch und hob seinen Stock. »Na, da weißt du Schnösel keine Antwort drauf!«

»Das ist auch so ein Quatsch! Tut nicht so, als hättet ihr nur Wunschkinder in die Welt gesetzt. Wenn es damals schon die Pille gegeben hätte, dann hätte es auch keinen Babyboom gegeben!«

Der 45-Jährige versuchte wieder zu vermitteln: »Friedlich bleiben. Ich denke, wir Jüngeren dürfen wirklich dankbar sein, dass wir keinen Krieg erleben mussten. Aber die Alten sollten auch dankbar sein und anerkennen, dass es ihnen aufgrund der Leistungen der jüngeren Generation heute sehr, sehr gut geht. Der gegenseitige Respekt ist wichtig. Nur gemeinsame und faire Lösungen helfen uns weiter.«

Conni Helmer hatte unauffällig und still der Diskussion zugehört. Leider lenkten auch diese Themen sie nicht von ihrer bösen Diagnose ab. Am liebsten hätte sie geschrien: ›Hallo, habt ihr keine echten Probleme? Genießt doch einfach euer Leben und meckert nicht über belanglose Dinge. Mein Leben ist vielleicht schon bald vorbei und ihr verschwendet das Eure mit streiten‹, doch sie hatte keine Kraft, um zu diskutieren. Sie ging stumm zu ihrem Zimmer zurück.

Die Bettnachbarin begrüßte Frau Helmer fröhlich: »Da bist du ja endlich. Ich habe schon auf dich gewartet. Na, was hat die Ärztin herausgefunden?«

03 AUF FREIER WILDBAHN

Hatte die Novembersonne am Morgen noch ein kleines Loch in der Wolkendecke gefunden, um den grauen Wochenanfang einladender erscheinen zu lassen, so verdunkelte sich nun der späte Nachmittagshimmel, als wäre es schon Abend. Die schwarzen Wolken öffneten ihre Schleusen und die prasselnden Wassermassen bildeten in der Fußgängerzone kleine Rinnsale. Die aufgespannten Schirme sorgten in dem Herbstgrau für unzählige Farbkleckse. Die Schritte der eiligen Kundinnen wurden schneller und in ihren Gesichtern spiegelte sich der trübe Tag wieder. Die einen flüchteten sich in die angrenzenden Geschäfte, andere nutzten die Gelegenheit, ein gemütliches Café aufzusuchen.

Das ›Café Nostalgie‹ hatte sich genauso plötzlich gefüllt, wie sich die Wolken geleert hatten. Im Eingang des nach Kaffee duftenden Raumes hingen die nassen Regenjacken an der Garderobe und hinterließen genau wie die abgestellten Schirme rutschige Pfützen auf dem Fliesenboden.

»Darf ich den Damen noch etwas bringen?«, fragte der freundliche Kellner.

Eva Schwarz trug eine stark abgedunkelte Brille auf ihrer Stupsnase. Sie hatte kein Make-up aufgelegt und wirkte völlig natürlich. Die etwa vierzigjährige, braunhaarige Frau schien recht sportlich zu sein. Ihre Finger tasteten auffällig nach der Kaffeetasse und führten sie an den Mund: »Oh, ist die auch schon leer? Dann noch einen Latte Macchiato bitte!«

Die andere Dame, Britta Herzig, schien in ähnlichem Alter zu sein und machte einen verunsicherten Eindruck. Sie klapperte nervös mit den Wimpern: »Ja, dann für mich das Gleiche bitte!«

Nachdem der Kellner die Bestellung aufgenommen hatte,

versuchte die Frau mit der getönten Brille den Blick von Frau Herzig zu treffen: »Britta, würdest du mich bitte zur Toilette begleiten? Der Kaffee ist nämlich durch. Ich möchte hier mit meinem Blindenstock keinen Flurschaden anrichten.«

Sie stand auf und ihre Hand tastete neben dem Stuhl nach der Handtasche.

Britta wusste nicht so recht, wie sie der hochgradig Sehbehinderten helfen sollte. Sie hatte noch keine Erfahrung mit einem sehbehinderten Menschen gemacht und ergriff krampfhaft deren Oberarm.

Eva Schwarz erklärte: »Es geht viel leichter, wenn ich dich an deinem Ellenbogengelenk anfassen darf. Dann bin ich immer einen halben Schritt hinter dir und spüre genau, wohin du dich bewegst.«

Britta kniff angespannt die Lippen zusammen, ging ein paar Schritte und guckte voller Verlegenheit, ob schon irgendein anderer Gast neugierig zu ihnen aufsah. Doch der Anblick zweier Frauen, die gemeinsam die Toilette aufsuchten, gehörte schließlich zur Normalität. Eva hielt ihren weißen Taststock diagonal vor sich und das Gespann lief los. Erst als Eva heftig gegen einen Stuhl polterte, der dummerweise im Weg stand, wurden die ersten Hälse gereckt. Brittas Wangen erröteten. Die Gespräche der übrigen Gäste verstummten nach und nach und die Blicke hafteten auf den beiden Frauen. Die Gäste steckten die Köpfe murmelnd zusammen. Brittas rote Gesichtsfarbe nahm noch zu. Leise Instrumentalmusik untermalte diesen seltenen Auftritt eines hochgradig sehbehinderten Menschen in freier Wildbahn.

Bis die Damen von der Toilette zurückkehrten, erhöhte sich wieder der Gesprächspegel der Gäste. Als das Gespann nach zehn Minuten den Rückweg antrat, wurde es wieder still. Alle Augen schenkten der sehbehinderten Eva ihre volle Aufmerksamkeit. Wieder errötete Britta unter den kritischen Blicken. Nur der Gesichtsausdruck der sehbehinderten Eva blieb gelassen.

Nachdem die beiden Damen völlig unspektakulär an ihrem Tisch Platz genommen hatten, war das Interesse der Gaffer verpufft und der Geäuschpegel normalisierte sich.

»Eva, macht dir das nichts aus, wenn die Leute dich so anstarren?«

»In diesem Punkt haben wir Sehbehinderten es leichter. Wir sehen diese Blicke ja nicht. Aber ich spüre diese Blicke sehr genau. Vor vielen Jahren hat mich dieses ungenierte Gaffen sehr geärgert, doch heute juckt es mich nicht mehr. Sieh mal, die Neugier des Menschen hat mit Wissensdurst zu tun, ohne den wir nie zum Mond geflogen wären. Das genaue Hinsehen in außergewöhnlichen Situationen ist eine instinktive Schutzmaßnahme, ohne die alle unsere Vorfahren längst von Raubtieren gefressen worden wären.« Eva lachte. »Aber jetzt erkläre den anderen hier mal, dass ich sie nicht fressen will.«

»Dass du mit deiner Sehbehinderung als Physiotherapeutin arbeitest, kann ich noch nachvollziehen. Auch dass du mittlerweile stellvertretend unseren Yoga-Kurs leitest ist zu verstehen. Aber wie machst du deinen Haushalt?«

»Ich habe von klein auf eine Augenerkrankung. Sie nimmt mir immer weiter das Sehen. Meine Eltern schickten mich deshalb zu einer Schule für Sehbehinderte und Blinde. Dort habe ich neben der blindentechnischen Ausbildung auch alle Handgriffe, die im Haushalt erforderlich sind, erlernen müssen. Aber zugegeben, ich habe heute jemand zum Fensterputzen. Die Gute sagt mir auch, wenn ich irgendetwas übersehen habe. Wein- oder Kaffeeflecken kann man nicht ertasten. Da mein Mann völlig blind ist, meckert er auch nicht, wenn ich mal etwas liegen lasse. Ganz im Gegenteil. Ich muss hinter ihm herräumen.«

»Also siehst du noch etwas?«

»Ich sehe am äußeren Gesichtsfeldrand wie durch ein Schlüsselloch. Ich kann sogar Dinge erahnen, die sehr weit weg sind. Sagen wir mal, ein Auto, das einige Meter weit weg von mir steht, erkenne ich als irgendein kontrastreiches Gebilde. Aber alles, was in meiner Nähe ist und von dem eingeschränkten Gesichtsfeld nicht wahrgenommen wird, muss ich ertasten. Ich darf also nicht gedankenverloren oder träumend um mich greifen, denn dann fällt sofort etwas um. Stell dir vor, du hättest deine Brille mit Papier zugeklebt. Nur am äußeren Rand des Glases wäre ein schmaler Spalt, durch den du noch sehen kannst.

Damit versuche mal zu laufen.« Sie lachte wieder. »Nein, das war ein Scherz. Mache das lieber nicht. Aber da ich ein bisschen sehe, meinen die Leute manchmal, ich würde simulieren.«

»Dein Mann sieht gar nichts?«, wurde Britta neugierig. »Wie habt ihr euch kennen gelernt?«

»Es war Liebe auf den ersten Blick«, schnaufte Eva belustigt. »Wir lernten uns während der physiotherapeutischen Ausbildung kennen. Für mich war es eine Fortbildung, für meinen Mann Oliver war es eine Umschulung. Er hatte als junger Mann einen schweren Unfall, bei dem er das Augenlicht verlor. Für ihn kam die Erblindung wie ein Paukenschlag. Als ich Oliver zum ersten Mal traf, war er völlig introvertiert. Man könnte schon fast von autistischen Zügen sprechen. Ich empfand seine Schüchternheit als sehr sympathisch. Ich wusste von Anfang an, dass viele Talente und ein gutes Herz in ihm stecken. Und so habe ich ihn Stück für Stück wieder aus seiner Zurückgezogenheit herausgelockt. Heute ist er so locker, dass ich ihn eher bremsen muss!«

Nun konnte Britta ihre Neugier nicht mehr zurückhalten: »Das hört sich unglaublich spannend an. Würdest du mir mehr darüber erzählen?« Wie bist du als Kind mit deiner Sehbehinderung zurechtgekommen? Was hast du und dein Mann während eurer Ausbildung alles erlebt?«

Vor den Fenstern des Cafés hatte der Regen endlich nachgelassen. Dafür meldete sich nun die Dunkelheit des Abends an.

Eva drückte auf einen Knopf an ihrer sprechenden Armbanduhr: »Montag, 9. November 2009«, sagte die künstliche Stimme der Uhr.

»Das war der falsche Knopf«, lachte Eva und betätigte einen anderen.

»Es ist 17:13 Uhr«, hörte man wieder die monotone Stimme der Uhr.

Da noch genügend Zeit blieb, tauchte Eva mit der neuen Bekannten in ihre Erinnerungen ein.

Kapitel 4
Reifezeit

01 ENTWURZELT

Das braunhaarige Mädchen mit der dicken Brille hatte ein hübsches Gesicht. Im Sportunterricht gehörte sie beim Turnen und Schwimmen zu den Besten ihrer Klasse. Nur die Ballspiele schlossen Eva immer aus. Sie war von klein auf stark sehbehindert. Das Fahrradfahren hatten ihr die besorgten Eltern verboten. Trotzdem hatte Eva das Rad ihrer Freundin heimlich ausprobiert. Ihre Fahrkunst war auch nicht ungeschickt. Leider hatte ein 1-Meter hoher Pfosten, der den Gehweg für Autos versperrte, im Weg gestanden. Als Ergebnis hatte Evas Kleid einen Riss, die Strumpfhose blutverschmierte Laufmaschen und die Kniescheibe ein Loch, das im Krankenhaus genäht werden musste. Evas Mutter, Realschullehrerin Marie Liebig, hatte in ihrer typisch übertriebenen Sorge dem Mädchen, das Eva das Fahrrad geliehen hatte, auch noch Vorwürfe gemacht. So konnte man für Sehbehinderte keine Freundschaften aufrecht erhalten. Dank ihrer humorvollen Art und einer schnellen Auffassungsgabe fand Eva jedoch immer neue Freundinnen. Sie hatte sich oft gefragt, warum ihre Mutter viel besorgter war als alle anderen Mütter. Lag das nur an der blöden Sehbehinderung?

Mit dem Beginn der Pubertät empfand Eva das übervorsichtige Verhalten ihrer Mama nur noch als extrem nervende Gängelei. Auch in der Wahl der Kleidung und der Musik trennten sich nun die Generationen. An den Wänden des Jugendzimmers wichen die Tierbilder den Postern der Stars der *Neuen deutschen Welle.*

Dann platzte mitten in Evas pubertären Gefühlsstrudel eine Information hinein, die sie völlig entwurzelte. Der Teenager hatte im Bus zwei Reihen hinter einer Nachbarin ihres Elternhauses gesessen und das Geschwätz der Damen zufällig mithören können. Mitten im Gespräch fiel der Satz: »Übrigens ist die Eva Liebig ein angenommenes Kind. Marie kann nämlich keine Kinder bekommen.«

Mit pochenden Schläfen lief Eva nach Hause. Sie stürzte in die Küche, wo Marie gerade das Mittagessen bereitete. Die Schultasche flog auf einen Stuhl und ohne zu grüßen, fragte die Schülerin: »Marie, ich will sofort eine ehrliche Antwort von dir. Bist du meine Mutter oder nicht?«

Frau Liebig wäre fast in Ohnmacht gefallen. Sie schob den Topf auf dem Herd zurück und ließ sich auf der Eckbank niedersinken. Diese plötzliche Frage verschlug ihr die Sprache.

»Da du mir nicht antworten willst, stimmt diese Information anscheinend«, stemmte Eva die Fäuste in die Hüften, »Prima, dass ich das so nebenbei im Bus von der alten Frau Emmerich erfahren musste. Wer sind meine Eltern?«

Marie schossen die Tränen in die Augen: »Eva, ich...«, versagte immer noch ihre Stimme.

»Ich frage also noch einmal. Habt ihr mich adoptiert? Ja oder nein?«

Frau Liebig nickte nur stumm.

Eva war es nun völlig egal, ob sie Marie verletzen würde: »So ein Pech! Da habt ihr euch per Zufall eine Sehbehinderte ausgesucht. Eine völlige Fehlinvestition!«, dann rannte sie in ihr Zimmer und schloss sich ein.

In völliger Verzweiflung rief Frau Liebig ihren Mann Michael an. Er nahm sich umgehend frei und eilte nach Hause. Nachdem er seine Frau tröstend in die Arme genommen und ein bisschen beruhigt hatte, klopfte er an Evas Zimmertür.

»Eva, ich bin es, Mike. Ich möchte mit dir reden. Mache bitte die Tür auf!«

Erst nach weiterem Bitten drehte sich der Schlüssel im Schloss.

Eva warf sich auf ihr Bett und Herr Liebig setze sich auf die Kante.

Dieser Mann strahlte so viel Sicherheit und Güte aus, dass Eva keinen der Vorwürfe gegen ihn hervorbringen konnte, die sie sich in der letzten halben Stunde zurecht gelegt hatte.

Herr Liebig faltete auf den Knien die Hände und begann mit

sanfter Stimme zu erzählen: »Marie hatte während ihrer Studienzeit in einem Heim für Kinder als Praktikantin gearbeitet. Dort hat sie dich zum ersten Mal gesehen. Deine leibliche Mutter war sehr krank. Sie war süchtig. Sie hatte in der Zeit, als du noch ganz klein warst, so viele Drogen genommen, dass sie auf dich nicht mehr aufpassen konnte. Man hoffte wohl darauf, dass deine Mutter nach einer Therapie wieder gesund würde und für dich sorgen könnte. Das war auch ganz bestimmt immer ihr Wunsch. Sie hat dich sicher sehr geliebt.«

Eva fragte mit belegter Stimme: »Was ist aus ihr geworden?«

»Leider starb sie an einer Überdosis.«

Nach längerem Schweigen fragte sie: »Ja, und wer ist mein Vater?«

»Angeblich war er dem Amt nicht bekannt.«

Mike setzte sich vor dem Bett in die Hocke und versuchte, ihren Blick einzufangen. Seine Hand umfasste die des Mädchens und er fuhr fort: »Marie hatte dich in ihr Herz geschlossen. Sie wollte immer Kinder haben. Direkt nach unserer Hochzeit stellten wir einen Antrag auf Adoption. Dass du eine angeborene Augenerkrankung hattest, war uns bekannt. Der kleine Prinz hat gesagt: ›Man sieht nur mit dem Herzen gut.‹ Und du hast ein großes Herz. Auch Marie hat ein großes Herz. Und sie nervt manchmal mit ihrer Fürsorge, nicht wahr?«

Herr Liebig ging zur Tür: »Wenn du noch Fragen hast, ich bin im Wohnzimmer. Ich muss mal nach Marie sehen, sie ist auch sehr traurig.«

Eine halbe Stunde später fand Eva ihre Adoptivmutter rauchend auf der Terrasse hinter der Küchentür. Mit zitternden Lippen sagte sie: »Marie…, Mama, tut mir leid, dass ich dir vorhin weh getan habe.«

Marie warf ihre Zigarette achtlos weg, hob Evas Kinn zu sich und küsste sie schweigend auf die Stirn. Dann hielten sie sich lange umschlungen.

02 REIFEZEIT

Eva Liebig war ein hübsches Mädchen geworden. Statt der dicken Brille trug sie nun Kontaktlinsen. Leider prognostizierte ihr die Augenärztin weitere Sehverluste. Nach dem erfolgreichen Realschulabschluss kam die Grundsatzdiskussion auf, ob sie eine blindentechnische Grundausbildung machen solle oder nicht. Sie wollte künftig unbedingt mit Menschen arbeiten. Daten und Zahlen waren nicht ihre Sache. Also absolvierte sie ein Praktikum in einer physiotherapeutischen Praxis und war begeistert. Ihr Weg zum beruflichen Ziel als Masseurin und Medizinischen Bademeisterin führte über eine vorbereitende Schule für Sehbehinderte.

So verließ Eva Liebig zum ersten Mal für längere Zeit das vertraute Elternhaus. Etwa zwei Stunden dauerte die Autofahrt. Vater Mike beschrieb ihr unterwegs die ländliche Umgebung und Eva versuchte, mit einem kleinen Fernglas alles Neue in sich aufzunehmen.

Mike brachte sie zu einer Art Internat und trug die vielen Taschen und Koffer in ihr kleines, privates Zimmer. Das freundliche Personal versicherte, dass Eva hier bestens versorgt sei und dass sie die Ausbildungsstelle als selbstbewusste, junge Frau verlassen würde.

Die Mitschüler nahmen das Mädchen freundlich auf und Eva fühlte sich nach kurzer Zeit sogar befreit. Zum ersten Mal in ihrem Leben war sie nicht die einzige Sehbehinderte. Ganz im Gegenteil, hier fiel sie gar nicht auf. Unter gleich Betroffenen zu sein, stärkte ihr Selbstwertgefühl. Die Mobilität vieler blinder und sehbehinderter Schüler ließ Eva staunen. Einige spielten Blindenfußball und trieben die waghalsigsten Sportarten. Manche träumten sogar davon, eines Tages bei den Paralympischen Spielen eine Medaille zu erkämpfen.

Doch diese Ausbildungsstätte bestand nicht nur aus Sport und Spaß.

Nach einigen Tagen der Eingewöhnung übte Eva den Umgang mit einem Bildschirmlesegerät. Ferner musste sie die schwierige Braille-Schrift erlernen, die im Volksmund Blindenschrift oder Pickelschrift genannt wird. Für kurze Informationen schrieben die Sehbehinderten und blinden Schüler auf einer Druckmaschine. Diese prägte dann die Punktschrift auf einen schmalen Papierstreifen, der sich wie eine Luftschlange kräuselte.

Natürlich wurde unter den neuen sehbehinderten und blinden Schülern das Gerücht verbreitet, dass auch die Mohnbrötchen auf ihrer Oberfläche Botschaften enthalten würden, die den unkundigen Sehenden verborgen bleiben. Hier war Fingerspitzengefühl gefragt.

Eine weitere Hilfe stellten neben der Blindenschriftbibliothek die Kassettenrekorder dar. Der Unterricht durfte per Mikrophon mitgeschnitten werden. Mancher Lehrstoff war auch als Hör-Kassette erhältlich.

Seit den 50er Jahren hatten die Kriegsblinden in vielen Bundesländern Hörbüchereien gegründet, die mittlerweile ein riesiges Angebot an Literatur bereithielten. Hatten zu Anfang nur Laien die Bücher vorgelesen und auf Band gesprochen, so lasen heute Schauspieler und andere Profis die Texte vor. Mancher Text wurde dadurch noch attraktiver.

Das Mobilitätstraining brachte Eva hin und wieder an die Grenze ihrer nervlichen Belastbarkeit. Auf der Straße gab es unzählige überraschende Hindernisse, die mit dem Langstock ertastet werden mussten. Der Mobilitätstrainer erklärte, wie man den Stock auf Treppen einsetzt und wie man ihn als Körperschild benutzt. Eva musste heraushören, ob die Stockspitze beim pendelnden Aufschlagen auf dem Boden einen veränderten Untergrund meldete, da Platten, Asphalt, Grasnarben und Lehmböden unterschiedlich klingen. Trotz der Konzentration und bester Bemühungen gab es immer wieder Beulen und entmutigende Situationen. In einer Schulungsgruppe mit schwingenden Stöcken durch das Dorf zu ziehen, war für alle Beteiligten ok. Doch wenn Eva alleine mit einem solchen Stock in die Öffentlichkeit trat, fühlte sie sich wie ein gezeichneter Mensch. Sie kannte aus früheren Tagen die ungenierten Blicke der Gaffer und spürte diese auch, ohne zu sehen.

Nicht sehbehinderte Mädchen ihres Alters bekamen einen hysterischen Anfall, wenn sie nur mit einem leuchtenden Pickel an der Wange die Straße betreten mussten. Denen hätte Eva gerne mal für kurze Zeit ihren weißen Stock in die Hand gedrückt.

Immer wieder wiesen die Ausbilder darauf hin, dass die Straßenverkehrsordnung vorschrieb, dass hochgradig Sehbehinderte und Blinde sich für andere Verkehrsteilnehmer kenntlich zu machen hätten. Das hieß, es musste entweder eine Blindenbinde mit den berühmten drei Punkten oder ein genormter, weißer Stock getragen werden.

Man erklärte den Schülern: »Als hochgradig sehbehindert gelten alle Personen, die mit dem besseren Auge plus Korrektur weniger als 5 Prozent Sehkraft erreichen. Unter 2 Prozent Sehkraft gilt man als blind.«

Ein Mitschüler meinte zu Eva: »Die Blinden unterscheiden zwischen blind und schwarzblind. Mit knappen 2 Prozent Sehkraft sieht man nämlich noch leichte Kontraste und kann sich an Lichtern orientieren. Das sind gegenüber den Schwarzblinden, die diese optischen Hilfen nicht haben, deutliche Vorteile.«

Eva sah mittlerweile sehr schlecht, aber hochgradig sehbehindert war sie noch nicht. Deshalb nutzte sie ihren dünnen Teleskopstock aus Fieberglas im Kreis der Sehenden wenn möglich überhaupt nicht.

Vor dem Abschluss dieser Ausbildung trat plötzlich der 21-jährige Philipp Freimann in Evas Leben. Er war zwei Jahre älter als sie und besaß als Gitarrist einen Fanclub. Mit seiner kräftigen Stimme trat er am Wochenende in der zehn Kilometer entfernten Disco auf. Philipp parodierte Stücke von Elvis und den Beatles. Seine mitgebrachte Jubelgruppe hatte dann mehrere Getränke frei. Philipp zog beim Singen die seltsamsten Grimassen. Vielleicht lag das auch daran, weil er sich selbst noch nie im Spiegel gesehen hatte.

Eva war stolz, dass sie von Philipp als Freundin auserwählt wurde und so ließ sie sich auf ein Abenteuer mit ihm ein. Es war für sie überhaupt das erste bemannte Abenteuer. Leider zerstreuten sich ihre Träume von Romantik und Zärtlichkeit bereits am ersten Abend. Der junge Mann war ein Egoist und völlig von sich eingenommen. Zu spät bemerkte Eva, dass sie für ihn nur eine Trophäe unter vielen anderen war. Diesem peinlichen Idioten musste sie künftig nicht mehr begegnen, da ihre Ausbildung an diesem Ort nun im Jahr des Mauerfalls endete.

Vater Mike und Mutter Marie holten ihre Tochter von der Berufsförderungsstätte ab. Die vielen Taschen und Koffer passten kaum in den Wagen. Zum letzten Mal grüßten die grünen Hügel ihres ländlichen Exils und nach zwei Stunden roch Eva wieder die heimatliche Stadtluft.

Die schulische Atempause sollte nur wenige Wochen dauern, dann stand die lang ersehnte physiotherapeutische Ausbildung mit vielen neuen Menschen in einer fremden Stadt vor der Tür.

03 DIE STIMME

Marie Liebig hätte fast Streit mit ihrem Mann bekommen. Sie hatte vor Aufregung bereits drei Zigaretten hintereinander geraucht. Ihre sehbehinderte Tochter wollte unbedingt völlig allein mit dem Zug zu der 300 km entfernten Stadt Bad Heilheim reisen, in der ihre Ausbildung zur Physiotherapeutin beginnen sollte. Ja, und Mike? Der befürwortete das auch noch.

Eva nahm ihre Adoptivmutter in die Arme: »Marie, ich werde in diesem Jahr zwanzig. Ich habe ein langes Mobilitätstraining hinter mir. Ich bin völlig selbstständig. Wenn du gesehen hättest, welche riskanten Touren ich mit meinen Freundinnen im Exil gemacht habe, dann wärst du nicht mehr besorgt«, und sie strich der Lehrerin liebevoll über die Wange, als hätten Mutter und Tochter die Rollen getauscht. »Mike setzt mich in den Zug. Am Zielbahnhof lasse ich mich von der Bahnhofsmission abholen und zu einem Taxi bringen. Was soll da passieren?«

Als sich am 5. April 1990 die Zugtüren schlossen und die Bahn langsam losrollte, winkte Eva fröhlich aus dem Abteilfenster. Ihr Vater hatte zuvor zwei Koffer und Täschchen hineingeschleppt. Die Sonne leuchtete von einem blauen Himmel und schaffte ein verlockendes Reisewetter. Marie gab sich auf dem Bahnsteig große Mühe, ihre Tränen zu unterdrücken und Mike hielt sie winkend im Arm.

Das Stimmengewirr des Bahnsteigs entfernte sich immer rascher und der Fahrtwind griff in Evas braune Locken. Die junge Frau schloss das Fenster. Ihr Zugabteil war noch leer. Sie sortierte ihr Gepäck in der Ablage und steckte sich die Stöpsel ihres Walkmans in die Ohren. Gleichzeitig hielt sie sich ein winziges Fernglas vor die Augen und schaute zum Fenster hinaus.

Die städtische Besiedlung wurde immer lichter und die Gleise führten durch Wiesen, Felder und Wälder. Eine Zugbrücke überspannte den großen Strom. Dann erreichte der Zug einen neuen Ort und im nächsten Bahnhof kreischten die Bremsen. Unzählige Menschen drängelten sich auf dem Bahnsteig. Aus den Lautsprechern schallten Hinweise und schon bald rollte der Zug wieder an. Eva sah immer wieder schattenhaft Personen an dem Abteil vorbeigehen.

Plötzlich öffnete jemand polternd die Tür und fragte: »Ist hier noch ein Platz frei?«, und ein hochgewachsener, junger Mann stand im Abteil.

Eva nahm die Person nur schattenhaft wahr, aber sie hörte an der angenehm sonoren Stimme, dass es ein recht junger Mann sein musste. Da sie nicht gleich antwortete, fragte der Mann etwas ungeduldig: »Hallo, ist hier jemand?«

Eva kombinierte, dass dort ein Mensch stand, der ebenfalls sehr schlecht sehen konnte und sie antwortete diplomatisch: »Soweit ich das sehe, sitze ich hier völlig alleine. Also kommen Sie herein und suchen sich einen Platz aus.«

Der Mann ertastete mit einem Stock den freien Platz direkt neben der Tür. Er stellte eine Tasche auf den Nachbarsitz und zog seinen Rucksack von der Schulter. Einen Moment lang griffen seine Hände über dem Kopf ins Leere, dann fand er die Gepäckablage. Nachdem endlich alles verstaut war, ließ sich der neue Fahrgast in den Sitz fallen und atmete hörbar erleichtert auf.

Eva brach das Schweigen: »Na, alles ok?«

Der Mann bekam einen verschämt roten Kopf und tastete kontrollierend an den Bügel seiner Sonnenbrille: »Wie Sie sehen, bin ich blind. Deshalb fahre ich nicht gerne mit dem Zug.«

»Wo geht es denn hin?«

»Ich fahre zu einer Ausbildungsstätte für Physiotherapeuten in Bad Heilheim«, er winkte skeptisch ab. »Ich meine, falls mich der Zugbegleiter rechtzeitig informiert und wenn ich nicht am Ziel vorbeifahre.«

»Ist das schon mal vorgekommen, dass Sie nicht rechtzeitig informiert wurden? Haben Sie schlechte Erfahrungen damit gemacht?«

Der junge Mann überlegte, wie diese Frau wohl aussehen musste. War sie noch jung? War sie hübsch? Und er kam zu dem Schluss, dass diese Stimme unbedingt zu einer hübschen, jungen Frau gehören müsste.

Er hatte eine bildliche Vorstellung von gutaussehenden Frauen, da er schließlich einst normal sehen konnte. Und er hatte einst sogar eine sehr gutaussehende Freundin gehabt. Ja..., Tanja..., lange lag das zurück. Langsam verblasste ihr Bild in seiner Erinnerung.

In seiner jetzigen Situation brauchte er auch keine Ausschau mehr nach schönen Frauen zu halten. Sie würden sich sowieso nicht für einen Blinden interessieren.

Evas Stimme holte den jungen Mann aus seinen Gedanken zurück: »Hallo, sind Sie noch im Abteil? Ich fragte, ob Sie schlechte Erfahrungen mit der Bahn gemacht haben?«

»Nein, das habe ich nicht. Ich habe so gut wie keine Erfahrung mit der Bahn. Aber wenn Sie fragen, ob ich noch im Abteil bin, dann grenzt das ja wohl an schwarzen Humor. Sie wissen nicht, wie das ist, wenn man nichts sieht. Wie blöd man sich vorkommt, wenn man nicht mal weiß, ob sich jemand direkt in der Nähe befindet.«

»Und warum sollte ich das nicht wissen?«

»Dann müssten Sie schon in der gleichen Situation sein!«, wurde sein Tonfall ärgerlich. Der Mann stand auf und zog seine Lederjacke aus. Während er einen Haken ertastete, hörte er die nächste seltsame Frage.

»Warum sollte außer Ihnen nicht auch ein anderer Mensch in der gleichen Situation sein? Haben Sie die Sehbehinderungen für sich alleine gepachtet?«

Fast wäre der Blinde laut geworden, doch im letzten Moment fragte er mit kontrolliert ruhiger Stimme: »Sie sehen also auch schlecht?«

»Bingo! Und nun raten Sie mal, wo ich hinreise!«

»Sie reisen auch nach Bad Heilheim?«

»Wieder Bingo!«, lachte die anziehende Stimme.

Ganz langsam streckte er seine Hand weit in den Raum: »Dann möchte ich mich vorstellen. Ich bin Olli. Oliver Schwarz aus Hövel.«

Auch Eva streckte ihre Hand aus. Beide trafen sich so sicher, wie es bei sehbehinderten Menschen immer gut funktioniert.

»Mein Name ist Eva Liebig«, spürte er einen festen, selbstsicheren Händedruck. Diese Hand war sehr mädchenhaft, schlank und hatte seidenweiche Haut.

»Freunde nennen mich Evi«, setzte sie hinzu. »Wie alt bist du und was hast du bisher schulisch oder beruflich gemacht?«

»Ich werde im Sommer 24. Ich war bis jetzt in einem Berufsförderungswerk, um eine blindentechnische Grundausbildung zu machen. Ich bin spät erblindet. Es gab da einen beschissenen Unfall.« Er winkte ab. »Und jetzt wollen sie einen Masseur aus mir machen.«

»Wer will einen Masseur aus dir machen?«

Diese charismatische Stimme sprach in Olivers tiefsten Inneren ein unbekanntes, aber sehr angenehmes Gefühl an. Seit dem Unfall hatte sich der junge Mann einen schützenden Kokon geschaffen. Sobald es um Oliver herum unangenehm wurde, zog er sich fluchtartig in diesen Kokon zurück.

Oliver funktionierte äußerlich nur passiv. Man zog ihn morgens wie eine Uhr auf und dann tickte er bis zum Abend gelangweilt vor sich hin. Er tickte nur für seine Eltern richtig. Seine herzkranke Mutter durfte keine Aufregung haben. Der enttäuschte Vater gab dem Sohn heute noch die Schuld an dem tragischen Unfall, der zu Olivers Erblindung geführt hatte.

Also war es Oliver seinen Eltern schuldig, die bevorstehende Massageausbildung zu absolvieren.

Oliver fiel nicht auf, dass er sich hier und jetzt vor diesem Mädchen in seinen Kokon geflüchtet hatte.

»Magst du nicht mit mir reden, Oliver Schwarz?«, lockte ihre Stimme ihn wieder aus seinem Kokon heraus.

Er hätte Eva gerne nach ihrem Aussehen gefragt, doch er traute sich nicht.

»Gut, Oliver Schwarz, da du dich nicht mit mir unterhalten möchtest, stecke ich mir die Kopfhörer wieder in die Ohren. Bis später Mal.«

»Entschuldige«, schoss es umgehend aus Olli heraus, »ich möchte mich sogar sehr gern mit dir unterhalten. Irgendwie bin ich heute total durch den Wind. Bitte erzähle mir von dir.

Siehst du eigentlich noch ein bisschen?«

»Ich trage Kontaktlinsen und kann damit Konturen erkennen. Bei maximaler Vergrößerung kann ich auch am Bildschirmlesegerät noch eine Zeit lang lesen oder mit der Hand schreiben. Gesichter erkenne ich höchstens noch auf Kussnähe«, kicherte sie.

Oliver spürte, wie ihm bei diesem Satz das Blut in die Wangen schoss und er fragte schnell etwas anderes: »Siehst du auch noch Farben?«

»Ja, zwar nur ganz blass, aber ich kann sie zum Teil unterscheiden.«

Eva begann zu plaudern. Er erfuhr, dass sie bald 20 Jahre alt würde und dass sie ebenfalls eine Schule für Sehbehinderte und Blinde besucht hatte. Ihre Stimme umschmeichelte seine Ohren wie Musik und Oliver hätte mit ihr Tage lang alleine in diesem Abteil sitzen können.

Unbemerkt verstrich die Zeit und plötzlich meldete der Zugbegleiter den Zielbahnhof. Die Bahnhofsmission begleitete die jungen Leute zu einem Taxi.

Der Fahrer fragte: »Soll ich ihnen ein bisschen die Landschaft beschreiben? Ich hatte heute schon drei Touren zur Rehabilitations- und Ausbildungsstätte.«

Eva öffnete das hintere Fenster und die Frühlingsluft strömte herein. Es roch nach Bäumen, Erde und dem schwefeligen Gestank eines vorausfahrenden Katalysatorfahrzeugs. Die kurvenreiche Strecke bewegte die Insassen hin und her. Die groben Löcher der Straßendecke ließen die Räder laut poltern und zeugten von einem frostigen Winter.

Der Taxifahrer schwärmte den jungen Leuten von der großartigen Weinqualität dieser Region vor und dass sie unbedingt im Spätsommer die Weinfeste besuchen müssten. Sie passierten ein altes Kloster, das sich Eva ausmalte wie das in dem Roman ›Im Namen der Rose‹, den sie sich als Hörbuch ausgeliehen hatte.

Der Taxifahrer rühmte Bad Heilheim als den besten Kurort westlich des Rheins und versicherte, dass alle Massageschüler dieser Ausbildungsstätte hervorragende Berufsaussichten hätten. Nach zwanzig Minuten setzte er Eva und Oliver genau vor der Tür der Schule ab.

Als Oliver erfuhr, dass die neuen Auszubildenden auf drei verschiedene Häuser aufgeteilt werden sollten, schickte er ein Stoßgebet zum Himmel: »Lieber Gott, lass Eva in meiner Nähe wohnen!«

Der liebe Gott musste sich in diesem Moment sehr gewundert haben. Hatte Oliver Schwarz ihn nach dem Unfall nicht verflucht? Hatte er nicht sogar Gottes Existenz angezweifelt?

Angespannt lauschte Oliver der Schulleiterin Frau Niegel, die im großen Hörsaal die Zimmerverteilung der Schüler in alphabetischer Reihenfolge vorlas: »Dahlhof Haus 1, Eibinger Haus 1, Ferner Haus 1«, schien die Liste kein Ende zu nehmen. Sie wechselte zur nächsten Unterkunft. »Klostermann Haus 2, Liebig Haus 2«, und noch bevor Oliver Schwarz genannt wurde, war bereits das Haus 3 an der Reihe.

Oliver verzog enttäuscht das Gesicht, verkroch sich in seinen Kokon und hörte nicht mehr zu.

»Olli«, wenn du noch eine Hand frei haben solltest, würdest du bitte meine Tasche nehmen?«, drang Evas Stimme in seinen Kokon vor.

»Evi, ich würde dir sehr gerne helfen, aber ich muss zum Haus 3.«

»Nein, musst du nicht, du Träumer! Es wurde soeben erklärt, dass dein Zimmer in Haus 3 einen Rohrbruch hat. Die gute Dame da vorne hat dich gefragt, ob du damit einverstanden bist, ein etwas kleineres Zimmer im Haus 2 zu beziehen. Da du nicht geantwortet hast, habe ich für dich einfach zugestimmt. Du kommst jetzt brav mit mir, ok?«

»Ja, sicher ist das ok!«, rief er begeistert. Er schulterte seinen Rucksack und ergriff seine Reisetasche. An die freie Hand hängte Eva ihm zwei prallgefüllte Täschchen. »Meine beiden Koffer ziehe ich selbst hinter mir her«, meinte sie lachend.

Dann setzte sich die geführte Gruppe in Bewegung. Da keine Hand für den Blindenstock mehr frei war und viele nach Gehör liefen, gab es so manchen schmerzhaften Aufprall.

Beim Abendessen saß der junge Mann neben Eva. Sie plauderte wieder wie ein Wasserfall und er badete in ihren bunten Beschreibungen.

Direkt neben dem Wohnhaus 2 gab es eine kleine Gaststätte.

Ein Schüler, der noch recht viel sehen konnte, leitete einen Teil von Olivers und Evas Anfängergruppe dort hinein.

So viele neue Umgebungen, neue Eindrücke und neue Stimmen, die schrien nach entspannendem Alkohol. Oliver trank mindestens zwei Bier zu viel und versank gegen Mitternacht in dem Bett seines neuen Einzelzimmers in einen tiefen Schlaf. Er hoffte, dass mit diesem neuen Lebensabschnitt und mit Evas Begegnung künftig auch seine gefürchteten Albträume ausbleiben würden.

04 TRAUMGEISTER

Der 24-jährige Oliver Schwarz wachte schweißgebadet aus einem Albtraum auf. Wo befand er sich?

»Ach ja! Bad Heilheim, die Reha, das neue Zimmer«, murmelte er mit schalem Geschmack im Mund vor sich hin. Seine Hand tastete neben dem Bett nach einer Wasserflasche. Die Kohlensäure zischte beim Öffnen, spritzte ihm frech ein paar Tropfen ins Gesicht und Olli nahm mehrere gierige Schlucke. Wie spät war es eigentlich? Er tastete grob auf dem Schreibtisch neben seinem Bett herum. Endlich fand er seine sprechende Armbanduhr und drückte auf einen Knopf. »Die Zeit ist drei Uhr und vier Minuten«, meldete die künstliche Stimme.

Ebenfalls meldete sich die frisch erwachte Blase. Nur widerwillig erhob sich Oliver von seinem Lager. Der alkoholisierte Kreislauf ließ ihn bedrohlich schwanken. Am liebsten hätte er jetzt in das Handwaschbecken seines Zimmers gepinkelt. Doch nein, so weit heruntergekommen war er noch nicht. Er ertastete nach wenigen Schritten die Zimmertür.

Der Gemeinschaftsflur wirkte eiskalt. In den anderen vier angrenzenden Einzelzimmern hörte man lautes Schnarchen und auch leise Musik. Oliver ertastete sich den Eingang zur Etagentoilette. Nachdem die Tür hinter ihm verschlossen war, prüfte er mit etwas Toilettenpapier, ob die Brille trocken war. Einige seiner blinden und sehbehinderten Kommilitonen vergaßen nämlich gerne mal, sich beim Pinkeln zu setzen und der glückliche Nachfolger hatte dann einen nassen Hintern. Da nutzten auch die Hinweisschilder an der Toilettenwand nichts.

Fünf Minuten später lag Oliver im Bett. Bald darauf kreisten seine Gedanken wieder um den grausamen Albtraum. Er versuchte, sich mit Rückwärtszählen in den Schlaf zu bringen. Er versuchte, Schäfchen zu zählen. Doch wie in allen einsamen Nächten holten ihn die posttraumatischen Erinnerungen an seinen Unfall wieder ein. Endlich senkte ihn die erhöhte Promillezahl in den Schlaf. Einen unruhigen Schlaf.

Denn seine Traumgeister nutzten seinen Restalkohol für eine traumhafte Partystimmung. Und sie luden Oliver Schwarz erneut zu einer Erinnerungsreise ein…

Der Albtraum führte ihn drei Jahre zurück. Er sah sich als 21-Jährigen, der eine Ausbildung zum Fernmeldeelektroniker abgeschlossen hatte. Oliver las alles, was über die aufstrebenden Computertechniken geschrieben wurde und bastelte an allem herum, was wie ein Rechner aussah. Angefangen hatte er mit dem legendären Heimcomputer Commodore 64, doch der war für ihn mittlerweile zu einem Spielzeug geworden.

Selbst auf dieser herrlichen Party beantwortete Oliver lieber die Computerfragen der übrigen Jungs, statt mit seiner Freundin Tanja zu tanzen. Tanjas absolute Konkurrenz war Olivers Gitarre. Wenn er das Instrument in den Händen hielt, war sie scheinbar völlig abgeschrieben. Spätestens um Mitternacht würde diese Hammelherde Olli wieder auffordern, seine berühmten Blues-Stücke zu spielen. Ein Teil der angetrunkenen Männer schlug dann dazu auch noch ihre Luftgitarren und wusste scheinbar nicht, wie peinlich das aussah.

Tanja startete einen letzten Versuch: »Olli, tanzt du mit mir?«

»Ich trinke eben mein Bier leer«, hob er demonstrativ sein Glas. Als er sich wieder seinen männlichen Gesprächspartnern widmete, verzog Tanja kopfschüttelnd ihr hübsches Gesicht. Sie reihte sich in den Kreis der anderen Mädels ein, die sich begeistert zur Musik von Michael Jackson bewegten.

Die letzten Hartgesottenen verließen gegen Mitternacht die kühle Terrasse. Der Partykeller wurde noch voller und vom Zigarettenrauch vernebelt.

»Olli, altes Haus«, klopfte Harald Schwarz überraschend auf die Schulter, »ich habe mir ein altes Fiat Cabrio flott gemacht.

Ich bin gerade mit dem Schrauben fertig geworden. Komm mit raus, ich zeige es dir. Der Wagen haut dich um!«, und schon ging der neue Gast voraus zum Treppenaufgang.

Im Licht der Straßenlaterne sah der gelbe Flitzer wie neu aus. Sein Faltdach war zurückgeklappt. Man hatte gleich den Einblick auf die beiden schwarzen Ledersitze. Olli öffnete die Beifahrertür und setzte sich hinein: »Super, Harry«, strich er über das Speichenlenkrad im Holzdesign:

»Wie alt ist dieses Schätzchen?«

»Der Wagen ist aus dem Baujahr 1974. Also dreizehn Jahre alt«, setzte sich Harald auf den Fahrersitz und startete den Motor. Langsam setzte sich der Flitzer in Bewegung. Oliver tastete suchend neben sich: »Hast du keine Gurte eingebaut?«

»Nein, damit bin ich heute nicht mehr fertig geworden. Ist doch auch egal. Kommt Zeit, kommt Gurt.«

Harald suchte sich in dieser Hügellandschaft eine kurvenreiche Strecke aus. Der Fahrtwind griff den Männern in die Haare. Die Scheinwerfer erhellten die vorbeiziehende Waldlandschaft. Die weißen Mittelstreifen sausten immer schneller unter dem Wagen hindurch. Harry wechselte nämlich ständig die Fahrbahn, um die Kurven zu schneiden. Olli fröstelte. Ihm war nicht ganz klar, ob das an der kühlen Mailuft lag oder an der Fahrweise des jungen Mechanikers.

»Es ist ein toller Wagen, Harry, aber ich habe keine Jacke an und es ist arschkalt! Lass uns…«

Schwarz beendete seinen Satz nicht mehr. Im Scheinwerferlicht tauchte mitten auf der Fahrbahn ein riesiges Wildschwein auf…

Oliver schrie in seinem Traum laut auf. Er wollte unbedingt aufwachen, doch die Traumgeister hielten ihn fest und setzten seinen Horrortrip fort.

Er sah aus himmlischer Höhe, wie sein eigener, schwer verletzter Körper aus Fahrzeugtrümmern geborgen wurde. Sein Freund Harald hatte sich das Genick gebrochen. Eilig liefen Polizisten und Rettungskräfte wie Gespenster durch den bedrohlich rotierenden Schein unzähliger Blaulichter. Befehle und Funksprüche schallten durch die Nacht. Man schob Olivers scheinbar leblosen Körper in einen Notarztwagen, der bald darauf durch die stockfinstere Nacht zum nächsten Krankenhaus raste.

Oliver atmete schwer, doch der Traum ließ ihn nicht los...

Die Traumbilder erinnerten ihn daran, wie er damals in der Intensivstation aus dem Koma erwacht war.

Sein Sehzentrum vermittelte ihm, dass es Nacht sein müsste, doch es war helllichter Tag.

Der Arzt erklärte Oliver unverblümt, dass sein Körper unangeschnallt durch die Windschutzscheibe des Sportwagens geschossen war. Der Sekuritkranz hatte dabei die Augen zerstört. Mehrere plastische, chirurgische Eingriffe waren vorgenommen worden, um die Schnittverletzungen seines Gesichts zu korrigieren. Angeblich war das so gut gelungen, dass man keine Narben mehr sehen konnte. Oliver musste das glauben, denn die Spiegel sprachen seit dieser Zeit nicht mehr mit ihm. Jedes Foto war zu nichts anderem geworden, als eine tastbare, nichtssagende Papierfläche. Selbst die Fenster wirkten nur noch wie eine hohl klingende Wand.

Die schöne Tanja, seine erste große Liebe, hatte ihn in der Klinik besucht. Beim Anblick des erblindeten Oliver Schwarz war sie schreiend hinausgelaufen und hatte sich nie wieder bei ihm gemeldet.

Mutter Schwarz hatte stundenlang weinend an seinem Bett gesessen und über Herzschmerzen geklagt. Bei seinem Vater war die Enttäuschung zu spüren, da aus dem einzigen Stammhalter voraussichtlich kaum noch etwas Besonderes werden konnte.

Oliver bekam in der Intensivstation Panik. Er stand am Anfang einer nie endenden Nacht. Es sollten für ihn keine Farben mehr leuchten, die seine Seele erwärmen würden. Kein liebevolles, anziehendes Lächeln würde sein Herz berühren. Kein Sonnenuntergang könnte ihn mehr verzaubern. Sein Sehen war fort, Tanja war fort und auch sein Arbeitgeber würde ihm schon bald mit rührenden Worten die Kündigung überreichen.

Nachdem Oliver alle ihm bekannten Optionen für seine Zukunft gedanklich durchgegangen war, stand das Ergebnis fest. Dieses Leben hatte für ihn keinen Sinn mehr.

Die Traumgeister nahmen diese suizidalen Gedanken mit

Genugtuung an und präsentierten Oliver eine neue Szenerie…

Noch einmal saß er in dem gelben Sportwagen. Doch dieses Mal lenkte er ihn selbst. Er fuhr mit extrem hoher Geschwindigkeit durch eine kurvenreiche Hügellandschaft. In der letzten Kurve, die keine Leitplanke besaß, ließ Oliver das Lenkrad einfach los. Der Wagen kam von der Fahrbahn ab und schoss weit über einen steilen Abhang hinaus. Unter Oliver gähnte ein Abgrund, der ihn tiefer und tiefer in das endlose Nichts hineinzog.

In der nächsten Traumszene lag Oliver Schwarz in einem Sarg und hörte wie der Deckel von außen zugenagelt wurde. Es klopfte und klopfte. Das verdammte Klopfen ließ nicht nach…

Auch als Schwarz seine Augen aufschlug und sich sicher war, dass er nun nicht mehr träumte, ließ das Klopfen nicht nach. Er kniff sich zusätzlich schmerzhaft in die Haut. Das tat weh. Also musste er völlig wach sein.

Zu dem realen Klopfen hörte er nun auch noch eine Stimme.

»Olli, bist du wach? Mein Gott, so fest kann doch niemand schlafen! Bist du gestorben, oder was?« Und es klopfte schon wieder an seiner Zimmertür.

»Evi, bist du das?«, richtete er sich in seinem verschwitzten Bett auf.

»Bingo, du Schlafmütze. Beeile dich. Ich warte unten im Frühstücksraum.«

05 TAUSEND NEUE DINGE

Oliver Schwarz hatte nicht gefrühstückt, obwohl die ältere Dame, die im Wohnheim ihre Gäste liebevoll versorgte, ihn mehrfach zum Essen aufgefordert hatte. Der junge Mann war viel zu nervös. Tausend neue Dinge würden heute auf ihn und seine Kommilitonen einstürmen.

Es warteten neue Wege, neue Räume, neue Stimmen, neue Fächer und viele neue Beulen an den Fingern, Knien und nicht selten an der Stirn. Ein Blinder nahm unbekannte Welten zu Anfang mit dem gesamten Körper wahr.

Eva hatte mit Genuss gefrühstückt und war bester Laune. Sie freute sich auf alles Neue. Davon hätte sich Oliver Schwarz gerne mal eine Scheibe abgeschnitten. Sie war der sprühende Optimismus und er seit drei Jahren der wandelnde Frust. Doch ihre Fröhlichkeit steckte ihn irgendwie an.

Mit gespielt fröhlicher Miene folgte er der Gruppe sehbehinderter und blinder Mitschüler, die mit schwingenden Stöcken ihren neuen Wohnort erkundeten.

Nach einer Viertelstunde erreichten sie die Schule. Auch die Gruppen der Häuser 1 und 3 waren bereits eingetroffen. Alles strömte nun in den großen Hörsaal, den sie am Vortag kennen gelernt hatten.

Die Schulleiterin begrüßte das neue Semester und zählte die Unterrichtsfächer auf, in denen die angehenden Therapeuten ab morgen unterrichtet würden.

»Anatomie, Physiologie, Neurologie, Hygiene, Pathologie und medizinische Rechtskunde sind theoretische Fächer«, erklärte die burschikose Dame mit dem Igelhaarschnitt. »Zu den praktischen Fächern gehören die klassische Massage, Bindegewebsmassage als Reflexzonentherapie, Lymphdrainage, Hydro-Balneotherapie inklusive Kneippscher Anwendungen, Heliotherapie, medizinische Bewegungsübungen, Elektrotherapie und medizinische Fußpflege.« Sie schaute auf ihren Stichwortzettel. »Habe ich etwas vergessen? Ich glaube nicht. Aber wenn ja, dann nehmen Sie das fehlende Fach als Überraschung.«

Der verzögerte, verhaltene Applaus war scheinbar durch einen bestellten Vorklatscher ausgelöst worden.

Oliver saß neben Eva in einer der letzten Stuhlreihen und richtete seinen Mund zu ihrem Ohr: »Man hatte mir erklärt, dass ich hier zum Masseur ausgebildet würde. Hat die da vorne nicht gerade zehn Berufe aufgezählt?«

»Sei froh, Olli. Dann bekommen wir doch richtig was geboten. Je qualifizierter wir sind desto besser sind unsere Berufschancen.«

Der junge Mann zog eine Grimasse und dachte: ›Oh Gott, sie ist eine Streberin. Das soll was werden.‹

Während Olli sich wieder in seinen Kokon zurückgezogen hatte, stellten sich die Lehrer, Dozenten und Professoren den Schülern vor.

Die Ausbildungsstätte hatte nicht nur extrem Sehbehinderte

aufgenommen. Es gab auch Personen, die auf einem Auge volle Sehkraft hatten und sogar mit ihrem Auto angereist waren. Ein altes Sprichwort sagte: »Unter den Blinden ist ein Einäugiger ein König!«

Einige einäugige Könige nutzten die große Versammlung, um recht ungeniert Ausschau nach attraktiven Mitschülerinnen zu halten. Man steckte die Köpfe zusammen, tuschelte und grinste.

Nachdem Oliver von Eva grob mit dem Ellenbogen angestoßen wurde, schaute er aus seinem Kokon heraus und musste feststellen, dass die Vorstellung vorbei war. Er ließ sich von dem Schülerstrom mitreißen und fand sich nach einer Viertelstunde in einer schummerigen Gaststätte wieder. Hier kam zu dem Stimmengewirr auch noch die Musik hinzu. Die Orientierung war sehr mühsam. Aber er hatte es geschafft, wieder neben Eva Platz zu nehmen. Olli fragte, ob er ihr ein Getränk ausgeben dürfe, und sie hatte freudig zugestimmt. Zehn Minuten später prosteten sie sich mit einer Cola zu. Plötzlich riss der Kontakt zu ihr ab.

Eine weitere Männerstimme saß nun mit am Tisch und richtete sich an Eva. Horst hieß der Kerl, der es nicht für nötig hielt, sich auch bei Oliver Schwarz vorzustellen oder zu fragen, ob er nicht sogar störe. Schlimmer noch. Der Typ zog ein unglaubliches Imponiergehabe ab und Eva schien sich vor Lachen kaum noch halten zu können. Horst hatte laut seiner Beschreibungen noch ein gesundes Auge und präsentierte sich als stolzer BMW-Fahrer.

Noch bevor Oliver das Schlimmste verhindern konnte, wurde Eva von Horst zu einer Spritztour eingeladen. Und was tat sie? Sie sagte einfach quietschvergnügt zu!

Oliver wurde aus seinen Gedanken gerissen, da ihm der Zimmernachbar aus dem Haus 2 auf die Schulter klopfte: »Olli, musst du auch mal für Jungs?«

Er stimmte umgehend zu und hängte sich an den Ellenbogen seines Kommilitonen. Dietmar Kunze hieß der 20-jährige Bayer, der auf dem besseren Auge noch fast 30 Prozent Sehkraft hatte. Er konnte sich damit immer noch orientieren und hatte auch von seinen Mitmenschen klare optische Vorstellungen.

Dietmar war leicht untersetzt, hatte kräftiges, krauses Haar und sprach manches Mal einen harten Dialekt.

Die Männer standen nebeneinander in der Toilette vor den Urinalbecken. Plötzlich lachte der Bayer laut los: »Olli, hier stehen so einige Sprüche an der Wand. Pass mal auf!«. Der erste heißt: »Das Leben ist wie eine Toilettenbrille. Oft beschissen und man macht viel durch!« Und hier kommen noch mehr.«

Doch Oliver Schwarz konnte nicht darüber lachen. Er war mit seinen Gedanken ganz woanders. Er sagte: »Dietmar, du siehst doch noch recht gut. Ich hätte da mal eine sehr persönliche Frage.«

»Olli, wenn ich gut sehen würde, wäre ich nicht hier oder wenigstens mit dem Auto gekommen. So wie dieser Spinner Horst mit seinem BMW. Du müsstest mal hören, wie der die Mädels anbaggert. Und der hat richtig harte Sprüche drauf.«

»Wieso, was sagt er denn so?«

»Zum Beispiel: ›Lieber ne Blinde im Bett, als eine Taube auf dem Dach!‹.« Dietmar lachte und fragte: »Aber du wolltest vorher etwas anderes wissen?«

»Wie sieht Eva eigentlich aus?«

Dietmar begann sich die Hände zu waschen: »Du meinst die kleine Liebig, die bei uns im Haus 2 wohnt?«

»Ja, genau die. Sie saß doch gerade neben mir am Tisch.«

Dietmar zeigte seinem Mitschüler, wo das Waschbecken war und beschrieb: »Ja, wie soll ich sagen? Sie sieht meiner Meinung nach recht attraktiv aus. Vielleicht 1,65 m groß, schlank, hübsches Gesicht. Die Haare sind schulterlang und ich meine, sie sind braun wie ein Straßenköter. Sie sieht nicht gut, doch sie trägt keine Brille. Die könnte ich mir an meiner Seite auch noch vorstellen.«

Diesen Satz empfand Oliver ebenfalls als einen Stich. Während des Rückwegs zum Schankraum meinte Dietmar: »Aber ich bin schon vergeben. Meine Freundin Biggi, eine ganz hübsche Maus, hat mich vor dieser Ausbildung vorsichtshalber zwangsverlobt.«

Der Bayer brachte Schwarz im Schankraum an seinen Tisch zurück.

»Eva, ich bin wieder da!«, rief Olli und ertastete neben sich einen leeren Sitzplatz. »Horst und die kleine Liebig sind weg«, erklärte Dietmar und Olli bekam einen knallroten Kopf.

Dietmar stieß Schwarz an: »Die große Pause ist herum. Lass uns schnell bezahlen und dann gehen wir gemeinsam zur Schule zurück.«

Auf dem Rückweg fragte Dietmar: »Kann es sein, dass du Interesse an dieser Eva hast? Ich sage es auch nicht weiter. Du kannst mir vertrauen.«

»Ich habe sie bei der Anreise im Zug kennen gelernt. Ich glaube, sie mag mich. Ich mag ihre Stimme und ihre Art. Den Rest habe ich ja leider noch nicht wahrnehmen können. Dietmar, tue mir den Gefallen und setze mich im Hörsaal genau neben sie.«

»Wenn ich sie mit meinem schlechten Sehen finde, dann gern!«

Schon bald betraten sie den völlig gefüllten Hörsaal. Auf dem Stuhl neben Eva, wo Oliver Schwarz zuvor gesessen hatte, thronte jetzt der stolze BMW-Fahrer Horst Schönmeier.

06 NEUE GESICHTER

Über das Schild ›Hörsaal 1‹ hatte ein Spaßvogel einen Zettel geklebt, auf dem ›Schlafsaal‹ stand. Hinter der verschlossenen Saaltür murmelte eine narkotisierende Stimme. Der Dozent Fischer wies darauf hin, dass die Schüler der Physiotherapie ab sofort unter der Schweigepflicht stehen würden. Während der ersten beiden Semester kamen sie zwar nur selten mit Patienten in Berührung, aber sie sollten sich dieses Gebot schon einmal hinter die Ohren schreiben. Dann sprach er über weitere, langweilige Verordnungen und Olli zog sich in seinen Kokon zurück. Auch andere Schüler mit Sonnenbrillen hatten hinter den dunklen Gläsern nach wenigen Minuten die Augen geschlossen und atmeten mit leichtem Schnarchgeräusch vor sich hin.

Die monotone Stimme des Dozenten verstummte nach 45 Minuten. Wieder gab ein Vorklatscher das Kommando zum Applaus und hinter den dunklen Brillengläsern öffneten sich viele verträumte Augen.

Dietmar weckte seinen blinden Nachbarn und die jungen

Männer machten sich auf den Weg zum Mittagstisch, der für alle im Haus 1 gedeckt wurde.

Olli bat seinen Kollegen dieses Mal nicht darum, ihn zu dieser untreuen Eva zu führen. Sollte sie sich doch dem Angeber Horst an den Hals werfen. Mit gespielter Fröhlichkeit saß Oliver Schwarz an einem Tisch mit Dietmar Kunze und zwei fremden Mädels. Man lästerte über Dozent Fischer, der ab jetzt den Spitznamen »Die Schlaftablette« bekam und über die Schulleiterin Frau Niegel, die aufgrund ihres Haarschnitts ab jetzt ›Der Igel‹ hieß.

Die Gerüche des Mittagessens eroberten den Speisesaal. Teller klapperten, Stühle quietschten und das Stimmengewirr wurde noch lauter.

»Hallo Olli«, legte jemand mit anziehender Stimme sanft die Hand auf seine Schulter, »ich hatte gehofft, du hättest an deinem Tisch noch einen Platz für mich freigehalten.«

Schwarz blickte in Evas Richtung: »Du hast mir nichts gesagt und bist vorhin ohne mich mit diesem Horst losgezogen.«

»Ich wusste, dass Dietmar dich mitnimmt. Horst hat mir seinen Wagen zeigen wollen und die Pause war doch schon fast herum.«

»Ist ja toll!«, verzog Oliver das Gesicht. »Und im Saal war mein Stuhl dann auch von diesem Typ besetzt.«

Eva erklärte freundlich: »Horst hatte gesagt, dass er aufstehen wolle, wenn du zurückkommst. Er hat dich aber angeblich nicht mehr gesehen.«

»Nein, ist klar! Der sieht nichts! Nur Autofahren kann er! Sehr wahrscheinlich nach Gehör! Vielleicht hat er auch zwei Blindenstöcke an den Scheinwerfern!«

»Oliver Schwarz, irgendwie habe ich das Gefühl, dass du knurrig zu mir bist!«, kniff sie ihm in die Nackenmuskulatur und verschwand.

»Mann, Mann, Mann«, lachte Dietmar, »ihr beide mögt euch wirklich. Aber, Oliver, auch wenn ich der Jüngere von uns beiden bin, ich denke, so kommst du nicht an sie heran. An deiner Taktik musst du noch ein bisschen feilen.« Dietmar wandte sich an die beiden Mädels, die mit am Tisch saßen: »Was haltet ihr von einer Party im Garten von Haus 2?«

Die jungen Frauen nickten zustimmend: »Aber dann laden wir auch die anderen Gruppen aus den Häusern 1 und 3 ein, ok?«

Dietmar lachte: »Lasst mich das mal in die Hand nehmen.«

Oliver ließ sich auf dem Rückweg zur Schule von Dietmar erklären, wie die Grazien aussahen, die mit an seinem Tisch gesessen hatten.

»Die Siggi Holdner ist sehr groß, schlank und muss etwa in unserem Alter sein. Ich schätze, dass sie fast blind ist und von klein auf nie richtig gesehen hat.«

»Woran willst du erkannt haben, dass Siggi nie richtig gesehen hat?«

»Die Sehbehinderten und Blinden, die zuvor lange Zeit recht gut gesehen haben, kennen die Mimik und Gestik. Auch wenn es manchem nicht bewusst ist, so orientiert man sich an dem Verhalten der anderen. Wenn ein Sehender weiß, dass er beobachtet wird, dann achtet er auf sein Mienenspiel und seine Haltung. Übertrieben könnte man erklären, der Sehende würde sich in Gesellschaft nicht in der Nase bohren.«

»Und das hat Sigrid gemacht?«

»Quatsch! Ich wollte doch nur versuchen zu erklären, dass jemand, der nie gesehen hat, anders mit seiner Mimik umgeht. Sigrid hat zum Beispiel während des Essens seltsame Grimassen geschnitten. Sehr wahrscheinlich schmeckte ihr etwas nicht. Wenn sie aber gemerkt hätte, dass ich sie beobachte, dann hätte sie sich anders verhalten. Olli, du hast deine Mimik und Haltung unter Kontrolle, weil du weißt, dass dich die umgebenden Stimmen auch sehen können, nicht wahr?«

Oliver Schwarz nickte: »Mein lieber Mann, du siehst für dein Alter ziemlich viel. Die Zweite an unserem Tisch, wie sieht die aus?«

»Susanne Westmann? Ja, ich sage mal, quadratisch, praktisch, gut. Sie trägt eine dicke Brille. Vielleicht verträgt sie keine Kontaktlinsen. Vielleicht hat sie noch nichts von Titalgläsern gehört, die dünner sind. Vielleicht interessiert sie ihr Aussehen auch nicht. Aber sie wird hier Karriere machen. Die hat einen klugen Kopf. Na ja, wir werden sie spätestens auf der Party kennen lernen.«

Olivers Stock zeigte klackernd die erste Stufe der Treppe zum Haupteingang der Schule an. Bevor sie den Saal betraten, blieb Dietmar stehen und sagte: »Wenn ›Der Igel‹ nachher seinen starken Vortrag beendet hat, dann lädst du diese kleine Liebig auf einen Kaffee ein, klar? Ich halte mich dann im Hintergrund. Komme endlich mal aus dir heraus und zeige, was du drauf hast.«

Bald darauf stolperten sie zwischen den klappernden Stuhlreihen des Hörsaals herum. Dietmar konnte dieses Mal nicht sehen, wo Eva sich hingesetzt hatte. Ein riesiges Stimmengewirr füllte Olivers Ohren. Nur ganz langsam kehrte Ruhe im Saal ein.

Wo Eva saß, konnte Oliver sich denken. Er konnte sich so vieles denken.

»Herr Schwarz, Oliver Schwarz? Ist der nicht im Saal?«, fragte die kurzhaarige Schulleiterin ungeduldig.

Oliver löste sich aus seinen dunklen Gedanken und zeigte auf: »Hier bin ich!«

»Also, Herr Schwarz. Ich habe sie jetzt dreimal aufgerufen. Wenn sie ein schwaches Gehör haben, dann kommen Sie bitte in die vordere Reihe! Also, mit Ihnen ist die Arbeitsgruppe 4 dann abgeschlossen«, und Frau Niegel stellte die Gruppenleiter vor.

Oliver stieß Dietmar sanft in die Rippen und flüsterte: »Was denn für eine Arbeitsgruppe?«

»Oh Gott, du bekommst wirklich nichts mit. Wir beide sind auf jeden Fall zusammen. Den Rest erzähle ich dir draußen, ok?«

Der zweite Informationstag war endlich vorbei und die Schüler strömten dem Ausgang entgegen. Oliver und Dietmar steckten sich neben der Treppe des Haupteingangs Zigaretten an.

»Olli, du hast deine Zigarette fast in der Mitte angezündet.«

»Ich sehe die Flamme nicht und schätze einfach die Entfernung. Meinst du, dass Eva schon vorbeigegangen ist?«

»Na, dann hätte ich sie gesehen. Soviel bekomme ich noch mit.«

»Erklär mir mal, was ›Der Igel‹ zu den Arbeitsgruppen gesagt hat.«

»Wir sind in der praktischen Ausbildung acht Leute. Vier Männer und vier Frauen. Wir werden uns abwechseln. Die eine Hälfte sind Behandler, die andere Hälfte sind die ›Opfer‹.«

Oliver hielt es kaum noch aus: »Ja, und sag schon! Wer ist alles in unserer Gruppe?«

Dietmar überlegte: »Du und ich, Sigrid und Susanne vom Mittagtisch. Dann ein Älterer, Helmut Weiß, so ein Schleimer. Ich schätze um die vierzig, fast Glatze, Schnurrbart und lange Koteletten. Er scheint ganz normal sehen zu können. Vielleicht ist er nicht optisch, sondern geistig unterbelichtet. Ich mag ihn nicht.«

Oliver drängte: »Das sind erst fünf Personen.«

»Schwarz, ich weiß genau, was du hören willst! Du interessierst dich für eine attraktive Mitschülerin, nicht wahr?«

»Dietmar, du bist ein bayrischer Hornochse und willst mich nerven!«

»Ok, ok! Die Nächste ist schlank, hat ein Gesicht wie ein Model, schulterlange, blonde Locken und ich kann nicht erkennen, dass sie schlecht sieht. Sie muss wenigstens ein gesundes Auge haben.«

»Quatsch, das ist Eva nicht!«, zog Oliver wieder an der fast abgebrannten Zigarette. »Ich habe doch auch nicht Eva gesagt. Beatrix Müller heißt die, wenn ich das richtig verstanden habe. Horst Schönmeier hat Bea auch schon ins Visier genommen. Aber ich meine, sie hätte ihm einen deftigen Spruch gedrückt. Ja, und mit dem lieben Horst wären wir bei unserem nächsten Gruppenmitglied«, drückte Dietmar seine Kippe neben der Treppe aus.

»Ist Eva Liebig nun dabei oder nicht?«

»Sie ist es«, stieß Dietmar seinen Mitschüler an. »Und wenn man vom Teufel spricht, dann kommt er auch. Aber sie ist in Begleitung von unserem lieben Horst. Das kann dir völlig egal sein. Lade sie jetzt einfach ein.«

Oliver rief mitten in die trippelnden Geräusche auf der Treppe: »Evi, kommst du mal?«

Eva kam ganz nah an ihn heran: »Ach, du bist es. Was gibt es?«

»Ich möchte dich auf einen Kaffee einladen. Kommst du mit?«

»Oh, Oliver, tut mir leid. Aber Horst hat mich zu einer Spritztour eingeladen und ich habe bereits zugesagt.«

Schönmeier zog Eva einfach mit sich und rief lachend: »Jungs, spielt lieber in einer anderen Liga!«

Dietmar legte seinem neuen Freund den Arm um die Schultern: »Olli, rege dich nicht auf! Schönmeier ist eben ein Arschloch! Weißt du was? Wir beide gehen jetzt zur Mama.«

»Zu wem sollen wir gehen?«, pochten Olivers Schläfen immer noch.

»Ha ha, das ist eine Kneipe, die ich vor einem Jahr bei meiner Aufnahmeprüfung hier kennengelernt habe. Sie liegt in der Altstadt, nicht weit von hier. Eine ganz alte Bude, wo die Toiletten noch auf dem Hinterhof sind. Aber total gemütlich. Die alte Wirtin ist ein Schatz und wird von allen nur ›Mama‹ genannt.«

Oliver ergriff umgehend Dietmars Ellenbogen und die jungen Männer marschierten los. Nach zwanzig Minuten öffneten sie die Tür der alten Gaststätte ›Zum Krug‹. Es war 5 Uhr am Nachmittag. Eine Wolke aus Bier- und Zigarettendunst flüchtete aus dem Schankraum ins Freie. Stimmengewirr drängte sich gleichzeitig in Ollis Ohren und aus den Musiklautsprechern ertönten schmalzige Volksweisen…

07 PRAKTISCHER UNTERRICHT

Am nächsten Morgen verhielten sich Dietmar und Oliver beim Frühstück sehr ruhig. Das Aspirin hatte ihnen kaum geholfen, der Hals war trocken und der Kaffee zum Herunterstürzen zu heiß. Eva Liebig saß mit ihrer neuen, rundlichen Freundin Susanne Westmann zusammen. Evas Gesichtsausdruck wirkte ebenfalls bedrückt und die jungen Frauen tuschelten.

Nach dem Frühstück brachen alle Schüler des Hauses 2 zum Unterricht auf. Doch sie liefen nicht zusammen, sondern es bildeten sich Grüppchen. Eva ging am Arm von Susanne. Dietmar und Oliver folgten ihnen in wenigstens zwanzig Metern Abstand.

Auf halbem Weg zur Schule klopfte Horst Schönmeier dem überraschten Oliver auf die Schulter: »Hi, Schwarz, na, hattet ihr einen netten Abend?«

Dietmar und Oliver schwiegen.

»Eva und ich haben eine super Spritztour gemacht. Schöne Gegend hier. Viel Wald, herrliche, einsame Wiesen. Da kann man mal ganz unter sich sein. Da bekommt das Wort Spritztour eine ganz neue Bedeutung!«, und er lief lachend weiter.

Dietmar und Oliver blieben stehen.

»Olli, mache dir nichts draus! Er ist ein Angeber. Ich glaube nicht, dass Eva sich auf so einen Spinner eingelassen hat. Dafür hat sie viel zu viel Niveau.«

»Und wenn doch?«, rutschte es Oliver mit hochrotem Kopf heraus.

»Oliver Schwarz, ich habe verstanden, dass dir dieses Mädel etwas bedeutet. Aber sie ist immer noch frei. Verdammt, sie gehört dir nicht. Noch nicht. Vor allem habe mal etwas mehr Vertrauen in andere Menschen! Es gibt nicht nur Arschlöcher wie Horst!«, und er nahm Oliver freundschaftlich in den Arm. »Warte ab, das Schuljahr ist noch nicht zu Ende. Wir fangen doch gerade erst an. Zum Schluss werden die Punkte zusammengezählt.«

Trotzdem murmelte Oliver: »Wenn sie sich von ihm hat flachlegen lassen, dann interessiert sie mich nicht mehr.«

Zwanzig Minuten später erreichten sie pünktlich um 8:00 Uhr den Massageraum. Heute sollten die angehenden Masseure und Masseurinnen in die großen Geheimnisse der klassischen Massage-Techniken eingeführt werden.

Der Behandlungsraum bot vier höhenverstellbare Massageliegen. Über die Liegeflächen waren Laken gespannt. Talkum und Öle standen griffbereit.

Alle Schüler zogen ihre weißen Hosen und Kittel über.

Michelle Lyon hieß die 42-jährige französische Massagelehrerin. Sie hatte einen anziehenden Akzent und wirkte äußerst attraktiv.

Nach einer kleinen theoretischen Einführung teilte Madam Lyon die Gruppe in Behandler und Patienten ein. Zuerst mussten sich die Schülerinnen als Patienten opfern.

»Wir beginnen mit der Rückenmassage«, klatschte Madame Lyon in die Hände. »So, meine Damen, Sie machen bitte den Oberkörper frei und legen sich mit der Bauchseite auf die Liege. Herr Weiß geht an die Bank von Beatrix Müller.«

Die blonde Schönheit verdrehte die Augen, denn Helmut war nicht besonders beliebt. Da er sich auffällig bei allen Lehrkräften einschleimte, nannten ihn die Mitschüler nur noch ›Das Zäpfchen‹.

»Dietmar Kunze, Sie gehen bitte zu Frau Westmann« und die etwas rundliche Susanne freute sich, dass es dieser nette Bayer sein sollte, der sie massieren würde.

»Horst Schönmeier«, grinste Michelle Lyon verschmitzt, »ich glaube, Sie verstehen sich mit Frau Holdner recht gut.« Sigrids liebes Gesicht begann zu strahlen.

»Bleibt noch Oliver Schwarz für Fräulein Liebig übrig«, stellte sich Madame Lyon auch gleich neben den blinden, jungen Mann. »So, Oliver, ertasten Sie mal die Lage der Dame!«, forderte sie ihn auf.

Oliver ertastete Evas Rücken. Er glitt zögerlich mit seinen flachen Händen zu ihren Schulterblättern hinauf und stockte. »Was fühlen Sie dort, Herr Schwarz?«, fragte Michelle Lyon.

»Sie hat ihren BH noch an!«, zog Oliver seine Hände wie elektrisiert zurück.

»Wenn Sie den nicht mitmassieren wollen, Herr Schwarz, dann müssten sie jetzt mal den Verschluss öffnen und die Enden zur Seite legen. Sie werden später in ihrem Beruf gebrechliche Damen haben, denen Sie behilflich sein müssen. Natürlich werden Sie die Damen, die Sie entkleidet haben, auch wieder ordentlich anziehen!«, blickte Madame Lyon auch die übrigen Männer an.

Eva hatte ihren Kopf zur Seite gedreht und genoss, wie Oliver etwas schüchtern das Öl auf ihrem Rücken verrieb. Der Duft der ätherischen Öle breitete sich dominant im Raum aus und schaffte eine entspannte Atmosphäre. Die Massagelehrerin zeigte, wie die Ausstreichungen korrekt ausgeführt wurden und demonstrierte die ersten kräftigeren Massagegriffe.

Helmut versuchte wie immer durch äußerst wichtige Fragen aufzufallen: »Frau Lyon, warum kann man aus dem Kopfteil einen Teil herausnehmen?«

Michelle schaute hinüber: »Wenn Sie den Keil herausnehmen, dann kann der Patient dort bei Bedarf sein Gesicht hineinlegen. Manche können ihren Kopf nicht ganz zur Seite drehen und legen auf diese Art nur die Stirn auf.«

›Das Zäpfchen‹ fragte weiter: »Warum macht man den Keil dann überhaupt dort rein?«

Dietmar lachte: »Wenn die Bea bei ihrem Kopfteil den Keil herausnehmen und ihre Nase dadurch stecken müsste, dann würde sie umgehend unter deinen Schweißfüßen leiden. Deshalb kann man in einem solchen Notfall das Kopfteil mit einem Keil hermetisch verschließen«, und alle lachten laut los.

Horst fummelte lustlos auf Siggis Rücken herum. Dietmar und Susanne amüsierten sich prächtig. Frau Lyon war mit Olivers Massagetechnik zufrieden und zog eine Bank weiter.

Leise wehte Evas Stimme um Olivers Ohren: »Das tut unglaublich gut, was du da machst.«

Er antwortete nicht, sondern er bemühte sich, noch mehr Gefühl in seine Griffe hineinzulegen. Was er da ab dem feinen Höschen von der oberen Gesäßmuskulatur über die Taille bis zum Hals ertastete, gehörte zu einer traumhaften Figur.

»Kommen Sie zurecht, Oliver?«, stand Madame Lyon wieder neben ihm. »Sie machen das sehr gut. Wenn Sie mal mit dem Handrücken über die Muskulatur von Fräulein Liebig streichen, dann können Sie spüren, dass bereits eine intensive Hyperämie eingesetzt hat. Der Rücken ist tief rot und sehr warm. Haben Sie früher schon einmal in einem Praktikum Erfahrungen gesammelt?«

Oliver schüttelte den Kopf, doch er fühlte sich geschmeichelt.

Eva fragte leise: »Gehst du heute mit mir in der Pause einen Kaffee trinken?«

Zu Beginn des Unterrichts hatte Oliver noch an die Worte von Horst denken müssen und er wollte sich von dieser Eva Liebig, die sich so leicht von einem BMW-Fahrer verführen ließ, künftig fernhalten. Doch in diesem Moment änderte sich seine Einstellung. Evas Nähe weckte Gefühle in ihm, die das Geschwätz von Horst mehr und mehr verblassen ließen.

Plötzlich klatschte jemand schallend auf Evas Gesäß und lachte: »Na, mein Schatz, macht der liebe Olli das auch richtig oder muss da mal wieder ein echter Mann ran?«

Olivers aufkeimende Verliebtheit zerplatzte wie ein aufgeblasener Ballon, in den Horst Schönmeier mit seinen eindeutig zweideutigen Worten hineingestochen hatte.

Michelle Lyon rief sichtlich verärgert: »Herr Schönmeier, den Klatsch auf das Gesäß einer unserer Damen hier will ich nicht noch einmal sehen. Auch ihre anzüglichen Bemerkungen gehören nicht in eine Klinik oder eine physiotherapeutische Praxis. Wir haben es in unseren Aufgabenbereichen mit leidenden Menschen zu tun und diese Therapien sind rein medizinisch. Wenn Sie damit nicht umgehen können, gehören Sie nicht in diesen Beruf. Habe ich mich klar und deutlich ausgedrückt?«

Horst lachte nicht mehr. Nur Helmut grinste Herrn Schönmeier an und nickte auffällig zustimmend bei jedem Wort der Dozentin. Horst hätte dem Zäpfchen am liebsten auf die Nase geboxt.

Olivers Massagegriffe waren jetzt nur noch gefühllos. Eva spürte, dass ihn die Anspielungen von Horst getroffen hatten und sie flüsterte: »Lass ihn einfach reden! Er ist ein Angeber, sonst nichts.«

Bevor Oliver noch etwas fragen konnte, klatschte Michelle Lyon in die Hände: »So, meine Damen und Herren. Wir machen jetzt eine Pause von zwanzig Minuten. Wenn Sie wieder zurück sind, nehmen wir einen Rollentausch vor. Dann dürfen die Herren ihre muskulösen Körper vorführen.«

Die Männer verließen den Massageraum und die Frauen kleideten sich wieder an. Eva beeilte sich mit dem Anziehen, um Oliver zu folgen. Sie suchte ihn vor der Treppe des Haupteingangs. Doch sie konnte ihn nicht finden. Sie war enttäuscht. Glaubte Oliver tatsächlich, dass sie sich auf diesen Schürzenjäger Horst eingelassen hätte? Ihr hatte dieser gitarrespielende Macho Philipp Freimann in der Vorschule völlig gereicht. Der hatte sie nur für ein Liebesabenteuer benutzt. So etwas wollte sie auf keinen Fall noch einmal erleben.

Eva suchte einen Freund, einen Mann, der ihr ehrliche Gefühle entgegen bringen würde. Jemanden, auf den sie sich in jeder Lebenslage verlassen könnte. Sie hatte gespürt, dass dieser Oliver Schwarz solche Eigenschaften besaß. Auf ihren weiblichen Instinkt konnte sie sich verlassen. In der nächsten Massagestunde würde er unter ihren Händen liegen. Sie würde Oliver klar machen, dass sie nicht so ein Flittchen war, wie dieser Idiot von Horst es gern dargestellt hätte.

Zwanzig Minuten später brach die nächste Massagestunde an. Madame Lyon bestimmte erneut, wer Behandler und Opfer zu spielen hätte. Noch bevor Eva enttäuscht etwas einwenden konnte, musste die schöne Beatrix Oliver massieren und sie wurde an die Massagebank von Horst geschickt.

Oliver spitzte seine Ohren und vernahm Horst Schönmeiers anzügliche Sprüche: »Evi, ich freue mich schon, deine heißen Hände wieder auf meiner Haut zu spüren.«

Eva verzog ihr Gesicht und klatschte Horst das Öl so lieblos auf den Rücken, dass Madame Lyon sie gleich ermahnte, konzentrierter zu arbeiten.

Wie ein Roboter strich Eva lustlos auf seinem Rücken herum und versuchte, das Gespräch zwischen Beatrix und Oliver an der Nachbarbank zu belauschen.

»Olli, du musst verdammt viel Sport gemacht haben«, bemerkte Bea und rieb begeistert über den keilförmigen Rücken des jungen Mannes. Auch die Massagelehrerin kam hinzu und nickte: »Herr Schwarz, ich bin erstaunt. Wir können ihren Körper gut für einige muskuläre Anschauungen gebrauchen.« Sie strich mit ihrem Zeigefinger über seine ausgeprägte Rückenmuskulatur und erklärte: »Meine Damen, hier können Sie einen schönen musculus latissimus dorsi ertasten. Auch die Trapezmuskulatur ist wie aus dem Anatomiebuch. Der musculus deltoideus ist schön ausgeprägt«, und dann tasteten die Schülerinnen über den Rücken.

Die Letzte, die sanft über Olivers Muskeln strich, war Eva. Es war nicht allein ihr Interesse, die Art der Muskelformen zu ertasten, sondern sie machte sich gerade ein genaueres Bild von ihm. Ihre Hände bestätigten, was ihre schwachen Augen mit dem kleinen Fernglas schon heimlich beobachtet hatten.

Eva gab sich nicht zu erkennen, doch Schwarz erkannte sofort den Duft ihres Parfums.

Nach dem Vormittagsprogramm wartete Eva am Haupteingang auf Olli. Als er mit Dietmar durch die Tür trat, sprach sie ihn an: »Sollen wir uns nach dem Mittag zu einem Kaffee treffen?«

»Eva Liebig, du wartest auf den Falschen. Ich fahre keinen BMW und werde als Blinder nie mehr einen BMW lenken können. Frage doch Horst, ob er dir einen Kaffee ausgibt!«, und er zog Dietmar trotzig am Arm mit sich.

Nachdem sich die beiden jungen Männer mehrere Schritte entfernt hatten, meinte Dietmar: »Auch wenn du jetzt mein Freund bist: Das war unfair und völlig daneben. Du hast dich ihr gegenüber nicht besser verhalten, als dieser Spinner Horst.«

Oliver zog sich frustriert in seinen Kokon zurück und trottete wortlos an Dietmars Arm Richtung Mittagstisch. Unkonzentriert stolperte er die Bürgersteige herunter und auf der anderen Straßenseite wieder hinauf. Er stieß grob mit dem Ellenbogen an die Spiegel der geparkten Autos oder rumpelte achtlos die Parkuhren an.

»Oliver, du hast gelernt, wie man den Langstock richtig benutzt!«, meckerte Dietmar ihn an. »Ich kann mit meinem wenigen Sehen nicht auf alle Hindernisse achten. Heute Morgen ging es doch auch ohne Crash!«, doch Schwarz lebte seine trotzige Haltung weiter aus und erntete noch einige blaue Flecken.

Wie geohrfeigt stand Eva immer noch auf der Treppe vor dem Haupteingang der Schule. Kleine Tränen funkelten in ihren Augenwinkeln und die Wangen waren knallrot. Mit dünner Stimme meinte sie zu ihrer Freundin: »Susi, der glaubt wirklich, ich hätte mich von diesem Horst flachlegen lassen, nur weil ich in dessen Wagen mitgefahren bin.«

Susanne nahm Eva tröstend in die Arme: »Ich glaube dir, dass da nichts war. Dafür bist du zu intelligent. Leider muss ich gestehen, der gute Horst lässt es so aussehen, als wäre etwas Wahres daran. Dass Oliver so beleidigt auf dein Rendezvous mit Horst reagiert hat, zeigt, dass er viel für dich empfindet. Bedeutet dir Oliver etwas?«

Eva protestierte: »Ich hatte kein Rendezvous mit Horst, verdammt noch mal! Wenn man mit jemandem eine Runde im Auto fährt, ist das noch lange kein Rendezvous!«

»Ist ja gut«, beschwichtigte Susanne. »Dass Bea Oliver massiert hat, gefiel dir aber auch nicht. Ich habe es an deinem Gesicht gesehen. Meine dicken Brillengläser vermitteln einen scharfen Blick.

»Ich denke, deine Gläser zeigen wirklich zu viel.«

Susanne hängte sich bei Eva ein und sie machten sich auf den Weg zum Mittagessen.

»Da ich ein neugieriges Mädchen bin, möchte ich wissen, ob Horst dich wirklich angebaggert hat.«

Eva holte tief Luft und erzählte: »Er hat mir seinen Wagen gezeigt. Ich fand das sehr interessant. Der hat eine sehr schöne Form, die ich ertastet habe.

Dann ist Horst mit mir herumgefahren. Ich habe unterwegs fast nichts gesehen. Ich kam mir zu doof vor, ständig mein kleines Fernglas vor die Augen zu halten. Nach einer halben Stunde erreichten wir einen kleinen See und haben auf der Terrasse eines Cafés etwas getrunken. Dabei legte er immer wieder seinen Arm um mich. Nachdem ich seinen Arm das dritte Mal zurückgewiesen hatte, ließ er das sein. Dann schwallerte er nur noch von seinem Wagen. Irgendetwas von 150 PS und toller Beschleunigung. Das interessierte mich überhaupt nicht. Wir fanden kein gemeinsames Thema, worüber wir hätten reden können.«

Auf dem Rückweg wurde die Straße dann plötzlich unwegsam. Horst hielt in einem Waldstück an, machte den Motor aus und versuchte ungeniert, auf Tuchfühlung zu gehen. Ich habe ihn umgehend zurückgewiesen und gedroht, dass ich mit Frau Lyon über seine Belästigungen reden werde, wenn er mich nicht augenblicklich zurück zur Schule bringen würde. Wie ein Irrer raste er dann zurück und machte noch einige beleidigende Bemerkungen. Im Nachhinein widert er mich nur noch an.

Kapitel 5
Montag

01 AUSGEBREMST

Eine fünfstufige Treppe führte vom Haupteingang des Bürogebäudes der Maschinenbaufirma Hebel & Co zu dem Gehweg der Straße hinab. Zu beiden Seiten begrünten Bodendecker den gepflegten Vorgarten. Links neben dem Haus schloss sich ein Parkplatz für die Mitarbeiter und Kunden an, der sich mit einem Rasenstreifen vom Gehweg abgrenzte. Der erste Stellplatz blieb grundsätzlich für Herrn Hebels Mercedes reserviert. Der Unternehmer behielt den Wagen besonders zum frühen Abend im Auge, da irgendein Dreckschwein seit einigen Tagen regelmäßig an die edle Karosse urinierte. Hebel hatte Anzeige gegen Unbekannt erstattet, aber diese trägen Beamten kümmerten sich nicht um seine ärgerliche Angelegenheit.

Die Tür des Haupteingangs öffnete sich und ein gebrechlicher Mann erfasste krampfhaft das Geländer der Treppe. Er ertastete zittrig mit dem rechten Fuß die nächste Stufe. Er trug Anzug und Krawatte. Seine Umhängetasche rutschte immer wieder von der schmalen Schulter und baumelte lästig vor seinem Bauch. Der Schweiß stand ihm vor Anstrengung auf der Stirn. Endlich hatte sein Fuß Halt gefunden. Er setzte den linken langsam neben dem rechten Fuß ab, richtete sich auf und musste verschnaufen.

»Geht es noch, Herr Helmer?«, fragte ihn der junge Angestellte und hielt seine Hände stützend unter die linke Achsel des Behinderten.

Helmer nickte: »Noch vier Stufen, dann haben wir es geschafft«, und er machte sich selbst Mut.

Der junge Mann schaute zum bedrohlich bewölkten Himmel: »Gleich werden wir einen kräftigen Guss bekommen.«

Helmer tastete nach der nächsten Stufe: »Dann will ich mal meinen Spurt fortsetzen«, und nach vier Minuten hatte er sogar den Gehweg erreicht. »Herr Klaas, ich komme mit meiner Gehhilfe ab hier zurecht. Sie können wieder ins Haus zurückgehen. Ich habe Sie nun lange genug von Ihrer Arbeit abgehalten.«

»Ich helfe Ihnen gerne, Herr Helmer.«

»Noch fünf Meter bis zu meinem Wagen. Auf ebener Strecke komme ich alleine klar.«

Herr Klaas beobachtete den Bus, der nun hinter dem Wagen von Helmer hielt. Ein eiliger Fahrgast rannte auf die Bushaltestelle zu und rempelte Herrn Helmer grob an. Ohne sich um den schwankenden Behinderten zu kümmern, stürzte der Grobian mit dem grauen Hut in die Bustür.

Helmer pendelte nach diesem Stoß bedrohlich hin und her, um wieder das Gleichgewicht zu finden. Klaas fasste noch rechtzeitig zu, um einen Sturz zu verhindern.

Helmer lachte dankend: »Das war mal wieder der Vorführeffekt. Wenn ein Behinderter sich was beweisen will, dann wird das besonders spektakulär.«

»Sie machen das sehr gut. Wenn man von einem solchen Idioten angerempelt wird, dann kommen auch Gesunde aus dem Gleichgewicht.«

Helmer betätigte die Fernbedienung und die Fahrertür des Wagens sprang ein Stück weit auf.

»Vielen Dank, junger Mann, dass Sie mir heute Morgen den Wagen hier genau vor der Tür geparkt haben. Jetzt aber ab ins Büro! Es gibt Regen. Wir sehen uns ja morgen früh schon wieder.«

Kaum, dass der Behinderte im Wagen saß, da öffneten die dunklen Wolken ihre Schleusen und der junge Klaas sprang mit nur zwei Schritten die Treppe hinauf ins Trockene. Der Regen prasselte trommelnd auf das Autoblech und lief in Strömen über die Windschutzscheibe.

Bernd Helmer atmete erleichtert auf. Sechs Stunden hatte er auf seinem Laptop wichtige Wirtschaftsdaten hin und her geschubst. Knapp zwanzig Minuten hatte er nun benötigt, diese wenigen Meter aus der Sitzungsrunde bis zu seinem Wagen per pedes zu überwinden. Und die Behinderung wurde mit jedem Jahr schlimmer. Die Natur verwöhnte leider nicht jeden Menschen mit einem gesunden Körper. Das war den meisten Gesunden nicht bewusst und deshalb betrieben viele von ihnen Raubbau mit diesem Geschenk. Die einen zerstörten ihre Knochen bei waghalsigen Sportabenteuern, andere begegneten ihren gesunden Organen mit zu viel Alkohol und Nikotin. Da sich gemäß dem Zeitgeist auch die Gesundheitsbewussten einem beruflichen Stress aussetzen mussten, versuchten sie nach Feierabend mit Joggen oder Walken vor dem Burnout wegzulaufen.

Helmer hingegen lief vor dem Rollstuhl davon. Schon vor Jahrzehnten hatten die Ärzte seinen besorgten Eltern prognostiziert, dass der kleine Bernie spätestens mit zwanzig auf einen Rollstuhl angewiesen sein würde. Bernd hatte jedoch wider allen dunklen Voraussagen den Rollstuhl weit hinter sich gelassen. Er hatte trainiert, trainiert und nochmals trainiert. Den Trainingseinheiten zufolge hätte er wie ein Bodybuilder aussehen müssen. Doch sein Spiegelbild zeigte einen Mann mit dünnen Extremitäten und schmalem Wuchs.

Sein Bewegungsablauf sah für Laien außergewöhnlich aus, aber außergewöhnlich war er schließlich in vielen Dingen. Bis kurz vor seinem fünfzigsten Geburtstag konnte er erfolgreich vor dem verhassten Rollstuhl flüchten, doch mittlerweile war ihm dieses Gefährt sprichwörtlich auf den Fersen.

Bernd tauchte aus seinen Gedanken auf, drehte den Zündschlüssel herum und betätigte die Scheibenwischer. Er startete den Motor und griff zur Handbremse. Verwundert nahm er auch seine zweite Hand zur Hilfe, um die Handbremse lösen zu können. Der junge Klaas, der ihm den Wagen vor die Tür gefahren hatte, hatte die Handbremse bis zur letzten Raste gespannt. Noch einmal umklammerte Helmer mit beiden Händen den Hebel und setzte den gesamten Körper ein. Die Beinmuskeln spannten sich extrem. Die Rückenmuskeln schmerzten unter diesem Zug. Die dünnen Ärmchen begannen zu zittern.

»Ja, da hat der junge Mann es wohl zu gut gemeint«, gab Bernd sein Bemühen auf. Mit Zuversicht holte er sein Handy hervor und rief in dem Adressbuch die Maschinenbaufirma Hebel auf. Gerade als die Nummer im Display angezeigt wurde, piepte das Handy noch zweimal, dann war der Akku leer.

Helmer machte den Motor aus, nahm noch einmal alle Kraft zusammen und stemmte sich gegen die Federkraft der Handbremse. Doch er hatte keine Chance.

Er schaute zum Bürogebäude und fluchte: »Scheiße, die Treppe dort komme ich ohne fremde Hilfe nicht hinauf!«

Nun wanderte sein Blick über den menschenleeren Bürgersteig. Ihm war klar, dass bei diesem Sauwetter nur wenige Passanten vorbeikommen würden. Ein anderes Fahrzeug anzuhalten, erschien ihm im Augenblick zu riskant.

»Wunderbar, da hat mich das Schicksal heute mal wieder so richtig verarscht!«

02 DIE WÜRFEL WAREN GEFALLEN

Die Kirchturmuhr schlug drei. Der Nachmittagshimmel war von grauen Herbstwolken bedeckt. Der Wind zerrte an den letzten Blättern der Bäume, die die Hauptstraße begrenzten. Hupende Autos holperten über das reparaturbedürftige Pflaster. Eilige Fußgänger hielten ihre Schirme für den angekündigten Regen bereit.

Die Fenster der alten Gaststätte ›Zum Brunnen‹ standen offen und die Straßengeräusche drängten hinein.

Hinter der Theke polierte der alte Wirt Hennes die Gläser. Eines der Gläser hielt er ins Licht und schüttelte den Kopf: »Immer wieder dieser verdammte Lippenstift!«

Aus den Musiklautsprechern tönten die Ballermann-Hits. Drei Mittfünfziger saßen am Ende der Theke in einer Zigarettenrauchwolke und knobelten. Der Lederbecher knallte auf die Holzplatte, die Würfel klackerten und jemand rief: »Meier drei!«

Die Tische waren alle noch unbesetzt. Am alten Flipperautomaten stand Manni Trinkmann und fluchte vor sich hin. Seine Hände stützten sich links und rechts auf den Kanten des Geräts ab. Seine Finger drückten die seitlichen Knöpfe, um die Metallkugel immer wieder in bestimmte Felder zu schießen.

»Scheiße!«, schlug Manni wütend mit der Faust auf die gläserne Oberfläche des Spielautomaten, der sich mit lautem Scheppern über seine Misshandlung beschwerte.

»Heh, mal ganz ruhig bleiben! Bei dem Kasten braucht man Fingerspitzengefühl«, mahnte der Wirt.

Manni drehte sich zu ihm herum: »Wenn einer Fingerspitzengefühl hat, dann bin ich das«, und er ging mit seinem leeren Bierglas zur Theke. »Ich habe bei Hebel & Co. als Dreher nur Spezialaufträge bearbeitet. Die Sachen, die ich gedreht habe, macht mir keiner nach.«

»Ja, Manni, aber nur solange, bis dich die Firma gefeuert hat!«, rief eine verrauchte Stimme aus der Knobelrunde.

»Halt doch dein Maul«, raunte Trinkmann zum anderen Thekenende hinüber und gab dem Wirt ein Handzeichen, ein weiteres Bier anzuzapfen.

Mannis Gesicht war rot und seine großporige Knollennase leuchtete auffällig. Die Finger zeugten von maßlosem Nikotinkonsum. Die wenigen grauen Haare des 40-jährigen Singles wirkten fettig.

»Wie lange bist du nicht mehr bei Hebel & Co.?«, fragte der Wirt und stellte ein frisches Bier vor Manni ab.

»Knapp zwei Jahre«, zündete Manni eine selbstgedrehte Kippe. »Und seit einem Jahr ist auch meine Olle weg. Keine Kohle, keine Weiber! Immer die gleiche Scheiße!«, und er trank sein Bierglas halb leer.

»Warum hat der alte Hebel dich eigentlich gefeuert, wenn du sein bester Mann warst?«

»Weil ich zwei oder dreimal eine Fahne hatte. Der Alte hat doch den Arsch auf. Das war nur passiert, weil wir nach Feierabend mit einigen Kollegen auf einen Geburtstag angestoßen haben.«

»Erzähle doch nicht so eine Scheiße!«, rief jemand aus der Knobelrunde. »Du hast einige Teile im besoffenen Kopf kaputt gedreht. Man sprach von Schäden in sechsstelliger Höhe.«

»Pass auf, Mann! Wer so etwas erzählt, kriegt von mir was in die Fresse. Ist das klar? Das waren alles Materialfehler und nichts anderes!«, hob Manni drohend die Faust.

Der Wirt fragte in ruhigem Ton: »Und jetzt hast du keine neue Arbeit in Aussicht?«

Manni bestellte sich einen Korn und meinte: »Die von der Jobbörse haben nix für mich. Bei einer Straßenbaufirma sollte ich mich vorstellen und die Löcher mit Teer flicken. Wer, glauben die denn, wer ich bin?«

»So, wie deine Hände zittern, könntest du hier bei Hennes doch als Barmixer deine Kohle verdienen«, schlug die verrauchte Stimme aus der Knobelrunde vor und seine Mitspieler lachten schallend.

Manni wollte aufbrausen, doch der Wirt schob ihm ein frisches Bier entgegen: »Lass ihn doch quatschen. Hast du noch mal was von deiner Frau gehört?«

»Sie hat angeblich was Besseres gefunden«, setzte Manni das Bier gleich an die Lippen. »Ja, als ich bei Hebel noch satt Geld verdiente, da war ich ihr gut genug. Hoffentlich geht Hebel pleite mit seinem Scheißladen!«

»Erzähl doch nicht so einen Mist, Manni«, tönte es wieder aus der Knobelrunde. »Deine Alte ist doch schon vor Jahren mit anderen über die Dörfer gezogen. Die war scharf wie Rettich. Du hast bei Hebel Überstunden ohne Ende gekloppt, nur um deiner Alten noch mehr zu bieten. Aber die hat dich nur verarscht. Manni, wir haben dir das oft genug gesagt. Du wolltest es nicht wahrhaben. Deshalb hast du auch das Saufen angefangen und deshalb hast du auch am Ende deinen Job verloren.«

Trinkmann setzte sein Glas ab und stolperte wütend auf das gegenüberliegende Ende des Tresens zu. Er holte zu einem Faustschlag aus, um den Spötter zum Schweigen zu bringen: »So darfst du Schwein über meine Frau nicht reden! Ich stampfe dich ein!«

Doch sein Angriff ging ins Leere. Zwei Würfelspieler drehten ihm die Arme auf den Rücken. Der Angegriffene nahm Trinkmanns grauen Hut und stülpte ihm die Kopfbedeckung fast bis über die Augen.

Der Wirt rief: »Trinkmann, du kannst morgen bezahlen. Ich mache dir einen Deckel!«

Bald darauf stand Manni vor der Kneipentür auf der Straße.

Ein Spieler warf ihm noch die Jacke hinterher und lachte: »Manni, vergiss nicht, beim Hebel wieder an den Mercedes zu pissen, bevor du in den Bus steigst! Das machst du doch mit Vorliebe, nicht wahr?«

Trinkmann zog seine Jacke zu Recht und drückte den Hut aus der Stirn nach oben. Plötzlich rempelte ihn auf dem Gehweg jemand heftig von hinten an und er drehte sich empört herum.

03. FEHLTRITT

»Klick, klack, klick, klack, klick, klack«, machte die Spitze des weißen Langstocks bei jedem Aufschlag auf dem Boden. Der Mann mit der getönten Brille wirkte hoch konzentriert. Sein Haar war voll und nur an den Schläfen ergraut. Die Gesichtszüge gaben ihm ein kantiges, männliches Aussehen. Unter der schwarzen Lederjacke schien ein muskelbepackter Oberkörper zu stecken. Zwischen den rhythmischen Pendelbewegungen ertastete der Stock den Gehsteigrand und die dort geparkten Fahrzeuge.

»Klick, klack, klick, klack, ping!«, meldete der Stock ein Hindernis auf dem Gehweg. Der Mann blieb alarmiert stehen und strich mit dem Taststock an dem Mast einer Laterne auf und ab.

»Dass diese Dinger immer mitten im Weg stehen müssen. Die könnte man besser direkt an den Häusern anbringen«, murmelte er vor sich hin und umging das Hindernis. Zu seiner Linken erschallten Ballermann-Hits und Stimmengewirr aus der Häuserzeile. Gleichzeitig lag ein schwerer Geruch von altem Frittierfett in der Luft.

Der Blinde schritt, ohne mit dem Stock zu pendeln, voran und drückte auf den Knopf seiner Uhr. »Die Zeit ist siebzehn Uhr sechsundvierzig Minuten«, meldete die künstliche Stimme.

Als der Blinde seinen Stock wieder ausrichten wollte, stieß er plötzlich gegen eine Person, die sich überrascht empörte: »Watt soll datt denn? Mann, Mann, kannste nicht aufpassen?«

»Tut mir leid«, hob der Blinde entschuldigend den weißen Stock. Statt einer Antwort erreichte ihn nur die Bierfahne eines völlig sprachlos gewordenen Menschen und so erklärte er weiter: »Ich bin hier fremd und auf dem Weg zur nächsten Bushaltestelle. Ich hatte auch schon versucht, ein Taxi zu rufen, doch die Taxifahrer streiken heute. Ist es noch weit bis zur Haltestelle?«

Plötzlich klopfte der Fremde dem Blinden kameradschaftlich auf die Schulter und die Alkoholfahne wehte wieder: »Mir ham‹se die Fleppe weggenommen, sonst wäre ich selbst gefahren. Ich muss auch zum Bus. Komm, ich nehme dich mit!«

Hilfsbereit fasste der Betrunkene dem Sehbehinderten mit beiden Händen unter die Axel, als würde der eine Stütze benötigen. Doch es schien eher umgekehrt zu sein. Der Blinde bemühte sich, die bedrohlichen Schwankungen seiner Begleitperson auszugleichen und das Gespann wankte los. Der blinde Mann hielt seinen Stock diagonal wie ein Schild vor sich. Kaum waren sie zehn Schritte gelaufen, da prallte der weiße Stock unsanft gegen ein Hindernis.

»Straßenschild! Musste aufpassen, ne?«, lallte die Begleitperson.

So lernte der Sehbehinderte noch viele Laternen und Schilderpfosten dieser fremden Straße kennen. Doch dank seines geschickten Umgangs mit dem Langstock verletzte er sich nicht.

Die Begleitperson blieb unerwartet stehen und schien sich suchend umzusehen. Dann ließ der Betrunkene den Blinden abrupt los und lallte: »Scheiße, datt is der Bus!«, und eilige Schritte entfernten sich.

Der Blinde hörte die Autos vorbeifahren und in der Ferne das Geräusch eines großen Dieselmotors.

»Hallo, sind Sie noch in der Nähe?« Es kam keine Antwort.

Der schwere Dieselmotor fuhr wieder an, näherte sich und wurde schneller.

Ihn begleitete das typische Geräusch eines Automatikgetriebes, wie es hauptsächlich die Busse benutzen.

»Anhalten!«, rief der Blinde, hob den weißen Stock in die Richtung dieses Geräusches und winkte damit. Doch es zog an ihm vorbei und er wusste, dass er gerade seinen Bus verpasst hatte.

»Die Busse fahren hier bestimmt alle halbe Stunde. Weit kann es zur Haltestelle nicht mehr sein«, sprach er sich selbst Mut zu.

Der Widerhall der pendelnden Stockspitze und seiner Schuhsohlen signalisierten feste Gehwegplatten. Plötzlich wurde der gleichbleibende Klang seiner Schritte durch ein schlüpfriges Geräusch verändert. Der Mann blieb sofort stehen. Er trat vorsichtig mit dem rechten Fuß zweimal hintereinander klackernd auf den Boden. Dann versuchte er das mit dem anderen. Wieder das schlüpfrige Geräusch. Ganz langsam ging der Mann in die Knie, roch, rümpfte die Nase und fluchte laut: »Scheiße! Könnt Ihr Eure Köter nicht woanders scheißen lassen?«

Sein Stock ertastete den Rand des Gehwegs, wo er Vorgärten vermutete. Dort stieß er gegen ein Fahrrad, das sogleich scheppernd zur Seite kippte. Er fühlte, wo das Zweirad lag und stellte es wieder ordnungsgemäß auf. Dann leitete ihn eine Hauswand weiter. Sein Stock machte an einer leeren Mülltonne ein trommelndes Geräusch. Treppenstufen folgten mit anderem Klang und endlich erreichte er eine Hecke. Meter um Meter ging es voran, dann meldete ihm der Stock grasbewachsenen Boden. Der erdige Geruch des Bodens vermittelte den Eindruck einer Gartenlandschaft und dieses Bild wurde vor dem geistigen Auge des Blinden zur Realität. Er kombinierte, dass er vor einer großen Rasenfläche stehen müsste. Wahrscheinlich standen dort im Hintergrund sogar Bäume und Sträucher.

Erleichtert wischte er mit dem verschmierten Schuh immer wieder im Rasen hin und her. Anschließend zog er ein Papiertaschentuch heraus, um damit den Schuh von dem restlichen Kot zu befreien. Angewidert flog der braune Papierfetzen weit in den Garten seiner Fantasie hinein. Der Mann war sich sicher, dass das Papiertuch dort zwischen den Sträuchern den Sehenden nicht auffallen würde. Zum anderen müsste das Papier schnell verrotten, da nun auch noch heftiger Regen einsetzte.

Das beschmierte Taschentuch war jedoch in Wirklichkeit im hohen Bogen über die nur einen Meter breite Rasenbegrenzung des Parkplatzes der Maschinenbaufirma Hebel geflogen und blieb dort an dem Scheibenwischer eines noblen Mercedes-Geländewagens hängen.

Der Blinde setzte seinen Weg mit pendelndem Stock fort.

04 TEAMWORK

Bernd Helmer saß immer noch hilflos in seinem Wagen. Der Regenguss prasselte trommelnd auf das Dach und hinter der Windschutzscheibe sah er die Welt wie durch einen Schleier. Schattenhaft bewegte sich eine Person auf dem Bürgersteig in seine Richtung. Noch einige, wenige Meter und sie würde die Beifahrertür seines Wagens passieren. Könnte das seine Rettung sein? Helmer stellte die Zündung des Autos an und betätigte den elektrischen Fensterheber an der Beifahrertür.

»Hallo! Könnten Sie mir helfen?«

Die angesprochene Person blieb stehen und lauschte suchend nach der Quelle dieser Frage.

Helmer rief noch einmal: »Hallo, hier im Wagen, direkt neben Ihnen. Könnten Sie mir bitte helfen?«

Die Person richtete einen langen, weißen Stock aus, der leicht an die Wagentür stieß.

Erst jetzt wurde Helmer bewusst, dass der Fremde nicht sehen konnte und er erklärte: »Öffnen Sie die Wagentür und setzen Sie sich schnell hinein!«

Der Blinde zog die Beifahrertür auf. Dann ertastete er den Sitz, schob seinen Langstock wie ein Teleskop zusammen und setzte sich. Das Fenster fuhr wieder automatisch hoch.

»Ich mache Ihnen den ganzen Wagen nass«, sagte der Blinde und sah in die Richtung, wo er den Blick des Fahrers vermutete.

»Keine Ursache. Das muss der Bezug aushalten können. Ich darf mich vorstellen. Mein Name ist Helmer.«

»Schwarz, Oliver Schwarz. Ich danke Ihnen für den trockenen Unterschlupf. Es ist schon sehr selten, dass andere Menschen eine klatschnasse Person in ihr Auto bitten. Sie scheinen etwas Besonderes zu sein.«

Herr Helmer ergriff die große, kräftige Hand des Blinden mit seinen schmalen Fingern: »Ja, ich bin etwas ganz Besonderes. Deshalb habe ich Sie auch gerufen. Ganz so uneigennützig war mein Ruf gar nicht. Ich benötige nämlich Ihre Hilfe.«

»Sie benötigen die Hilfe eines Sehbehinderten? Jetzt bin ich aber gespannt.«

»Ich habe eine extreme Muskelerkrankung. Ein Schwächling ist mir gegenüber ein Titan«, lachte Helmer mit sympathischem Klang in der Stimme. »Heute Morgen hat ein junger Mann meinen Wagen an diesen Platz gefahren und die Handbremse so stark angezogen, dass ich sie nun nicht mehr lösen kann. Dann kam das nächste Problem. Mein Handy-Akku ließ mich in dem Moment im Stich, als ich Hilfe rufen wollte. Und jetzt hat mir der Himmel wohl Sie vorbeigeschickt.«

Schwarz lachte: »Bei mir ging auch heute alles schief.«

»Wo müssen Sie denn jetzt hin?«

»Ich wohne im Ortsteil Hövel. Es sind etwa 15 km von hier. Die Bushaltestelle kann nicht mehr weit entfernt sein. Diese Linie bringt mich fast bis vor meine Haustür.«

Der Regen prasselte weiter auf den Wagen.

Helmer nickte: »Das ist eine erstaunliche Leistung, sich ohne zu sehen soweit durch die Welt zu tasten. Die Haltestelle der Buslinie ist übrigens direkt hinter uns. Sind Sie denn mit dem Bus hierhergekommen? Ich hatte den Eindruck, als wäre Ihnen dieser Weg nicht so vertraut.«

»Ich hatte beruflich im Finanzamt zu tun. Ein Bekannter von mir, der in diese Richtung fuhr, hat mich heute Morgen in seinem Wagen mitgenommen. Zurück wollte ich mit dem Taxi fahren. Viel zu spät erfuhr ich, dass die Fahrer heute streiken. Eine Frau gab mir den Tipp, dass die Bushaltestelle nur 300 Meter weiter in diese Richtung wäre. Also machte ich mich auf die Suche. Zur Not habe ich einen sprechenden Kompass und ein Navi.«

Helmer ergänzte: »Ich habe hier bei der Firma Hebel beruflich zu tun gehabt. Meine Göttergattin liegt in der Klinik. Die wollte ich heute Abend auch noch besuchen. Aber vorher muss ich irgendwo noch etwas essen.«

»Da geht es mir nicht anders«, lächelte Schwarz. »Hier in der Innenstadt kenne ich mich nicht aus. Normalerweise esse ich zuhause. Meine bessere Hälfte ist mit einer neuen Bekannten aus ihrem Yogakurs zum Kaffeetrinken. Die Mädels wollten mal nur unter Frauen miteinander reden. Ich hatte also vor, in unserer Dorfschenke zu speisen.«

»Wie ist das Essen dort?«

»Sagen wir mal, es wird seinem Preis gerecht.«

»Was halten Sie davon, wenn ich Sie zu dieser Gaststätte fahre und wir speisen gemeinsam?«

»Wenn der Umweg für Sie nicht zu groß ist, dann nehme ich gerne an.«

Helmer startete den Motor: »Herr Schwarz, jetzt sind Sie an der Reihe!«

Schwarz blickte den Fahrer fragend an: »Wie bitte?«

Helmer nahm die linke Hand des Blinden und legte sie auf den Griff der Handbremse: »Vorne mit dem Daumen den Knopf eindrücken, Hebel leicht nach oben ziehen und dann herunterlassen.«

»Ich weiß«, lachte Oliver Schwarz, »ich hatte früher einen Führerschein«, und er löste die Bremse so unbeschwert, dass Helmer nur den Kopf schüttelte…

Als der Wagen nach zwanzig Minuten vor der Gaststätte ›Zum Dorfkrug‹ einparkte, meldete die sprechende Uhr: »Die Zeit ist achtzehn Uhr und zwanzig Minuten.«

Helmer kletterte mühsam aus seinem Wagen. Schwarz schlug die Beifahrertür zu und tastete sich zügig um das Fahrzeug herum: »Kann ich helfen?«

Helmer blickte zum Lokaleingang: »Auf gerader Strecke habe ich kaum Probleme. Aber die Stufen zur Gaststättentür werden ein Hindernis für mich sein.«

»Dann bilden wir jetzt ein Team«, schmunzelte Schwarz. »Ich fasse ihr Ellenbogengelenk an. Das ist zur Führung eines Blinden die beste Stelle. Dann bin ich immer einen halben Schritt zurück und spüre, ob der Führende nach links, rechts, treppauf oder treppab geht. Gleichzeitig werde ich Ihnen dabei eine Stütze sein.«

»Hi, Olli!«, grüßten der Wirt und einige Stammgäste.

Schwarz ertastete nach einigen Metern einen ihm bekannten Tisch und zog auch für Helmer einen Stuhl zurück.

Der kam mit schaukelndem Oberkörper heran und nahm mühsam Platz.

Die Stimmen der Thekengäste verstummten. Neugierige Blicke klebten auf der neuen, behinderten Person. Nach einem Blinden drehte sich hier niemand mehr verwundert herum, da alle Oliver und seine blindentypischen Eigenarten seit Jahren kannten. Aber eine Person, die so wie Helmer beim Gehen wackelte, war interessant. So wackelte man höchstens, wenn man nach zehn Bier und zehn Schnaps die Gaststätte verließ.

Der Wirt brachte die Speisekarte und fragte nach den Getränken.

Olli bestellte ein Bier und ein Holzfällersteak. Herr Helmer orderte ein alkoholfreies Weizenbier und studierte das Speiseangebot. Nach wenigen Minuten hatte er sich entschieden und dem Wirt die Bestellung mitgeteilt.

»Sollen wir nicht ›du‹ zu einander sagen? Ich heiße Bernd«, fragte Helmer grinsend. »Ich bin mit dem Baujahr 1960 wohl auch der Ältere.«

»Ja, gerne. Ich bin Oliver. Freunde sagen einfach Olli. Baujahr 1966!«, und er streckte Helmer sein Glas zum Anstoßen entgegen.

»Vorsicht!«, rief Bernd erschreckt. »Du hältst dein Bier genau über eine brennende Kerze«, und nachdem Bernd mit seinem Glas angestoßen hatte, fragte er: »Du erwähntest, dass du früher einen Führerschein hattest. Also konntest du auch irgendwann normal sehen. Was ist mit dir passiert? Und wie hast du gelernt, so fantastisch mit deiner Behinderung klarzukommen?«

»Na ja, wenn es dich tatsächlich interessiert, dann erzähle ich dir mal einen Schwank aus meiner Jugend.«

Oliver berichtete über seinen tragischen Autounfall und der anschließenden Verurteilung zur lebenslangen Dunkelhaft. Er beschrieb seinen Weg durch die blindentechnische Grundausbildung und die Entscheidung, in Bad Heilheim eine Reha-Ausbildung fortzusetzten. »Ich war ein völlig frustrierter Kindskopf, als ich in der Massageschule eintraf. Doch dann begegnete mir eine Person, die mein Leben völlig verändert hat.«

Bernd Helmer war ein äußerst guter Zuhörer. Er lehnte sich in seinem Stuhl zurück. Seine Augen konzentrierten sich auf die leicht flackernde Tischkerzenflamme und er ließ sich von Olivers sonorer Stimme in dessen Erinnerungen entführen…

Kapitel 6
Schatten und Licht

01 WO VIEL SCHATTEN IST VIEL LICHT

Zu Anfang war der junge Oliver eifersüchtig auf jeden, der sich seiner Meinung nach für Eva Liebig interessierte. Zugegeben hätte er das damals nie. Also gab ein Wort das andere und Oliver und Eva gingen sich in den nächsten Wochen aus dem Weg. Nur hinter vorgehaltener Hand fragte Oliver täglich seinen Freund Dietmar, was Eva Liebig gerade machte, wie sie heute aussah und vor allem, mit wem sie sprach und lachte.

Die gleichen Fragen stellte Eva über Oliver an Susanne.

Die Altstadtschenke ›Zum Krug‹ wurde für Dietmar und Oliver zur Stammkneipe. Für die Wirtin hießen die beiden nur noch »meine Jungs«. Mama war ihnen gegenüber sogar sehr freigebig und vergaß, so manches Bierchen aufzuschreiben.

Als die jungen Männer an einem Wochenende wieder mal die Tür ›Zum Krug‹ öffneten, waren bereits alle Tische besetzt und ein dichter Rauchschwall verließ fluchtartig den Raum. Die Volksmusik dröhnte aus den Lautsprechern einer nostalgischen Musikanlage. Neugierig drehten sich die Insassen herum und musterten die Neuankömmlinge. Dann wurden die Gespräche wieder lebhaft.

In einer dunklen Ecke saß nur ein einzelner Mann am Tisch und der winkte Dietmar zu, dass sie bei ihm Platz nehmen sollten. Die jungen Männer stellten sich vor. Dietmar hatte diese Person schon mehrmals hier beobachtet. Der Mann saß immer allein, rauchte eine gekrümmte Pfeife und trank grundsätzlich aus einem Steinkrug. Ein Haarkranz zierte sein Haupt und der hellgraue Bart reichte bis zur Brust. Die buschigen Brauen wirkten majestätisch und die wachen Augen strahlten tiefe Ruhe aus. Seine Kleidung erinnerte an einen Förster.

»Man nennt mich Bienen-Professor«, stellte auch er sich mit so tiefer Stimme vor, dass den Jungs unheimlich wurde.

Gott sei Dank kam nun Mama vorbei und brachte zwei Gläser Bier mit einer prächtigen Schaumblume. Olli und Dietmar stürzten den Gerstensaft hastig herunter, um sich etwas Mut anzutrinken.

Der junge Kunze fragte Schwarz: »Ist der Masseur eigentlich dein Traumberuf gewesen?«

»Quatsch, bist du verrückt? Welcher Junge sucht sich denn freiwillig so einen Beruf aus? Ich habe einen Beruf. Ich bin Elektroniker und wollte in die IT-Branche. Dann kam dieser scheiß Unfall dazwischen. Freundin weg, Job weg!«

»Wer hat dich denn auf die Idee gebracht, diese Ausbildung hier zu machen?«

»Meine Eltern sind mit mir zur Beratung gegangen. Die sogenannten Experten rieten meinen Eltern, dass ich zur Schule nach Bad Heilheim gehen solle und sie machten mir Dampf. Gut, ich war sehr wahrscheinlich depressiv oder wie man das nennt. Kein Antrieb und so. Aber wer will schon in den Hotels die dicken Ärsche der Reichen massieren?«, trank Oliver den Rest seines Biers aus. »Ich muss zugeben, dass ich falsche Vorstellungen von diesem Beruf hatte. Mir gefällt mittlerweile, dass dieser Job vielfältige Therapien anbietet. Am besten gefällt mir, dass wir künftig für kranke Menschen etwas tun können. Ich habe selbst Leid erfahren und was kann es Besseres geben, als Leid lindern zu können. In dieser nervtötenden Leistungsgesellschaft wäre das doch mal etwas Sinnvolles!«

»Das sind große Worte«, brummte die tiefe Stimme neben Olli und ein Schauer durchlief den jungen Mann. Er hatte den Alten komplett vergessen. Sozusagen ›völlig aus den Augen verloren‹. Auch Dietmar hatte es die Sprache verschlagen.

»Ich darf Oliver zu dir sagen?«, fragte die tiefe Stimme weiter und Schwarz nickte nur stumm. »Wie ich sehe, bist du blind. Damit müsstest du also mehr sehen als andere Menschen. Ich scherze nicht, Oliver. Wo viel Schatten ist viel Licht!«, zündete der Bienen-Professor seine Pfeife erneut an.

Die beiden jungen Männer berührten sich unter dem Tisch mit den Knien.

»Ich hätte wetten können, dass dieser Spruch genau umgekehrt war«, erwiderte Schwarz. »Das hat doch ein deutscher Schriftsteller von sich gegeben, oder nicht?«

»Wo viel Licht ist, ist viel Schatten«, grinste der Bienen-Professor. »Der Satz stammt aus der Feder von Goethe. Und er hat völlig Recht! Der Satz bezieht sich aber auf Menschen, die in zu hellem Licht stehen, denen der Glanz schadet. Bei dir geht es um etwas anderes. Ich spreche vom Schatten des Leids. Ich spreche davon, dass zu Anfang die Finsternis war und dann erst das Licht kam. Oliver, du hast gerade von einem sinnvollen Leben gesprochen und bereits das Wesentliche erkannt. Erkenntnis ist Licht. Dir ist also im Schatten deiner Erblindung ein Licht aufgegangen. Wenn du die Erkenntnis durch das Schicksal deiner Erblindung erfahren hast, dann hat diese Erblindung für dich auch einen Sinn, oder nicht?«

Schwarz zuckte stumm mit den Schultern.

Also fuhr der Alte fort: »Wenn du das verinnerlicht hast, bist du reifer als viele Menschen, die älter sind als du. Schaue und höre dich hier um. Da sitzen Buchhalter, die seit Jahrzehnten lustlos Daten hin- und herschieben. Maurer, die ihre Knochen für wenig Geld zerschunden haben und selbst kein Haus besitzen. Lehrer, die frustriert vor gelangweilten Klassen stehen, weil die jungen Menschen nicht begreifen, dass sie Werte vermittelt bekommen. Bankangestellte, die nichts anderes im Kopf haben, als virtuelle Vermögen zu mehren, um sie bald durch gewagte Spekulationen wieder zu vernichten. Oliver, sind die glücklicher als du?

Ich beobachte diese traurigen Menschen jede Woche hier und sie stöhnen und jammern, was das Zeug hält. Nach dem zehnten Bier geht es ihnen besser, da der Alkohol die Probleme wunderbar verschleiert. Leider nur solange, bis sie morgens mit Kopfschmerzen in ihrer unzufriedenen Welt wieder auftauchen.«

Dann stimmte der Bienen-Professor auch noch ein altes Lied an: »Froh zu sein bedarf es wenig und wer froh ist, ist ein König...«

»Wir müssen mal müssen«, warf Dietmar ein und zog Oliver mit sich.

Der Alte nickte verständnisvoll und die jungen Männer durchquerten gemeinsam den Hof zu den Herrentoiletten. Plätschernd standen sie vor einer übel riechenden Rinne. »Der tickt doch nicht richtig«, brach Dietmar das Schweigen.

Olli zögerte und meinte: »Ich weiß nicht so recht. Es ist etwas dran an dem, was er von sich gibt. Er ist sonderbar, aber er interessiert mich.«

Als die jungen Männer in den Schankraum zurückkehrten, brachte die Wirtin sogleich zwei neue Biere.

»Die gehen aufs Haus!«, lachte Mamas Reibeisenstimme und führte Olivers Hand vorsichtig an das frische Glas.

Der Alte sprach Oliver an: »Was ich vorhin gesagt habe, klang für euch seltsam, aber es stimmt. Ich habe viele kranke Menschen kennengelernt, die glücklich und zufrieden waren. Wenn ich hier sitze, sehe ich viele Gesunde, die unglücklich und unzufrieden sind. Es ist alles eine Frage der Einstellung und Sinngebung. Wer es schafft, sein Leben mit Sinn zu füllen, geht darin auf und wird zwangsläufig glücklich. Egal, ob er gesund, krank oder behindert ist«

Olli und Dietmar stießen mit ihren Gläsern an und schluckten mit seltsamen Gefühlen den kühlen Gerstensaft herunter.

»Und wer sagt uns, was sinnvoll ist?«, hob Dietmar erwartungsvoll die Brauen.

»Das kannst du dir nur selber beantworten!«

»Mann, das ist ja eine tolle Auskunft. Damit kann man ja so richtig viel anfangen«, steckte sich Dietmar eine Zigarette an und schob auch Olli eine zwischen die Lippen.

»Das war sogar eine perfekte Antwort!«, fuhr die tiefe Stimme fort. »Ich muss wohl etwas ausholen, um die Herren auf den Weg zu bringen. Was unterscheidet uns vom Tier?«

Dietmar sah Olli an und der antwortete als erster: »Ich behaupte mal, dass es die Intelligenzstufe ist, die uns vom Tier unterscheidet.«

»Völlig richtig, mein junger Freund, und genau diese herausgehobene Intelligenzstufe befreit nicht nur vom animalischen Dasein, sondern sie schafft ein typisch menschliches Problem. Das Tier wird von seinem Instinkt und seinen Trieben gesteuert. Der Instinkt sagt ihm, wo es fressen kann und Wasser findet, wo es vor dem Fressen auf Feinde achten muss. Er sagt ihm, wann es genug gefressen hat und wann es unbedingt ruhen muss. Der Mensch hat ebenfalls einen angeborenen Instinkt und leitende Triebe. Aber zusätzlich hat er die Trotzmacht seines Geistes. Er kann sich über seine Natur erheben und jeden Trieb unterdrücken. Er kann hungern oder sich überfressen. Er ist sogar in der Lage, seinem Leben ein Ende zu setzen.«

Am Nebentisch hatte jemand einen Witz erzählt und die Zuhörer lachten und trommelten mit den Knöcheln auf die massive Tischplatte.

Oliver drehte sein Gesicht zu dem Alten: »Jetzt sind wir aber ganz vom Thema abgekommen. Was hat das denn mit dem Lebenssinn zu tun?«

Der Alte wischte mit einer Serviette den Bierschaum aus seinem Bart: »Mein junger Freund, du stehst genau vor der Lösung und siehst sie nicht?«

Es entstand eine kleine nachdenkliche Pause.

»Soll das heißen, dass der Mensch im Gegensatz zum Tier selbst entscheiden muss, was er tut?«, fragte Olli nachdenklich.

»Wunderbar«, klatschte der Alte laut auf den Tisch, »du bist nicht blind. Du siehst mehr als andere. Ja, es ist genau die Entscheidungsfreiheit, die der Mensch für sein Leben geschenkt bekommen hat. Und nun fragt das Leben den Menschen, was er damit anfangen will. Und der Mensch hat diese Lebensfrage zu beantworten. Noch besser gesagt, er hat sein Leben zu verantworten.«

Mama brachte wieder neue, frische Bierchen und lachte dem Alten zu: »Philosophierst du heute wieder?«

»Die beiden Jungen sind es mir wert, meine Liebe. Bring mir mal einen Doppelwacholder!«, und Mama nickte geheimnisvoll grinsend.

»Sie meinen also«, war Oliver ganz aus seinem Kokon heraus, »Sie meinen, dass jeder in jeder Situation selbst verantwortlich für sich ist?«

»Auf jeden Fall gilt das für jeden Erwachsenen. Aber was heißt schon erwachsen? Das ist nur eine rechtliche Formulierung. Man müsste von Reife sprechen und diese bedeutet Erkenntnis. Im Osten spricht man von der Erleuchtung. Was schätzt ihr wohl, wie viele Leuchten hier in der Schenke herumsitzen?«, machte er mit dem Arm eine weite Bewegung.

»Hört sich ganz schön überheblich an!«, stieß Dietmar hervor.

Der Alte lächelte: »Nein, ich bin nicht überheblich. Ich bin traurig, dass so viele Menschen nicht das Leben wählen, das sie tatsächlich erfüllt. Sie möchten für sich von anderen einen fertigen Lebenssinn präsentiert bekommen. Wie gesagt, jeder kann nur selbst seinem Leben einen Sinn geben. Interessanterweise wissen die meisten sehr genau, wie man sein Leben mit Unsinn füllt.«

Olli zündete sich eine Zigarette in der Mitte an und bemerkte: »Die Entscheidungsfreiheit erleichtert das Leben aber nicht. Es ist schwierig, immer die richtige Entscheidung zu treffen. Ich habe schon viele falsche Entscheidungen getroffen und entsprechende Fehler gemacht.«

Der Bienen-Professor legte seine raue Hand auf Olivers Unterarm: »Fehler zu machen, ist völlig menschlich. Die Natur hat uns, wie besprochen, die Möglichkeit der Entscheidung und Verantwortung in die Hände gelegt. Also können wir an einer neuen Weggabelung nur einen der beiden unbekannten Wege wählen. Ob es der richtige Weg ist, wird dann die Erfahrung zeigen. Gute und schlechte Erfahrungen sind also vorprogrammiert. Deshalb bedarf es auch großer Tapferkeit, unbekannte Wege zu gehen. Besonders der Weg einer Behinderung ist ein schwieriger Pfad, auf dem es nicht so viele Erfahrungen gibt, wie auf der großen Hauptstraße des allgemeinen Lebens. Es gibt nur wenige Vorbilder. Der Behinderte muss vieles selbst entdecken und für seine Situation eigene Lösungen finden.« Der Bienen-Professor war nun voll in seinem Element. »Oliver, das Leben fragt dich viel öfter als die Sehenden nach deinen Entscheidungen und du wirst viel zu antworten haben. Natürlich wirst du auch nicht immer die richtigen Entscheidungen treffen. Aber das gehört dazu? Fehler zu machen, ist nichts Verwerfliches. Nur wer vorsätzlich Fehler macht, verhält sich falsch.«

Dietmar winkte ab: »Das hört sich klug an, aber ich hätte lieber eine Orientierung, wie man gleich den richtigen Weg findet.«

Der Alte stieß eine Rauchwolke aus und fragte: »Spielt jemand von euch ein Saiteninstrument?«

»Ich habe mal Gitarre gespielt«, murmelte Oliver vor sich hin. »Das liegt lange zurück.«

»Wie konntest du das aufgeben?«, klang die tiefe Stimme ganz erstaunt. »Menschen, die musizieren, sind voller innerer Harmonie. Sie sind beim Musizieren mit sich selbst im Einklang. Das fängst du morgen wieder an, mein Freund Oliver. Versprichst du mir das?«, und ohne eine Zustimmung abzuwarten, erklärte er: »Wenn du eine Saite zu stark spannst, dann reißt sie. Ist sie zu wenig gespannt, dann klingt sie nicht. Genauso finden wir in allen anderen Lebensfragen den goldenen Mittelweg. Aristoteles, ein Freund von mir, beschrieb in seiner Tugendlehre, dass der goldene Mittelweg der Vernunft immer zwischen zwei Maximen liege. Zum Beispiel liegen zwischen der Verschwendung und dem Geiz die Sparsamkeit und die Freigebigkeit. Sucht also vor euren Entscheidungen die Maxime und wählt den vernünftigen Weg der Mitte.«

Der Bienenprofessor stand auf und ging zur Hoftür in Richtung Toiletten.

»Mir qualmt echt die Birne«, pustete Dietmar aus. »Das sollte ein entspannter Abend werden. Was hälst du davon, wenn wir schnell bezahlen und verschwinden?«

Oliver schüttelte den Kopf: »Nein, ich fände das nicht richtig. Er will uns etwas geistig Wertvolles mitgeben. Ich glaube sogar, dass er in allen Punkten Recht hat. Aber starker Tabak war das in jedem Sinne. Ich werde mich bei ihm bedanken und ihn bitten, das Thema zu beenden.«

Der seltsame Mann kehrte zurück: »Ich danke euch beiden für das angenehme Gespräch und würde mich freuen, wenn wir uns hier einmal wieder sehen würden«, dann nahm er seine Jacke vom Stuhl, bezahlte seine Zeche an der Theke und öffnete die Schankraumtür.

»Grüße an Ihren Freund Aristoteles!«, rief Dietmar mit spöttischem Tonfall.

Der Alte nickte freundlich: »Ja, er ist nur einer meiner vielen Freunde. Bücher sind auch Freunde«, und er verschwand mit dem abziehenden Rauch der Gaststätte hinaus in die Nacht.

Mama kam zu den jungen Männern an den Tisch: »Na, war es anstrengend?«

Oliver fragte: «Wieso nennt ihr ihn Bienen-Professor?«

»Weil er Imker ist und angeblich mit den Bienen sprechen kann. Viele kranke Menschen gehen zu ihm und er weiß oft Rat. Er lebt draußen vor der Stadt und nimmt nun den letzten Bus«, dann lächelte Mama sonderbar und wechselte das Thema. »Aber mal ganz etwas anderes. Ihr seid kernige Burschen und ihr kommt immer ohne Mädchen. Wenn ihr Interesse habt, mal einen scharfen Abend zu erleben, dann hat die Mama eine gute Adresse für euch«, und sie blickte von einem überraschten Gesicht zum anderen.

Dietmar nickte: »Na klar, da fragen wir dich natürlich. Aber heute nicht, wir müssen noch woanders hin. Rechne bitte mal ab.«

Während die jungen Männer ihr Geld zählten, schob Mama dem jungen Kunze einen zusammengefalteten Zettel zu und kniff ihm ein Äuglein.

Kaum, dass sie draußen in der frischen Nachtluft standen, da fragte Oliver: »Was für Mädels meinte die denn gerade?«

Dietmar lachte schallend: »Sieh mal einer an. Unser erleuchteter Herr Schwarz, der mit großen Philosophen diskutiert, versteht die einfachsten Dinge nicht. Mann, Olli, Mama meint die Mädels, die in der Zeitung spaltenbreit ihre Dienste anbieten!«

02 SCHULALLTAG

»Herr Weiß«, blickte der Physiologie-Dozent den Auszubildenden mit dem Spitznamen ›Zäpfchen‹ fragend an, »worin besteht der Unterschied zwischen Anatomie und Physiologie?«

»Die Anatomie beschäftigt sich mit allen Teilen des Körpers.«

Der rheinländische Dozent meinte belustigt in seiner Mundart: »Sichscher datt!

Und wie steht es um die Physiologie?«

»Die auch!«, sagte das Zäpfchen kurz und knapp mit nervös zitterndem Oberlippenbart.

»Das ist auch völlig richtig, Herr Weiß. Doch Ihre Antwort

hat absolut keinen nützlichen Inhalt! »Die Anatomie beschreibt uns den Aufbau des menschlichen Körpers bis ins kleinste Detail. Die Physiologie erklärt, welche Funktionen und Aufgaben diese einzelnen Bestandteile haben.«

Carl Neumann war ein gebürtiger Kölner und konnte mit seinem rheinischen Humor auch den trockensten Lehrstoff fröhlich vortragen. Dafür stieß er häufig auf interessierte Ohren und schmunzelnde Gesichter. Die Schüler nannten ihn hinter vorgehaltener Hand »Datt Carlschen«.

»Wir haben die Aufgaben des Blutkreislaufs, des Lymphsystems, Herz, Lunge, Leber, Milz und Nieren besprochen. Auch vom Magen-Darmtrakt haben Sie jetzt eine gewisse Vorstellung. Wenden wir uns also nun den Sinnesorganen zu. Gerade dat Thema Augen dürfte viele Herrschaften hier interessieren. Einige von Ihnen, da bin ich mir sicher, können einen großen Wissensbeitrag dazu leisten.«

Der Dozent ließ mehrere, zerlegbare Augen-Modelle unter den Schülern von Hand zu Hand gehen. Oliver saß in der vordersten Reihe neben Dietmar und bekam von Herrn Neumann ein Modell in die Hand gedrückt: »Isch überlasse Ihnen nun mal vertrauensvoll mein Auge.«

»Darf ich das Modell öffnen und sein Inneres ertasten?«

»Sischer datt!«, zeigte Carlschen, wie sich das Modell öffnen ließ. »Wenne datt nicht mehr zusammengebaut kriescht, datt määt nix, men Jung!«

Hinter der vorderen, abnehmbaren Glaskuppel, die den Augenvordergrund darstellte, ertastete Oliver die Regenbogenhaut.

Nachdem der Dozent die einzelnen Bestandteile des Auges und deren Funktion detailliert beschrieben hatte, ging er zu den Krankheitsbildern über: »Wenn die transparente Hornhaut des Auges verletzt wird oder sich aufgrund einer Erkrankung eintrübt, dann kann das Licht den vorderen Augenabschnitt nicht mehr ungestört passieren. Die Medizin ist aber heute so weit, dass mit Hilfe einer transplantierten Hornhaut, der Keratoplastik, ein fast normales Sehen wieder hergestellt werden kann. Als Nächstes kommen wir zu der Linse. Sie ist konvex und kann in ihrer Brechkraft verändert werden. Diese Flexibilität lässt ab dem vierzigsten Lebensjahr nach, verweilt in der Einstellung zur Fernsicht und muss dann für die Nahsicht mit einer Lesebrille korrigiert werden. Trübt sich diese Linse ein, so entsteht ein Katarakt, der sogenannte ›Graue Star‹ und Carlchen beschrieb, wie eine trübe Linse operativ gegen eine künstliche ausgetauscht werden konnte.

Nach einer erholsamen Unterrichtspause fuhr Neumann fort: »Die weiteren Baustellen des Auges betreffen den Netzhautbereich. Die Retina kann aufgrund von Zuckererkrankung, einer Makuladegeneration oder einer Retinitis Pigmentosa beeinträchtigt sein«, und Neumann musste zu diesen Themen bis zum Ende der Unterrichtsstunde viele Fragen betroffener Schüler beantworten.

Endlich kam die große Mittagspause.

Als Eva, Susanne und Sigrid die Treppe am Haupteingang der Schule erreichten, hörten sie schon von weitem lautes Lachen.

Dietmar stand inmitten einer Schülergruppe, hielt ein Modellauge hoch, das er heimlich mitgenommen hatte und erzählte Witze. »Da kenne ich noch einen: Steht ein Mann in einem sehr überfüllten Bus und wirft ständig sein Glasauge in die Höhe. Fragt ein Fahrgast verärgert: ›Was soll denn diese Schweinerei?‹ Da antwortet der mit dem Glasauge: ›Ich will doch nur sehen, ob noch irgendwo ein Sitzplatz frei ist!‹.«

Die jungen Männer hatten ihren Spaß.

Susanne schüttelte im Vorbeigehen den Kopf. »Dietmar, du hast nur Blödsinn im Hirn!«, und sie zog Eva und Sigrid mit sich zum nächsten Café.

Die große Mittagspause verflog viel zu schnell und schon bald saß Olivers Gruppe in der Hydrobalneo-Therapie. Heute hieß das Thema Unterwassermassage.

Ein Opfer saß mit einer Badehose oder einem Bikini in einer 800-Liter-Wanne, die mit einer Wasserstrahlpumpe ausgerüstet war. Der Behandler ließ unter Wasser mit Hilfe eines Druckschlauchs einen kräftigen Wasserstrahl über die Muskeln des Opfers gleiten.

Helmut Weiß musste sich in eine Moorpackung legen lassen. Dietmar wurde für ihn als Behandler eingeteilt. Er nahm eine fertige Moorpackung aus dem Warmhalteschrank und legte die etwa 50°C heiße, braune Masse in der Behandlungskabine auf eine Liege. Helmut legte sich, wie ihn Gott geschaffen hatte, rückwärts in den heißen Schlamm. Mit schmerzverzerrtem Gesicht wollte er sofort wieder hochkommen, doch der junge Kunze drückte sein Opfer gnadenlos zurück. Dann wurde ›das Zäpfchen‹ in großen Laken wie eine Mumie eingewickelt und konnte sich nicht mehr bewegen. Helmut rannen die dicken Schweißperlen von der Stirn in die Augen und bis in die Ohren. Die extreme Durchblutung seiner Muskulatur führte zu einem minimalen Sauerstoffmangel im Gehirn und tauchte ihn in einen gnädigen Tiefschlaf…

Erst nach der Elektrotherapie schloss der Schultag und unter lautem Stimmengewirr zogen die meisten Schüler zum Abendessen in ihre Wohnheime.

Schwarz und Kunze zog es jedoch an die Tränke. »Der schönste Abend ist der Feierabend!«, hob Dietmar sein Bierglas und Oliver prostete ihm zu.

Die Eckkneipe in der Nähe des Hauses 2 wurde von den Einheimischen in der Woche wenig besucht und der Wirt war dankbar, dass die Schüler der Massageschule zu seinen Gästen zählten. Plötzlich öffnete sich die Tür und mehrere Leute aus dem Haus 2 drängten herein. Susanne, Eva und Sigrid nahmen am Nebentisch Platz. Sie mussten wichtige Dinge besprechen. Angeblich hatte die schöne Bea etwas mit einem der Lehrer angefangen.

Horst Schönmeier, der BMW-Fahrer, trat ebenfalls durch die Tür und setzte sich zu den jungen Männern. Er grinste Kunze an: »Dietmar, das war ja wohl klasse! Ich habe gehört, unser Zäpfchen hat die gesamte Pause in der Moorpackung verbracht. Stimmt das?«

»Ich habe ihn nicht mit Absicht in der Packung vergessen!«, erklärte der junge Kunze vehement, grinste dabei aber sehr verdächtig. »Nachdem ich Helmut eingewickelt hatte, ist er eingeschlafen. Er hat mit seinem Schnarchen fast die gesamte Kabine abgesägt. Unsere liebe Eva hatte zuvor in der Moorküche versucht, neue Moorplatten zu gießen und dann vergessen, den Ausguss des Ofens wieder zu schließen. Das Moor lief bis auf den Boden. Ich habe beim Reinigen geholfen und das Zäpfchen völlig vergessen. Nachdem die Küche sauber war, sind wir in die Pause gegangen. Als Helmut dann wach geworden ist, bekam er seine Arme nicht mehr aus der Packung heraus. Er wusste nicht, wie spät es war und dachte, dass kaum noch jemand im Schulgebäude sei. Er hat permanent um Hilfe geschrien!« Alle klopften lachend auf den Stammtisch.

Oliver erzählte: »Unsere liebe Siggi hat Eva eine Unterwassermassage gemacht. Dabei rutschte ihr der Schlauch aus der Hand, machte sich selbstständig und schlug wie eine wildgewordene Schlange über der Wanne um sich. Eva ist zur Sicherheit eine ganze Zeit lang unter Wasser getaucht. Siggi konnte den Schlauch nicht einfangen und dieser spritzte über die offene Kabinenwand bis zum Flur hinaus. Madame Lyon hatte einen Vollstrahl abbekommen!«, und wieder lachten die Burschen völlig ausgelassen.

»Wisst ihr eigentlich, wie doof ihr seid?«, beschwerte sich Sigrid mit roten Wangen. »Wenn man nix sieht, wie soll man denn einen wildgewordenen Schlauch wieder einfangen? Ich konnte froh sein, dass ich die Metalldüse von diesem Scheißding nicht vor den Kopf bekommen habe und dass Eva nichts passiert ist!«

Dietmar winkte ab: »Weiber und Technik, zwei Welten prallen aufeinander! Siggi, du brauchtest nur die Pumpe ausschalten und dein wilder Schlauch wäre sofort handzahm gewesen!«, und die Jungs lachten wieder spöttisch.

Eva nahm Sigrid in den Arm: »Lasse dich von denen doch nicht ärgern. Die wissen doch sowieso immer alles besser!«

03 MÄNNERABEND

Die nächsten langweiligen Unterrichtstage verstrichen nur sehr zäh. Wider ihren Vorsätzen standen Oliver und Dietmar am Abend in der Tür zu ›Mamas‹ Gaststätte.

Englische Wortfetzen schallten aus dem Schankraum.

»Was machen die Amis denn hier?«, fragte Oliver.

»Weiß ich auch nicht. Aber ich habe mal gehört, dass irgendwo hier in der Nähe eine amerikanische Kaserne sein soll.«

Mama begrüßte die jungen Männer herzlich und brachte

ihnen zwei frische Biere: »Was machen die Amis denn hier?«, fragte Dietmar die Wirtin.

»Die kommen vielleicht zweimal im Jahr vorbei. Es scheinen neue Soldaten dabei zu sein. Hoffentlich betrinken die sich nicht wieder wie letztes Mal. Danach hat es nämlich Zoff gegeben. Zuhause in Amerika trinken die jungen Burschen nicht soviel Alkohol wie hier in Deutschland. Deshalb vertragen sie auch nichts.«

An der Theke knallte immer wieder ein Würfelbecher und eine heisere Stimme kommentierte die völlig falschen Entscheidungen der anderen Spieler.

Aus den Lautsprechern plätscherte deutsche Volksmusik und Dietmar verdrehte angewidert die Augen. Dann stieß er klingend sein Glas an das von Oliver und fragte: »Was für eine Musik hörst du eigentlich am liebsten?«

»Schwer zu sagen. Ich bevorzuge nicht unbedingt eine Richtung. Für meinen Geschmack gibt es in jeder Stilrichtung ansprechende Kompositionen. Ich bin kein Fan der Klassik und doch bewegen mich Stücke wie die ›Toccata in d-Moll‹ von Sebastian Bach. Wenn dieses Orgelstück durch ein Kirchenschiff hallt, bekomme ich eine Gänsehaut. Oder nimm als Beispiel aus der Romantik ›Die Moldau‹ von Bedrich Smetana. Es ist beeindruckend, wenn man nur mit Instrumenten die Vielfalt einer Landschaft beschreiben kann.«

Dietmar verzog sein Gesicht: »So etwas hörst du dir tatsächlich an? Das hätte ich echt nicht erwartet.«

»Ich sagte dir doch, jede Musikrichtung hat ihre Rosinen. Selbstverständlich mag ich vieles aus der gängigen Popmusik. Die Musik muss zu meiner Stimmung passen oder ich nutze sie, um einen Stimmungswechsel einzuleiten. Wenn ich einen Moralischen habe, höre ich Blues. Um mich selbst anzutreiben, höre ich Rock. Die spanische Musik und der Flamenco reizen durch ihre fantastischen Gitarrenklänge. Die Läufe und die außergewöhnlichen Akkorde sind anspruchsvoll und zeugen von echtem Können.«

Dietmar schaute Oliver mit hochgezogenen Brauen an: »Hast du Ahnung vom Gitarrespielen? Du machtest beim Bienen-Professor so eine Andeutung.«

Schwarz atmete tief durch: »Ich sagte auch beim Bienen-Professor, dass ich seit meinem Unfall nicht mehr gespielt habe. Um richtig spielen zu können, braucht man nicht nur die Fingerfertigkeit. Die Musik entsteht in der Seele!«

»Als ich dich hier kennen lernte, warst du ziemlich zugeschnürt, introvertiert oder wie das heißt. Aber jetzt bist du doch wesentlich lockerer. Bringe deine Gitarre nach dem nächsten Besuch bei deinen Eltern mal mit hierher. Mich würde interessieren, was du so drauf hast. Ich denke, sobald du wieder ein Mädel hast, dann bekommst du auch wieder Spaß am Musizieren.«

»Klar«, stieß Oliver gereizt hervor, »die laufen ja auch in Scharen einem Blinden hinterher!«

»Jetzt will ich dir als Freund mal etwas sagen. Egal, ob du danach eingeschnappt bist oder nicht! Jeder in unserem Kurs weiß, dass du eine Schwäche für die kleine Liebig hast. Und jeder weiß auch, dass sie dich mag. Ihr seid beide nur zu stur oder zu dusselig, um aufeinander zuzugehen.«

Olli wollte gerade etwas erwidern, als zwei Tische weiter ein lautes Gepolter und Geschrei losging. Amerikanische Schimpfworte hallten durch die Schenke und grob zurückgestoßene Stühle kippten krachend auf den Boden.

Mama schrie: »Sofort aufhören! Ich rufe die Polizei!«, und auch an den anderen Tischen wurde es unruhig.

Oliver machte dieses Theater ganz nervös, weil er die Lage sprichwörtlich nicht überblicken konnte. »Lass uns zahlen und verschwinden«, drängte er seinen Freund.

»Das geht gerade nicht, die prügeln sich direkt auf dem Weg zum Ausgang. Da möchte ich mit dir nicht hineingeraten. Bleiben wir lieber schön hier in unserer Ecke. Wenn wir uns unauffällig verhalten und uns nicht provozieren lassen, dann werden wir wohl davonkommen.«

Immer mehr Gäste wurden in die Rangelei hineingezogen. Beschimpfungen, Flüche, Drohungen in Englisch und Deutsch schallten unentwegt durch den Raum. Oliver und Dietmar wurde es von Minute zu Minute mulmiger. Mamas kratzige Stimme rief, dass die Polizei unterwegs sei, doch niemand nahm sie wahr.

Das Gerangel näherte sich bedrohlich der Sitzecke. Schon wackelte der Tisch mit den fast noch vollen Biergläsern. Die Jungen versuchten ihren Gerstensaft zu retten, doch Olivers Glas stürzte um.

Plötzlich quietschten Reifen vor der Gaststätte. Die Eingangstür sprang auf. Dietmar konnte erkennen, dass vier riesengroße Schwarze in Militäruniformen und Helmen hereinkamen. Sie riefen englische Befehle und bewegten sich gelassen auf die prügelnde Menge zu. Sie setzten Schlagstöcke ein, zogen einen tobenden Mann aus der Menge und reichten ihn zu ihren anderen Kameraden an der Tür weiter. Dietmar glaubte zu erkennen, dass die nach draußen gereichte Person regelrecht geworfen wurde. Für eine genauere Beobachtung reichte seine Sehkraft nicht aus. Die vier schwarzen Titanen gingen gnadenlos gegen ihre amerikanischen Kameraden vor. Die restlichen Gäste verzogen sich in die rettenden Winkel des Schankraumes.

Nach etwa zehn Minuten war der Spuk vorbei. Einige Tische standen quer. Stühle lagen umgestoßen herum. Mama und zwei Stammgäste machten sich mit Schippe, Besen und Putzlappen daran, die Scherben und Bierlachen vom Boden zu beseitigen. In das Gemurmel und Gestikulieren der verbliebenen Gäste mischte sich bald wieder Mamas gefürchtete Volksmusik. Zum ersten Mal hatte Dietmar das Gefühl, dass dieser Singsang tatsächlich ein Stück heile Welt vermitteln und beruhigend auf ihn wirken konnte.

Eine Viertelstunde später erinnerte nichts mehr an den Zwischenfall. Die beiden Jungen saßen vor dem frischen Bier, das Mama nun ausgegeben hatte und an den anderen Tischen wurde schon wieder gelacht, erzählt und Skat gespielt.

»Was hälst du von einem kleinen Ortswechsel?«, stieß Dietmar seinen Freund an. Oliver war es immer noch etwas mulmig und so stimmte er umgehend zu. Sie zahlten ihre Zeche und verließen Mamas Schenke.

Nachdem sie einige Minuten gelaufen waren, hörte Oliver in einer offenstehenden Haustür anziehende Musik.

Dietmar blieb stehen, schaute in sein Portmonee und fragte: »Olli, wie viel Geld hast du bei dir?«

»Ich müsste noch 130 Mark haben.«

Dietmar nickte: »Ich zähle bei mir 107 Mark. Okay, ich denke, das wird reichen!«, und er zog Oliver mit sich ins Haus.

Sie folgten einer Treppe. Die kuschelige Musik wurde lauter. Dietmar führte Olli an einen Barhocker und Schwarz ertastete einen Tresen.

»Schönen guten Abend!«, wehte eine erotische Stimme an Olivers Ohren vorbei. »Was darf ich den jungen Männern anbieten? Vielleicht ein Glas Sekt?«

Dietmar antwortete nervös: »Sekt ist schon ok!«

Die Frau hinter dem Tresen schmunzelte. Sie war etwa dreißig, schlank und hatte lange, blondgefärbte Haare. Sie trug einen auffällig kurzen Rock, hohe Stiefel und ihr Dekolleté reichte fast bis zum Bauchnabel.

»Ich heiße Lilli. Und wie sind eure Namen?«

»Oliver Schwarz«, antwortete der Blinde und war sich noch nicht sicher, was das hier für ein Laden sein sollte.

»Mein Name ist Dietmar Müller«, grinste der junge Kunze und nahm sein Sektglas entgegen.

»Oliver«, wehte wieder die erotische Stimme um die Ohren des Blinden, »darf ich fragen, ob du gar nichts mehr siehst?«, und Lilli führte seine Hand vorsichtig an das Sektglas.

»Ja, so ist es!«, antwortete er unsicher. »Das macht aber nichts. Ich komme schon klar damit.«

»Dann wirst du einen außergewöhnlichen Tastsinn haben«, schmunzelte die Blonde und ihre Stimme klang sehr verführerisch. »Alles, was du ertastest, das siehst du bestimmt besser als jeder Sehende. Da bin ich mir sicher.« Ihre Hand strich zärtlich über Olivers Wange. Sie ging zu einer Tür, drehte sich noch einmal herum und sagte: »Nicht weglaufen. Ich bin gleich wieder da!«, und mit einem Kussgeräusch war sie verschwunden.

»Wo sind wir denn hier gelandet?«, beugte sich Olli mit flüsternder Stimme zu Dietmars Ohr. »Das riecht hier wie ein achtstöckiger Puff. Und Lilli redet so, als wäre sie vom horizontalen Gewerbe!«

»Mama hatte mir damals, als wir den Bienen-Professor getroffen haben, eine Adresse gegeben. Erinnerst du dich? Und da sind wir.«

»Wo sind wir, Dietmar?«

»An der Tür unten steht: ›Sexy Paradies‹. Mehr weiß ich auch nicht.«

Oliver wollte gerade noch etwas einwenden, da kam Lilli mit zwei weiteren Frauen an den Tresen. Auch zwei Männer mit hochroten Köpfen setzten sich auf leere Barhocker. Sie waren nach Dietmars Einschätzung zwischen fünfzig und sechzig. Der Korpulentere wischte sich mit einer Serviette den Schweiß von der Stirn. Die fremden Männer lachten künstlich und verhielten sich sehr sonderbar.

Das waren die Augenblicke, die Schwarz hasste. Ohne Sehkraft konnte er solche Situationen überhaupt nicht einschätzen. Wo war er da nur hineingeraten und was würde jetzt gleich auf ihn zukommen?

Lillis Stimme riss ihn aus seinen Gedanken: »Oliver, darf ich mir auch ein Glas einschenken?«

Schwarz nickte nur schüchtern.

Eine andere Frau hatte Dietmar in ein Gespräch verwickelt und Oliver wollte ihn nun nicht stören. Er kam sich so saudämlich vor. Ein ganz übles Gefühl durchlief sein Innerstes. Wie gerne hätte er sich jetzt in seinen alten Kokon zurückgezogen. Doch das ging hier überhaupt nicht. Als Oliver aus seinen Gedanken wieder auftauchte und Dietmars Hocker ertastete, da war der Platz leer. Gleichzeitig umfasste jemand seine Taille und zog ihn sanft vom Hocker.

»Komm bitte mal mit und hilf mir!« hauchte Lillis Stimme.

Was blieb Oliver anderes übrig, als brav zu folgen? Es dauerte nicht lange, da führte sie ihn in einen Raum, der sehr anregend duftete und schloss die Tür. Er hörte, wie sie irgendwo Platz nahm.

Mit kräftig pochendem Herzschlag fragte der junge Mann: »Lilli, wobei soll ich dir denn helfen?«

»Hilf mir bitte mal, meine Stiefel auszuziehen!«

Eine halbe Stunde später liefen die beiden Freunde die Treppenstufen zur Straße hinab. Ihre Geldbörsen waren um jeweils 100 Mark erleichtert. Die Leuchtreklame ›Sexy Paradies‹ erhellte am Hauseingang die Nacht. Oliver und Dietmar stand vor Aufregung der Schweiß auf der Stirn.

»Pött, pött!«, hupte ein Auto und ließ seine Scheinwerfer kurz mit Fernlicht aufblinken.

»BMW-Fahrer!«, winkte Dietmar ab. »Ich habe aber nicht erkannt, wer es war. Hier kenne ich auch nur Horst mit einem BMW.«

»Ist ja klasse!«, knurrte Olli. »Wenn der gesehen hat, dass wir hier aus dem Puff gekommen sind, dann hängt der das morgen in der Schule ans schwarze Brett! Mann, wenn Eva das erfährt?«

»Kann ihr doch egal sein. Ihr seid doch gar nicht zusammen!«

Sie liefen eine Zeit lang schweigend durch die Altstadt.

Dietmar blieb plötzlich stehen und fasste Olli an seine Schultern: »Sei ehrlich, warst du vorher schon mal in einem Puff?«

»Nein, das war das erste Mal. Und wie ist es bei dir?«

»Genauso«, bot Dietmar eine Zigarette an. »Es war mir spontan eingefallen. Ich meine, da Mama uns die Adresse gegeben hat. Ich hätte mich nie getraut, so etwas langfristig zu planen. Wie war dein erstes Mal überhaupt?«

»Du meinst Sex zu haben? Ich erzählte dir doch, dass ich vor drei Jahren eine Freundin hatte.«

»Nein, ich meine Sex mit einer Professionellen. Das hat doch was für sich. Keine langen Anbaggerphasen. Keine langen Diskussionen. Kein: ›Ich mag dieses nicht und jenes nicht‹. Man hat Lust und es ist okay!«

Oliver schwieg einen Moment lang, dann meinte er mit dünner Stimme: »Ja, hört sich wirklich gut an. So funktioniert das bei mir aber nicht. Zum einen finde ich die Vorstellung nicht sehr angenehm, dass zum Beispiel diese beiden alten Säcke, die an die Bar kamen, sehr wahrscheinlich auch schon mehrmals über Lilli gestiegen sind. Zum anderen ist absolut kein Herz dabei. Es ist eine kalte Handlung. Und bei Kälte zieht sich bekanntlich alles zusammen. Ich sage es dir als Freund. »Ich habe mich gerade nur blamiert.«

Dietmar klopfte auf Ollis Schulter: »Du bist wirklich knochenehrlich. Das würde wohl nicht jeder Kerl zugeben.« Dann lachte er laut los. »Ich hätte mir die 100 Mark auch sparen können. Außer Spesen nichts gewesen! Leider hast du nicht sehen können, dass deine Lilli sehr schön ist. Sonst hätte sich dein Geldeinsatz noch mehr für dich gelohnt.«

»Da mache dir mal keine Sorgen«, hielt Oliver seine Hände hoch, »ich kenne jeden Zentimeter von ihr!«, und sie gingen lachend in die Nacht hinein.

04 DIE PARTY

Eva Liebig hatte in der Heimat ein herzliches Wochenende mit ihren Eltern verbracht.

Die Kleidung für kühle Tage wurde nun wirklich nicht mehr gebraucht. Luftige Sommersachen mussten für Bad Heilheim eingepackt werden. Die Wetterprognose hörte sich verheißungsvoll an. Der längste Tag und die kürzeste Nacht des Jahres standen vor der Tür. Zum nächsten Wochenende hatten die Schüler des Hauses 2 eine große Gartenparty geplant.

Als Eva wieder im Zug nach Bad Heilheim saß, ärgerte sie sich, dass ihre Gedanken immer wieder auf Oliver zurückkamen. Der Kerl war an diesem Wochenende bestimmt mit Dietmar durch die Kneipen gezogen. Und was hatte er sonst noch angestellt?

So einige ihrer noch sehenden Mitschülerinnen meinten, dass der doch recht attraktiv aussehe und ein Abenteuer wert wäre.

Evas Heimatwochenende folgte eine anstrengende Unterrichtswoche und endlich, endlich war der Tag der Party gekommen.

Jeder Schüler, jede Schülerin erhielten eine Aufgabe. Die jungen Frauen kümmerten sich um den Einkauf aller Lebensmittel, die zum Grillen gehörten. Die jungen Männer schleppten Tische, Stühle, Bänke, eine Musikanlage und Getränkekästen.

Es war beeindruckend, wie gut die Orientierung der Sehbehinderten und Blinden nach drei Monaten in diesen Räumen funktionierte. Jeden Zentimeter hatten sie ertastet und in ihren Köpfen zu einer geistigen Landkarte zusammengesetzt. Die Tische polterten durch den engen Hausflur und zeigten, dass Sehbehinderte auch als Möbelpacker eingesetzt werden konnten. Der Flur des renovierungsbedürftigen Hauses sah sowieso abgelebt aus und da kam es auf eine Macke mehr oder weniger an den Flurwänden auch nicht mehr an. Hin und wieder wurde selbstverständlich über geklemmte Finger, Schrammen und blaue Flecken geflucht, aber das gehörte dazu.

In der Küche des Wohnheims betätigten sich emsige Frauenhände. Es wurde geschnipselt, geschält, gerührt, gekocht und sogar gebacken. Die appetitlichen Gerüche hingen schwer in der Luft. Die sehbehinderten Mädels gingen so geschickt mit den Schälmessern um, dass es den sehenden Frauen eiskalt über den Rücken lief. Danach mussten viele Dinge bereits gespült und gereinigt werden.

Selbstverständlich wurde auch die Gerüchteküche angeheizt. Es war doch besonders für die weiblichen Ohren höchst interessant, wer wem eventuell schöne Augen machte. Der Gruppe war es auch nicht entgangen, dass Oliver Schwarz und Eva Liebig sich seltsam zueinander verhielten. Mochten die sich nun oder mochten die sich nicht? Angeblich hatte Susanne Westmann vor einigen Tagen im Rotweinrausch geflüstert, dass die beiden ineinander verknallt wären. Aber keiner von ihnen wollte das dem anderen gestehen. Susannes Analysen hatten im Wohnheim mittlerweile einen hohen Stellenwert. Wer Liebeskummer hatte, suchte ihren Rat. Erstaunlich war nur, dass Susanne selbst bis jetzt unbemannt blieb.

Auch die blinde Sigrid wusste ein Gerücht und da sie nicht sehen konnte, dass Eva Liebig in der Tür stand, gab sie es ganz stolz zum Besten: »Horst Schönmeier hat gesehen, dass Oliver und Dietmar am letzten Wochenende aus dem ›Sexy Paradies‹ herausgekommen sind. Das soll nämlich ein echter Puff sein!«, und ihr liefen vor Lachen die Tränen über die Wangen.

Die sehenden Mädels blickten Eva kurz an und nahmen dann kichernd die Vorbereitungen der Speisen wieder auf.

Eva Liebig knallte von außen die Küchentür schallend zu und machte sich auf den Weg zu ihrem Zimmer. Susanne erfasste die peinliche Situation und lief hinter ihr her. Auf der Treppe hatte sie Eva eingeholt: »Heh, was ist los? Du glaubst doch nicht den Quatsch, den Siggi gerade gelabert hat? Wenn Horst über Olli etwas Negatives erzählt hat, dann ist das erfunden. Das weißt du selbst am besten!«

Eva zuckte mit den Schultern: »Kann mir doch scheißegal sein!«

»Sicher«, sagte Susanne, »könnte! Ist es dir aber nicht. Deshalb musst du die Sache endlich mal angehen. Du kannst mir nicht weismachen, dass du Oliver nicht um den Finger wickeln könntest. Ich meine, wenn du wirklich willst.«

»Ist dir vielleicht mal aufgefallen, dass er mir seit Wochen ausweicht?«

Susanne erklärte: »Vielleicht hat er einen Grund. Kann es denn nicht sein, dass er Hemmungen hat? Oliver hat mir erzählt, dass er vor etwa drei Jahren noch voll gesehen hat. Dann gab es einen Autounfall, bei dem er unverschuldet sein Augenlicht verloren hat. Er hatte zu dieser Zeit eine Freundin, die ihn umgehend im Stich ließ. Sehkraft weg und von der Freundin eiskalt verlassen? Da wären andere schon in der Klapse!«

Eva machte ein nachdenkliches Gesicht: »Das mit dieser Freundin hat er mir nie erzählt. Er hat mir kaum etwas über sich erzählt.«

Susanne lachte: »Für die Sorgen der anderen bin ich ja auch zuständig. Alle Sorgen sind meine Sorgen. Evi, und nun gehen wir so richtig feiern!«

Währenddessen liefen im Garten die Vorbereitungen auf Hochtouren. Der Grill war ein Prachtexemplar, das Dietmar für 20 Mark erworben hatte und direkt nach dem Auffüllen mit Kohle zusammenbrach.

Im angrenzenden Nachbarhaus lag eine dicke Frau über dem obersten Balkongeländer. Sie besah sich widerwillig das emsige Treiben im Garten und rief: »Dass das aber nicht so laut wird, sonst rufe ich die Polizei!«

Die sehbehinderten Jungs schauten nach oben und sahen über sich nur einen schattenhaften, riesigen Klops.

Die Sonne stand schon tief und kündigte den Abend an. Der Duft der Gartenpflanzen und der Rauch des Grillfeuers schafften eine gemütliche Atmosphäre.

Bald lagen die ersten Würstchen auf dem Rost und ihr Duft lockte alle hungrigen Mäuler an. Die Teller klapperten auf den Tischen. Ein Radiorekorder verwöhnte die Ohren mit Popmusik und die Gespräche wurden lauter.

Nachdem der Grill seine Aufgabe erfüllt hatte, klapperte das Geschirr wieder in die Wohnheimküche. Aus dem Haus hörte man Tellerklirren, Flüche und Gekicher. Der Alkohol zeigte bei einigen bereits seine Wirkung.

Die lauwarme Nacht umarmte die fröhliche Gartenrunde und die Sehenden zündeten in vorbereiteten Gläsern viele Kerzen an.

Plötzlich erhob sich Helmut Weiß und klopfte mit einer Gabel an seine Bierflasche, um sich Gehör zu verschaffen: »Meine Lieben, bitte mal Ruhe!«

Einer der leicht betrunkenen, jungen Männer rief dazwischen: »Ruhe mal! Das Zäpfchen will eine Rede halten!«, und er lachte albern.

Helmut räusperte sich mehrmals und begann: »Ich freue mich, dass wir alle zu diesem Sommerfest zusammengekommen sind. Als Überraschung und Höhepunkt dieses Abends kündige ich nun unseren Mitschüler Shiva an. Er ist ein begnadeter Gitarrenvirtuose und Sänger. Er hat sich bereit erklärt, heute für uns einige seiner Lieblingsstücke darzubieten. So, und nun möchte ich tobenden Applaus hören!«, klatschte Helmut übertrieben in die Hände.

Shiva war ein langer, dürrer Mann mit schulterlangen Haaren. Seine fast schwarzen Augen hatten etwas Diabolisches. Wie ein Guru blickte er ganz langsam von einem Gast zum anderen. Dann brummte seine sonore Stimme: »Ich bringe nun einige deutsche Volksweisen zu Gehör. Es darf nicht nur mitgesungen werden, sondern ich erwarte rege Beteiligung.«

Einige Schüler stießen vor Lachen die Luft durch die Nase aus, andere tippten sich an die Stirn. Doch Helmut, das Zäpfchen, gestikulierte um Ruhe.

Shiva begann in die Saiten zu greifen. Seine Spieltechnik und der Gesang erwiesen sich als geübt und harmonisch. Seine Spötter wurden ruhiger und einige waren sichtbar beeindruckt.

Nachdem gesanglich ›die hohen Tannen die Sterne gewiesen hatten‹, und alle mit starker stimmlicher Beteiligung ›Hoch auf dem gelben Wagen‹ gesessen hatten«, folgten noch ein irisches Volkslied und eine polnische Polka.

Helmut sprang wie elektrisiert auf und machte sich, hektisch umschauend, zum Vorklatscher. Nur schleppend verbreitete sich der Applaus.

Oliver klopfte Shiva anerkennend auf die Schulter: »Das war klasse! Du hast eine gute Spieltechnik! Darf ich deine Gitarre mal sehen?« Shiva reichte ihm stolz das Instrument. Oliver glitt tastend mit den Fingern über Hals und Korpus. Dann strich er mit dem Daumen leicht über die Saiten und ließ sie anklingen. »Eine Takamine mit Cutaway, nicht wahr?«, meinte Olli leise.

Shiva hob erstaunt die Brauen: »Das ist richtig. Du scheinst dich auszukennen. Los, zeige mal, was du kannst!«, forderte er Schwarz auf.

Oliver schüttelte den Kopf und gab das Instrument dankend zurück.

Shiva lachte herablassend: »Ja, vor Publikum zu spielen, ist etwas anderes als im stillen Kämmerlein zu klimpern. Aber wenn du es dir noch anders überlegst, ich stelle die Gitarre hier an die Hauswand.«

Shiva drehte Oliver den Rücken zu und wandte sich stolz an Helmut, der den großen Künstler mit nicht endendem Lob überschüttete.

Nun bemühte sich wieder der Disc-Jockey am Kassettenrekorder um die passende Musik.

Nachdem die Mädels bei den ersten Popmusikstücken alleine getanzt hatten, forderte die schöne Beatrix Oliver zum Tanzen auf.

»Och nö, Bea, das habe ich seit Jahren nicht mehr gemacht und damals habe ich wenigstens noch etwas gesehen. Ich trete dir auch nur auf die Füße.«

Ein Nein gab es für Bea noch nie und schon bald tapste Olli tanzend auf dem Rasen herum. Beim nächsten Klammerblues ging Bea so sehr auf Tuchfühlung, dass Oliver die Konzentration verlor und ihr vor Nervosität dreimal hintereinander auf die Zehen trat. Danach war er das Tanzen so leid, dass er sich entschuldigend von ihr löste und ohne den weißen Stock zu seinem Stuhl zurückging. Dabei stieß er grob an einen Tisch, Flaschen schwankten und ein gekipptes Glas ergoss sich über die Hose eines Mitschülers. Der Getroffene mit der nassen Jeans sprang auf und fluchte.

Susanne hatte Eva von Olivers und Beas auffällig engem Klammerblues einen ausführlichen Live-Bericht geliefert. Umgehend machte sich Fräulein Liebig auf zum Nachbartisch, wo sie Oliver im Gespräch mit Dietmar und anderen jungen Männern fand.

Eva fragte in liebevollem Ton: »Olli, tanzt du auch mit mir?«

Oliver Schwarz hatte die Nase von der gerade erlebten blöden Tapserei so voll, dass seine Antwort völlig ablehnend herausschoss: »Ne, ganz sicher tanze ich heute nicht mehr!«

Eva drehte sich verärgert herum, rempelte den nächsten Tisch an, dass die Flaschen wackelten und eilte ins Haus. Susanne folgte ihr.

Dietmar stieß Oliver grob in die Rippen: »Alter, das war jetzt so etwas von Scheiße, wie es schlimmer nicht geht. Du machst alles kaputt. Merkst du nicht, wie abweisend du dich ihr gegenüber verhältst? Tue endlich irgendwas. Zeige von dir endlich irgendetwas, das sie jetzt berührt!«

Eva stand im Flur zum Gartenausgang mit dem Rücken an der Wand.

»Nie mehr, nie wieder will ich mit diesem taktlosen Typen etwas zu tun haben«, lud sie ihre Wut bei Susanne ab. »Ich dachte immer, dass so viele gute Dinge in ihm schlummern würden. So ein Quatsch! Der ist seelisch total hohl. Der hat null Gefühl! Harmonie ist für den doch ein Fremdwort! Der ist, der ist…«, suchte sie nach Worten.

Aus dem Garten drangen gleichzeitig völlig neue Gitarrenklänge in den Flur. Susanne zog ihre Freundin neugierig nach draußen. Die sommerliche Abendluft war noch angenehm warm. Der Duft vieler Räucherstäbchen schaffte eine kuschelige Atmosphäre.

Jemand spielte einen gefühlvollen, traurigen Blues. Die Gespräche verstummten von Tisch zu Tisch und bald hörte man nur noch die Klänge der Gitarre.

»Das klingt unglaublich schön«, flüsterte Eva ihrer Freundin Susanne ins Ohr und sie bekam eine Gänsehaut. »Ich hätte nicht gedacht, das Shiva so spielen kann.«

»Das spielt nicht Shiva«, flüsterte Susanne zurück, »das ist Oliver.«

Als das Bluesstück endete, war es einige Sekunden totenstill. Dann brach tobender Applaus aus. Zugaberufe wurden immer lauter. Oliver hob die Hand und es wurde ruhiger.

»Okay, okay, ich spiele noch etwas. Aber nur unter der Bedingung, dass sich Eva neben mich setzt«, stieß er Kunze leicht in die Rippen.

Dietmar stand von dem Stuhl neben Oliver auf und winkte Susanne zu. Sie schob ihre Freundin in Olivers Richtung. Eva fühlte sich völlig überrumpelt und nahm nur zögernd Platz.

Oliver hielt mit der einen Hand die Gitarre und ertastete mit der anderen Evas Knie. Dann sagte er so laut, dass es fast alle hören konnten: »Ich bitte um Entschuldigung. Ich habe mich dir gegenüber wie ein Trottel benommen.«

Eva sagte nichts. Im Garten wurde es ganz still. Alle sehenden Augen waren auf das Pärchen gerichtet.

Oliver stimmte die Gitarre um, setzte sich sein leeres Schnapsglas auf den linken Mittelfinger und strich damit über die Saiten.

»Der nächste Blues wird euch völlig unbekannt sein«, erklärte Olli und klimperte während dessen bereits leise vor sich hin. »Der Song handelt von einem jungen Mann, der sich in ein wunderschönes Mädchen verliebt hat, aber nicht weiß, wie er ihr das zeigen kann.« Er drehte noch einmal seinen Kopf zu Eva und sagte: »Also nur für dich!«, und sein Spiel begann.

Der Blues klang, als würde die Gitarre weinen. Viele bekamen vor Rührung eine Gänsehaut. Niemand sprach und kein Glas klapperte. Nachdem Schwarz das Stück beendet hatte, jubelten alle los.

Eva legte ihren nackten Arm um Olivers Hals. Unter dem Grölen der anderen flüsterte sie ihm ins Ohr: »Du warst wirklich ein großer Trottel«, und sie drückte ihm einen Kuss auf die Wange.

Dem jungen Schwarz wurde warm und kalt zugleich. Er rettete sich in sein Gitarrenspiel.

Ergriffen steckten sich viele ihre Zigaretten an und klatschten mit den Händen im Takt auf die Schenkel. Die Musikstücke wurden immer rockiger und Oliver sang mit rauchiger Stimme.

Das rhythmische Klatschen und das klangvolle Gläserklappern erreichte langsam seinen Höhepunkt.

Nach zwanzig Minuten gab Oliver das Instrument an Shiva weiter. Der legte sich gleich kräftig ins Zeug und ließ mit lauter Stimme die ›schwarzbraune Haselnuss‹ erklingen. Als er auch noch professionell zu jodeln begann, ergoss sich vom obersten Nachbarbalkon ein riesiger Wasserschwall.

Eine grässliche Raucherstimme rief: »Aufhören! Sofort mit dem Gejanke aufhören! Das ist Ruhestörung! Wir haben Mitternacht! Ich rufe jetzt die Polizei!«

Eva, Olli und Shiva hatten das meiste Wasser abbekommen und sahen aus wie begossene Pudel. Eva strich sich die nassen Haare aus dem Gesicht und zog Oliver mit sich zum Hauseingang.

Sie lachte: »Die nassen Klamotten kann ich gleich ganz ausziehen«, und sie tastete über Olivers T-Shirt, »und du, begossener Pudel, siehst nicht besser aus.« Sie ging im Flur zum Treppenaufgang und meinte: »Es ist auch spät genug. Ich werde direkt duschen. Hilfst du mir dabei?« Ohne auf seine Antwort zu warten, schritt sie die Stufen hinauf.

Oliver glaubte, nicht richtig gehört zu haben: »Ob ich…?«, blieb ihm die Frage im Hals stecken. Nach kurzem Zögern eilte er ihr nach.

Shiva schüttelte fluchend das Wasser aus seiner Gitarre und band seine langen, nassen Haare zu einem Pferdeschwanz zusammen. Einige angetrunkene Mitschüler stolperten über Tische und Stühle. Leere oder halbvolle Flaschen klirrten durch die nächtliche Stille.

Nachdem die letzte Zimmertür im Wohnheim zugefallen war, drückte Oliver auf seine Armbanduhr und hörte: »Die Zeit ist drei Uhr und acht Minuten!«

Er lag auf dem Bett und in seinem Arm schlummerte ein braunhaariges Mädchen, das ihn eng umschlungen hielt.

Der junge Mann strich ihr zärtlich über den Kopf und wusste, dass er jetzt wieder eine Zukunft hatte.

05 AUF DEN HUND GEKOMMEN

Oliver Schwarz erwachte und fühlte sich so gut wie lange nicht mehr. Wunderbare Erinnerungen an einen herrlichen Abend und eine noch traumhaftere Nacht zauberten ein Schmunzeln auf seine Lippen. Er tastete um sich herum und fand nicht die

Person, die zu seinem Traum gehört hatte. Schlagartig wurde ihm ganz anders. Hatten die Traumgeister ihm wieder etwas vorgegaukelt? Bei diesem Gedanken öffnete und schloss sich leise seine Zimmertür. Einen Moment später kuschelte sich Eva an ihn: »Ich war mal für kleine Mädchen. Tut mir leid, wenn ich dich geweckt habe. Lass uns weiterschlafen. Es ist noch früh«, umklammerte ihn und schlief sogleich wieder ein.

Nein, die Traumgeister hatten ihn dieses Mal nicht getäuscht. Oliver war im Paradies angekommen.

Der Unfall, die Erblindung, der Verlust von Freundschaft und Beruf, alle diese zermürbenden Ereignisse, die ihn fast zum völligen Aufgeben niedergedrückt hatten, verloren nun an Bedeutung.

Hatte er sich vor 24 Stunden noch wertlos gefühlt, so füllte ihn die Liebe dieser jungen Frau wieder mit einem gesunden Selbstwertgefühl auf. Er atmete tief und zufrieden ein und schlief weiter.

Am sich anschließenden Sonntagmorgen fiel das Frühstück mit dem Mittagessen zusammen. Die meisten übernächtigten Partygäste wirkten auch nach längerem Schlaf immer noch ermattet. Trotzdem war das Wetter viel zu schön, um die Zeit im Haus zu verbringen. Oliver, Eva, Dietmar, Susanne und Sigrid stiegen am Wohnheim in den Bus und fuhren in die Altstadt von Bad Heilheim. In der Nähe der Kirche setzten sie sich vor einem einladenden Café an einen schattigen Tisch und bestellten sich Eisbecher.

Bald darauf schritt ein Mann mit einem Blindenführhund vorbei. Dietmar erkannte, dass er zum Haus 1 gehörte und rief: »Heh, du blinde Eule! Du kannst ruhig mal grüßen, auch wenn du nichts siehst!«, und er lachte leise.

Der Blinde drehte sich empört herum und wollte gerade lospoltern. Doch er reagierte besonnen: »Ich glaube, ich kenne deine Stimme«, und er sah nachdenklich zu Dietmars Tisch.

»Richtig, du Nase! Ich bin Dietmar Kunze von Haus 2. Komm setze dich zu uns! Hier sind noch mehr scheele Eulen.«

Der Mann befahl seinem Hund: »Snoopy, such den Stuhl!«, und das kluge Tier führte sein Herrchen zu einem freien Sitzplatz. Er legte die Schnauze auf die Sitzfläche und der Blinde tastete über den Hund. Dann setzte er sich: »Brav, Snoopy!«, und tätschelte dem Hund lobend den Rücken. »Ich bin Peter Einhard«, stellte er sich vor, »und wer sitzt noch hier?«

Das Grüppchen zählte seine Leute auf. Dann kam das ersehnte Eis. Peter bestellte sich einen Kaffee, weil er erst kurz zuvor aufgestanden war. »Ich wohne nicht mehr im Haus 1. Dort hatte ich mit dem Hund ständig Probleme. Mitten in der Stadt gibt es für die Tiere auch kaum eine Möglichkeit, mal ihr Geschäft zu erledigen. Und so ein Mist mit dem Hundeklo ist nicht artgerecht. Wenn ihr also hier im Ort auf eine Tretmine stoßt, ist die nicht von meinem Hund. Nur die Köter von den Sehenden bekommen in der Fußgängerzone öfter mal dicke Augen. Jetzt bin ich in einer Privatpension. Sie liegt etwas außerhalb der Stadt im Grünen. Snoopy braucht viel Bewegung und ich kann ihn morgens sofort sein Geschäft machen lassen. Wir Menschen wollen ja auch nicht erst ein paar Kilometer laufen, bis wir die Hose herunterlassen können.«

»Darf ich den mal streicheln?«, war Eva ganz verrückt auf den Hund und Peter stimmte stolz zu.

Die junge Frau ertastete ein Laufgeschirr, das einen Bügel zum Führen des Blinden hatte. Eva kniete sich vor seinen Kopf und Snoopy schnüffelte an ihrer Stupsnase. Blitzschnell stieß seine rote Zunge hervor.

»Iiii, jetzt hat er mir durch das Gesicht geleckt!«, putzte sie sich über dem Mund. Dann kraulte sie das treue Tier und Snoopy musste niesen. Eva wischte sich die Tropfen mit einer Serviette ab.

»Der reagiert allergisch auf dein Parfum«, lachte Oliver.

»Ach, das ist ja interessant«, gab sie sofort zurück. »Gestern Abend hast du aber bei mir nicht allergisch auf das Parfum reagiert. Angeblich fandest du das sogar sehr anziehend!«, und sie kraulte weiter den Hund, der seine Schnauze dankbar auf ihre Knie legte. »,Was ist das für eine Rasse?«

»Das ist ein Schäferhund. Die Blindenführhunde müssen wenigstens eine Schulterhöhe von 40 cm haben und auch von ihrem Charakter für diese Aufgabe geeignet sein. Es gibt natürlich auch andere Rassen, die trainiert werden.«

»Ich könnte mir vorstellen, nach der Ausbildung auch einen

Hund anzuschaffen. Damit müsste meine Mobilität noch besser werden. Aber solche ausgebildeten Hunde sind bestimmt kaum bezahlbar, nicht wahr?«

Peter erklärte: »Die Ausbildung ist teuer und ein trainierter Hund ist wirklich kaum bezahlbar. Da geht es um mehrere tausend Mark. Aber wer eine Erblindung nachweisen kann, erhält eine Bezuschussung von der Krankenkasse. Manchmal werden die Kosten auch komplett übernommen.«

Eva war von dieser Nachricht total begeistert und sie sah sich künftig, mit einem süßen Hund selbstständig alle Wege gehen. »Wie lange dauert denn die Ausbildung?«

»Die Hundeschulen trainieren die Tiere und führen sie dann mit dem Blinden zu einem Gespann zusammen. Innerhalb eines Jahres sollten mindestens vierzig Kommandos beherrscht werden. Bei einem guten Gespann können es aber auch weit über hundert Kommandos werden. Der Hund zeigt den freien Sitzplatz an, er führt um Hindernisse herum. Er zeigt an, wenn Treppen kommen, Löcher im Boden sind und sogar, wenn Äste in Kopfhöhe über den Gehweg ragen. Er bringt einen sicher über die belebte Straße und wenn Gefahr droht, verweigert Snoopy sogar die Befehle des Führers.«

Die blinde Sigrid meldete sich gelangweilt zu Wort: »Was machen wir mit dem restlichen Tag?«

»Wir könnten bei diesem heißen Wetter ins Freibad gehen«, schlug Dietmar vor.

»Och nö«, winkte die rundliche Susanne gleich ab, »da ist es bestimmt zu voll heute.«

»Wisst ihr eigentlich, dass die meisten Bäder keinen Blinden ohne Aufsichtsperson ins Becken hineinlassen?«, nahm Peter den Gedanken auf.

»Auch nicht, wenn wir als Gruppe dahin gehen?«, fragte Sigrid nach.

»Auch da muss ein Sehender dabei sein«, führte Peter weiter aus.

»Ich kann euch scheele Eulen ja beaufsichtigen«, lachte Dietmar.

Doch Susanne lenkte gleich ein: »Nix da. Ich möchte einfach etwas Bewegung haben. Lasst uns ein bisschen durchs Grüne laufen. Das tut euren alkoholgetränkten Köpfen nach dem gestrigen Abend sicherlich sehr gut.«

Peter bot sich an: »Ich zeige euch gerne einen gemütlichen Waldweg, der nicht weit von meiner Pension abgeht. Am besten nehmen wir aber den Bus.

Also riefen sie die Kellnerin zur Abrechnung und nahmen den Bus zum Stadtrand.

Nach vier Haltestellen stiegen sie aus und Dietmar führte die Gruppe an. Er beschrieb die kleinen Häuser mit ihren gepflegten Gärten. Dann wurde der Weg holperiger und die Gerüche des Waldes zogen Snoopy wie ein Magnet an. Es duftete nach wilden Kräutern und Waldboden. Einige Vögel jagten Insekten, andere saßen in den Wipfeln und pfiffen hinter den jungen Leuten her.

Oliver hatte den weißen Langstock zusammengefaltet und an seinen Hosengürtel gehängt. Mit der linken Hand fasste er Dietmars Ellenbogen. Rechts ging er Hand in Hand mit Eva.

Die unzähligen Gerüche der Natur wirkten auf Snoopy sehr verlockend, doch er nahm seine Führungsrolle sehr ernst.

»Die Schäferhunde sind zum Teil sehr gefährliche Tiere«, meinte Dietmar mit ernstem Ton zu Peter.

»Wie kommst du denn auf diesen Quatsch?« blieb der Hundehalter stehen.

»Vor einiger Zeit ist ein Schäferhund auf mich zugelaufen. Dann blieb er stehen und hob sein hinteres Bein. Der wollte mich mit Sicherheit treten!««

Susanne lachte: »Da kenne ich auch noch einen Witz: Betritt ein Blinder ein Geschäft, nimmt seinen Blindenführhund am Schwanz und lässt ihn in der Luft kreisen. Kommt eine Verkäuferin und fragt ihn, ob sie helfen könne. ›Nein‹, lehnte der Blinde ab. ›Ich will mich nur mal umsehen!«, und der rundlichen, jungen Frau schossen vor Lachen die Tränen in die Augen.

Das mächtige Blätterdach der dicht stehenden Bäume hatte die kleine Wandergruppe mittlerweile völlig umschlossen. In den Sträuchern raschelte es verdächtig und Snoopy spitzte immer wieder alarmiert die Ohren.

»Der Wald ist verdammt dunkel an dieser Stelle«, bemerkte Dietmar.

Plötzlich summten mehrere Insekten um ihre Köpfe. Es wurden immer mehr.

Dietmar wich den Brummern mit seinem Kopf aus, da er sie sehen konnte. Auch Susanne blieb immer noch ruhig. Snoopy schnappte nach den Störenfrieden. Nur in den Blinden stieg langsam die Panik auf.

Eva hätte Oliver fast umgerannt. Er nahm sie in den Arm und sie drückte ihr Gesicht in sein T-Shirt.

»So ein Mist!«, fluchte Oliver und bewegte seinen Stock abwehrend über Evas und seinem Kopf hin und her. »Wenn man die Dinger nicht sieht, wird man wahnsinnig!«

Überraschenderweise roch es mit einem Mal nach Pfeifentabak. Dann wehte eine beißende Rauchfahne um Olivers Kopf. Fluchtartig verzogen sich die lästigen Brummer.

»Ganz ruhig stehen bleiben! Nicht schlagen! Nicht bewegen! Die Bienen tun euch nichts. Sie sind nur neugierig!«, rief eine sehr tiefe Stimme. Eva klammerte sich vor Schreck noch fester an Oliver. Auch Susanne war nun wie vom Donner gerührt und hatte keinen flotten Spruch mehr auf den Lippen. Sie konnte am besten von allen sehen und erblickte im Dunkel der dichten Bäume einen Waldgeist mit einem riesigen Bart. Dietmar konnte mit seinem schlechten Sehen nur noch einen grauen, schwebenden Bart erkennen, da der grüne Anzug des Waldgeistes wie eine Tarnfarbe wirkte. Der Bart stieß eine weitere Rauchwolke aus.

Oliver roch schon wieder einen Hauch von Vanilletabak und fragte: »Bienen-Professor, sind Sie das?«

06 DAS KNUSPERHAUS

»Du kannst brillant analysieren, mein junger Freund Oliver«, sagte der Waldgeist.

Eva hielt sich an ihrem Freund fest, suchte mit ihren Lippen sein Ohr und flüsterte: »Olli, um Gottes Willen, wer ist das?«

»Keine Angst!«, strich er ihr beruhigend über den Kopf. »Der Herr hier ist Imker. Dietmar und ich haben ihn in der Altstadt kennengelernt«, und zu dem Waldgeist meinte er: »Bienen-Professor, das Mädchen hier ist meine Freundin Eva

Liebig.« Dann nickte Olli zu den anderen. »Dietmar Kunze kennen Sie ja schon. Die Damen dort sind Susanne Westmann, Sigrid Holdner und der Hundeführer ist Peter Einhard. Sie sind alle an der Massage-Schule«, und dann stellte er den anderen den Bienen-Professor vor.

Der alte Mann sah Eva von oben bis unten an. Bei seinem breiten Lächeln kamen sogar die Zähne zum Vorschein: »Oliver, weißt du eigentlich, dass du eine sehr schöne Freundin hast? Du musst sehr gut auf sie aufpassen. Von einer schönen Blume wollen viele gerne naschen!«, und Evas Wangen wurden rot.

»Ja, ihr hattet also vor, mich in meinem Wald zu besuchen?«

Aus dem nervösen Grüppchen kam die verschüchterte Frage: »Wollten wir das?«

»Nun gut, dann folgt mir«, drehte sich der alte Mann herum und ging ein Stück den Weg zurück, den Oliver und seine Freunde gekommen waren. Dann bog der Bärtige in einen dicht bewachsenen Pfad ein, den die Gruppe vorher völlig übersehen hatte. Sie folgten und nach einiger Zeit kam auf einer Lichtung ein Försterhaus in Sicht. Ein riesiger schwarzer Hund schlug an und auch Snoopy begann zu knurren.

»Brav, Hasso!«, rief der Alte und der Hund gehorchte aufs Wort.

Susanne konnte mit ihrer scharfen Brille nicht erkennen, was das für eine Hunderasse sein sollte und fragte den alten Mann.

»Oh«, lachte er, »das ist ein reinrassiger Bahomi.«

»Davon habe ich noch nie gehört«, warf Peter gleich ein.

»Bahomi, Bauernhofmischung!«, grinste der Alte und ging weiter auf das Haus zu.

Er streichelte seinen ›Rassehund‹ und Hasso legte sich wieder auf seinen schattigen Beobachtungsposten.

Als sie den Hauseingang erreicht hatten, trat eine alte Dame mit Kopftuch durch die Tür. Sie stemmte ihre Hände auf die breiten Hüften und sah die jungen Leute prüfend an: »Wen bringst du mir denn jetzt?«, fragte die kratzige Frauenstimme.

Eva umklammerte Ollis Oberarm und flüsterte wieder: »Olli, lass uns abhauen. Das ist hier unheimlich!«, und auch der Rest der Gruppe stand wieder ganz dicht beieinander.

»Das sind alles Olivers Freunde«, erklärte der Bienen-Professor und stellte seiner Frau Roxane den jungen Mann vor.

Er wies auf einen uralten Holztisch, der mit handgeschnitzten Bänken umringt war und ließ die jungen Leute Platz nehmen.

Als der Bienen-Professor ebenfalls im Haus verschwunden war, steckte das Grüppchen die Köpfe zusammen und tuschelte.

»Hier sollen einst Hänsel und Gretel gegrillt worden sein«, grinste Dietmar. »Die Frau von ihm sieht aus wie die Hexe in meinem alten Kinderbuch.«

»Quatsch«, warf Siggi ein, »die Hexe ist von Gretel in dem Knusperhaus in den Ofen gestoßen worden und nicht die Kinder!«

»Wie schaut es hier überhaupt aus?«, fragte Olli.

Susanne Blickte durch ihre dicken Brillengläser und beschrieb: »Es ist ein Försterhaus, wie in den Schnulzenfilmen. Alles ist alt, aber trotzdem sehr gepflegt. Dem Haus schließt sich ein eingezäunter Garten an. Das gesamte Grundstück ist von dichtem Wald umschlossen. Am Waldrand stehen zwei gelbe Bienenhäuser und eine Art Futterkrippe.«

»Guck doch mal, ob du das Ställchen von Hänsel siehst!«, grinste Oliver, dem die Sache langsam Spaß machte. Gleichzeitig empfand er es als sehr angenehm, dass seine Freundin Eva noch so viel Misstrauen vor dem unheimlichen Ort hatte, dass sie sich ganz eng an ihn kuschelte. Oliver schmunzelte und fragte sie: »Es gibt da ein altes Volkslied. Hieß der Text nicht: ›Vor meinem Försterhaus steht eine Blinde?‹ «

Eva stieß ihm in die Rippen: »Das Lied hat den Titel ›Vor meinem Vaterhaus steht eine Linde‹, du Quatschkopf!«, und alle lachten und entspannten sich endlich.

Hasso und Snoopy behielten sich permanent im Auge, blieben aber ruhig.

Die Frau des Bienen-Professors brachte ein Tablett mit klappernden Tassen und Tellern. Dieses Mal lächelte sie sympathisch: »Ich mache euch auch noch ein paar Schnittchen von meinem selbst gebackenen Brot.«

Die jungen Leute lehnten sofort dankend ab, da sie angeblich keinen Hunger hätten.

»Das gibt es nicht, dass so kräftige junge Männer keinen Hunger haben. Und die zarten Mädchen dort«, sah sie von Sigrid zu Eva, »haben ja viel zu wenig auf den Rippen.«

Susanne rollte mit den Augen, da sie offensichtlich nicht für zu dünn gehalten wurde.

Der Bienen-Professor kam mit einer dampfenden Kanne und goss Kaffee ein. Dann nahm auch er Platz und zündete seine Pfeife an. Eine Amsel setzte sich ganz in der Nähe auf einen hohen Ast und begann stolz ihr Lied. »Das ist Frieda«, zeigte der Alte nach oben, »sie kann außergewöhnlich schön singen«, und er begann den Blinden detailliert das Aussehen der Waldvögel zu beschreiben.

Roxane kehrte mit duftenden Broten an den Tisch zurück. Sie waren mit Speck und Käse belegt. Auf einem anderen Teller lockten Schnitten mit goldgelbem Honig. Kaum hatten die angeblich nicht hungrigen Gäste von dem Schmaus probiert, da griffen sie immer schneller zu und bald waren die Teller leer.

»Soll ich euch meinen Kräutergarten zeigen?«, fragte Roxane und forderte die jungen Frauen auf, ihr zu folgen.

In der Zwischenzeit bat der Bienen-Professor: »Ihr habt bestimmt bemerkt, dass ich sehr neugierig bin und viel über die Menschen erfahren möchte. Ich wäre euch dankbar, wenn ihr mir über eure Augenerkrankungen und eure Erfahrungen etwas erzählen würdet.«

Dietmar und Susanne erzählten von Hornhaut- und Linseneintrübungen und versuchten alles so humorvoll zu verpacken, wie ihr rheinländischer Dozent ›Carlchen‹ ihnen das vorgetragen hatte.

Der Bienen-Professor fragte Oliver: »Du hast in Mamas Schenke angedeutet, dass du dein Augenlicht bei einem Unfall verloren hast. Kannst du darüber sprechen?«

»Da gibt es nicht viel zu berichten. Ein ehemaliger Freund hatte mir seinen Wagen vorgeführt und mich zu einer Probefahrt eingeladen. Es war ein altes Cabriolet ohne Sicherheitsgurte. Auf einer Landstraße rammte uns mitten in der Nacht ein Wildschwein. Viel mehr erinnere ich nicht. Der Fahrer war tot und mich haben sie aus den Trümmern gezogen. Der Sekuritkranz zerstörte meine Augen. Es hat noch einige Augenoperationen gegeben, aber Gott wollte es scheinbar anders!«, bekam seine Stimme einen vorwurfsvollen Klang.

Alle senkten andächtig die Köpfe.

Der Alte fragte: »Du glaubst, dass Gott deinen Unfall zugelassen hat, obwohl er diesen hätte verhindern können? Oder glaubst du sogar, dass Gott deinen Unfall gewollt hat?«

»So muss es wohl gewesen sein«, murmelte der junge Mann vor sich hin.

Der Bienen-Professor stopfte seine Pfeife und nachdenkliches Schweigen machte sich breit. Dann stieß er den frischen Rauch aus und erklärte: »Die Religionen, die den Menschen glauben machen, dass es einen strafenden Gott gibt, dienen nur der Macht ihrer Priester. Ein Gott, der zürnt, der eifersüchtig ist, der Opfer fordert und straft, hat so viele menschliche Züge, dass er auch nur eine Erfindung des Menschen sein kann. Schlimmer noch sind die Behauptungen, dass Lahme, Bucklige und Blinde von Gott gestraft und gezeichnet seien. Solche Gedanken können nur den Köpfen von schlechten oder verblendeten Menschen entspringen!«

Die jungen Männer schwiegen eine Zeit lang.

Dann fragte Oliver: »Sie glauben also nicht an Gott oder dass es einen Gott gibt?« »An den Gott des alten Testamentes glaube ich auf keinen Fall. Er ist zu wechselhaft und passt sich den politischen Wünschen der alten Völker nach Belieben an. Aber dass es gar kein höheres Wesen geben soll, ist für mich auch schwer vorstellbar. Wenn ich im Frühjahr die Kraft der Natur spüre, die alles zum Leben erweckt, die alles blühen lässt, die sich ständig verändert, um sich den Lebensbedingungen anzupassen, dann frage ich mich, wo diese Kraft, dieser enorme Lebenswille herkommt?« Er zeigte zum Himmel. »Aber dort oben sitzt sicherlich niemand auf einem goldenen Thron und lenkt die Geschicke der Menschen. Würde er das tatsächlich tun, dann wären die Menschen für ihre Handlungen nicht verantwortlich. Sie wären Marionetten eines göttlichen Puppenspielers. Wenn es ein höheres Wesen gibt, das wir Gott nennen, dann ist er für den menschlichen Geist nicht erfassbar. Wenn Gott universal ist, dann ist auch jeder Mensch ein Teil von ihm. Jeder hat dann etwas Göttliches in sich.« Der Imker machte eine nachdenkliche Pause. »Jeder Mensch kann mit einem inneren Zwiegespräch, mit einem Gebet oder mit einer Meditation Kräfte mobilisieren, die ihn Übermenschliches leisten lassen.«

Peter meldete sich zögerlich: »Wenn Gott alles, also das gesamte Universum wäre, dann sind wir für ihn doch winzig. Gegenüber dem Universum sind wir ein Nichts!«

»Das ist eine Frage der Betrachtungsweise«, lachte der Bienen-Professor. »Gegenüber dem Nichts ist der Mensch schließlich ein riesiges Universum. Und wenn wir Menschen nicht Gottes Universum bewundern würden, dann hätte das Universum auch keinen Sinn.«

Oliver meinte: »Sie sagten bei Mama, dass jeder Mensch seinem Leben selbst einen Sinn geben muss. Das kann ich mittlerweile nachvollziehen. Aber ich habe noch nie eine Antwort darauf bekommen, warum das Leben an sich überhaupt einen Sinn hat. Warum gibt es das Leben überhaupt?«

Der Bienen-Professor zupfte nachdenklich an seinem Bart und wurde sehr ernst: »Da stellst du wohl eine der schwierigsten Fragen, die die Menschen seit ewigen Zeiten versuchen zu beantworten. Eine bekannte Lösung ist die Religion. Wenn also alles Leben ein Wille Gottes ist, dann wäre die Frage beantwortet. Aber damit machen wir es uns etwas zu einfach. Nur dadurch, dass das Leben Wesen hervorgebracht hat, die eine Sinnfrage stellen können, kam das Universum auch zu einem Bewusstsein. Die tote Materie stellt keine Sinnfrage. Also liegt der Sinn nur im Leben selbst.«

Endlich kamen die Frauen aus dem Garten zurück und Eva lehnte sich an Oliver. »Roxane hat uns unglaublich viel erklärt und ich habe die unterschiedlichsten Kräuter gerochen, geschmeckt und ertastet. Wir legen uns später auch einen Kräutergarten zu, nicht wahr?«, und sie drückte ihm einen Kuss auf die Wange. »Roxane hat mir sogar aus der Hand gelesen.«

Mit einem Mal schoben sich Wolken vor die Sonne und es wurde auf der Waldlichtung deutlich dunkler. Die Gäste drängten besorgt zum Aufbruch. Die Försterfrau räumte das Geschirr zusammen. Susanne und Dietmar halfen ihr, alles ins Haus zu tragen.

Sie bedankten sich für die freundliche Bewirtung und wollten ihre Speisen bezahlen. Da Roxane bei dieser Bemerkung leicht beleidigt reagierte, baten die jungen Leute darum, wenigstens etwas Honig kaufen zu dürfen. Darauf ließ sich die Försterfrau gern ein. So erwarb jeder ein Glas und dann traten sie endlich den Rückweg an.

Der Bienen-Professor geleitete das Grüppchen noch bis zu dem Ziehweg, der direkt aus dem Wald führte. Sie bedankten sich noch einmal und Snoopy übernahm mit wedelndem Schwanz stolz die Führung.

Als Dietmar endlich die ersten Häuser erblickte, meinte er: »Der Alte war ja wohl wieder allerliebst. Jedes Mal, wenn ich den treffe, dann muss ich aufpassen, dass sich meine Gehirnwindungen nicht verknoten.«

»Ach, du hast tatsächlich eine komplette Gehirnwindung?«, provozierte Susanne lachend. »Ich dachte bis jetzt, dass du zwanzig Knochen mehr hast als ein normaler Mensch und dass dein Gehirn mechanisch arbeitet!«

Eva legte ihren Arm um Olivers Taille: »Roxane ist auch eine ganz besondere Frau. Sie kennt sich nicht nur mit Heilkräutern aus, sie kann auch in die Zukunft sehen.«

»Ja, klar«, lachte Olli, »und die liest sie aus dem Kaffeesatz?«

»Nein, Roxane kann aus der Hand lesen. Mach dich nicht lustig über solche Dinge. Es gibt viel zwischen Himmel und Erde, was wir nicht erklären können. Ich weiß jetzt, wie unsere Zukunft aussieht.«

»Dann erzähle mal!«, drückte er sie noch mehr an sich.

»Nein, Olli, du glaubst ja nicht an Weissagungen. Also bleibt das mein Geheimnis.«

07 PRÜFUNGSSTRESS

Der Winter und das zweite Semester der Ausbildung für Masseure und medizinische Bademeister gingen zu Ende. Die Prüfungen für das staatliche Examen standen vor der Tür.

»Olli, ich werde noch wahnsinnig«, lief Eva nervös vor ihrem Bildschirmlesegerät auf und ab. »Verfluchte Elektrotherapie!

Reizstrom, Gleichstrom, Wechselstrom, Dreiecksstrom, Rechteckstrom, Interferenzstrom und was weiß ich noch alles?«, blieb sie stehen, hob ihre Arbeitsmappe hoch und warf sie wieder knallend auf den Schreibtisch. »Oder hier, diese dämlichen Frequenzen, Mittelfrequenz, Hochfrequenz, elektromagnetische Wellen oder wie der Quatsch dazu heißt! Wer soll das denn auseinander halten? Oder hier: Stangerbad, Galvanisation, Vierzellenbad und, und, und. Ich brauche keine Reizstromtherapie. Ich bin schon genug gereizt!«

Oliver nahm sie in seine Arme: »Heh, wir haben noch ein bisschen Zeit bis zur Prüfung. Du schaffst das schon. Es war doch fast alles richtig, was du in der letzten Stunde erklärt hast. Setze dich nicht so unter Druck.«

»Ja, du hast gut reden. Du hast mit der Elektrotherapie keine Probleme. Du bist ja Elektroniker. Ich hatte vor dieser Ausbildung nichts mit Strom zu tun«, und Eva ließ sich frustriert auf ihren Schreibtischstuhl fallen.

»Wieso hattest du nie etwas mit Strom zu tun? Habt ihr Petroleumlampen zu Hause?«

»Oliver Schwarz, ich bin nicht zum Scherzen aufgelegt«, spulte Eva die Kassette mit ihren Aufzeichnungen der letzten Unterrichtsstunde wieder an den Anfang zurück.

»Ich koche uns einen Kaffee. Mach mal Pause. Ich denke, wir gehen noch einmal Anatomie durch. Zu deinen Elektronen kommen wir später wieder zurück.«

Er füllte vier Löffel Kaffeepulver in den Filter und ließ Wasser in die Kanne laufen.

»Schlabber mir aber nicht alles voll, hörst du?«, mahnte sie ihn gereizt.

»Ja ja, ich bin direkt nach dir Deutschlands zweitbester Kaffeekocher!«

Am ersten Prüfungstag sahen die Wolken so trübe aus, wie die Gesichter vieler Schüler, die gruppenweise getestet wurden. Oliver stand mit seinen sieben Gruppenmitgliedern vor der Tür des Prüfungsraums für Anatomie. Professor Edmund Luther, dem die Schüler hinter vorgehaltener Hand den Spitznamen ›Knochen-Eddie‹ gegeben hatten, galt als streng, aber gerecht. Es war nicht immer leicht gewesen, seinen Vorlesungen zu folgen, da er grundsätzlich sehr leise sprach.

»Meine Damen, meine Herren«, öffnete sich die Tür des Prüfungsraumes und die Beisitzerin, Frau Michelle Lyon, wies der Gruppe die Plätze zu.

Professor Edmund Luther saß hinter einem Schreibtisch und blickte auf seine Unterlagen. Ohne aufzublicken, sagte er mit monotoner Stimme: »Ich hoffe, dass Sie besser vorbereitet sind als die Herrschaften, die vor Ihnen hier gesessen haben.« Übergangslos sprach er den ersten Prüfling an: »Herr Kunze, sagt Ihnen der Musculus sternocleidomastoideus etwas?«, und Dietmar schoss das Blut in die Wangen.

Er sah wie die Massagelehrerin ihn angrinste und deutlich mit dem Kopf nickte. Dietmar zuckte mit den Schultern und sah zu Olli. Der kratzte sich mit dem Zeigefinger unauffällig an der Schläfe, fuhr mit der Hand weiter über den Hals und verharrte auf dem Schlüsselbein.

Dietmar hob offensichtlich erleuchtet die Brauen, grinste leicht und fragte: »Ist das die Kopfnicker- und Kopfdrehermuskulatur?«

Jetzt schaute ›Knochen Eddie‹ zum ersten Mal auf: »Herr Kunze, Sie müssen mich nicht fragen. Ich werde hier nicht geprüft. Aber wenn Sie meinen, richtig geantwortet zu haben, dann erklären sie mir doch bitte mal, wie diese Muskulatur zu ihrem Namen gekommen ist.«

Dietmar sah sich hilfesuchend um und Eva zeigte nervös auf ihr Brustbein, das in dem V-Ausschnitt ihres neuen T-Shirts zu sehen war.

Der Prüfer blickte Eva streng an und fragte barsch: »Sie sind Frau…?«, doch Eva erkannte optisch nicht, dass sie gemeint war.

Die Beisitzerin Mischelle Lyon erklärte freundlich: »Der Name der Schülerin ist Fräulein Liebig. Sie kann ihren Blick nicht erkennen.«

Und Evas Gesicht wurde knallrot.

Der Prüfer räusperte sich und setzte einen freundlicheren Ton auf: »Fräulein Liebig, ich habe den Eindruck, dass Sie mit ihrer deutlichen Geste an Herrn Kunze einen Beitrag zur Lösung anbieten wollen. Bitte schön!«

Evas Schläfen pochten und sie begann: »Der musculus sternocleidomastoideus hat seinen Namen daher, weil er am sternum, dem sogenannten Brustbein, an der Clavicula, dem Schlüsselbein, und am mastoideus, dem Schläfenbein ansetzt. Wenn die Muskulatur kontrahiert, können Nick- und Drehbewegungen ausgeführt werden.«

Auf das Gesicht des Prüfers zog ein unerwartetes Lächeln: »Wunderbar, Frau Liebig, Sie sind die Erste, die mich heute Morgen aufmuntert.« Dann verfinsterte sich sein Gesicht wieder und er sah von einem Prüfling zum anderen. »Von welchem Nerven wird diese Muskulatur innerviert?«

»Das ist der...«, wurde Eva unterbrochen.

»Nein Danke, Fräulein Liebig, das beantwortet mir Herr Schwarz!«

Nun bekam Oliver rote Wangen. Er hatte sich mit Eva gut vorbereitet. Doch typisch für Prüfungen war, dass er immer im unpassenden Moment ein Brett vor dem Kopf hatte. Oliver dachte, wenn er wenigstens ein Stichwort bekäme, dann könnte er einen großen Teil seines Wissens wieder abrufen.

Im gleichen Moment schaute Susanne auf ihre Armbanduhr und meinte erstaunt: »Oh, wir haben ja gleich schon Elf!«

Oliver grinste dankbar: »Der musculus sternocleidomastoideus wird direkt von einem der zwölf Gehirnnerven innerviert. Es ist der elfte, der Nervus accessorius.«

Professor Luther sah erstaunt auf: »Schwarz, Sie scheinen gelernt zu haben. Ich hatte den Eindruck, dass Ihnen bei meinen Vorlesungen hinter Ihrer getönten Brille öfter die Augen zugefallen sind.«

Eva hoffte, dass Oliver jetzt vernünftig blieb. Seitdem sie mit ihm zusammen war, hatte er sich völlig verändert und manches Mal eine vorlaute Klappe.

»Herr Professor Luther«, begann Oliver mit ruhiger Stimme, »wenn ich in Ihrem Unterricht mal die Augen geschlossen habe, dann tat ich das nur, um mich besser auf ihre Stimme und Ihren Unterricht zu konzentrieren.«

Der Prüfer blickte die schöne Beatrix Müller an. Sie setzte ihr typisch verführerisches Lächeln auf und zog mit dem Zeigefinger deutlich ihr großzügiges Dekolleté weiter herunter.

Professor Luther grinste geheimnisvoll. »Fräulein Müller, Sie möchten uns an Ihrem Wissen über den musculus pectoralis maior teilhaben lassen?«

Bea konnte mit dem Begriff nichts anfangen und sah Horst Schönmeier hilfesuchend an. Der kniff sich andeutungsweise in die Brust, um ihr einen Tipp zu geben. Doch Beatrix zischte leise zu Susanne: »Horst kann auch nur an Titten denken.«

Luther fragte streng nach: »Fräulein Müller, hatten Sie etwas geantwortet?«

Sie strich sich mit beiden Händen durch die blonden Locken und brachte ihre fraulichen Formen noch mehr zur Geltung.

Luther gab die Frage endlich an Horst weiter: »Herr Schönmeier, Sie wollen zu dem Thema antworten?«

Horst erklärte völlig korrekt: »Der pectoralis maior ist der große Brustmuskel.«

Gnadenlos fragte Luther eine Muskelgruppe nach der anderen ab und allen Schülern stand der Schweiß auf der Stirn. Helmut Weiß, das Zäpfchen, hatte sich bisher nur durch Nachplappern und dumme Fragen hervor getan.

Nun sah der Anatomie-Professor dem Zäpfchen direkt in die Augen: »Herr Weiß, wo befindet sich die Glutealmuskulatur und aus welchen Anteilen setzt sie sich zusammen?«

Helmuts Bärtchen zitterte nervös und er stammelte: »Ja, wie soll ich sagen?«, und sein hilfesuchender Blick traf auf Kunze.

Professor Luther atmete schwer und blickte kopfschüttelnd zum Fenster hinaus.

Dietmar ergriff die günstige Gelegenheit, deutete auf sein Gesäß und flüsterte kaum hörbar: »Arsch!«

Helmut zog eine beleidigte Miene und zischte leise: »Selber Arsch!«

Der Professor blickte wieder auf die Prüflinge. Seine Augen wanderten zwischen Kunze und Weiß langsam hin und her. Dann meinte er: »Herr Weiß, kommt noch eine Antwort oder sind Sie fertig?«

Das Zäpfchen zuckte nur mit den Schultern. Professor Luther blickte auf seine Notizen: »Fräulein Holdner, was hat unser sehr vorlauter Herr Kunze seinem Kollegen Weiß mit dem vulgären Stichwort andeuten wollen?«

Die blinde Sigrid sammelte sich und erklärte: »Dietmar hätte besser den Ausdruck ›Gesäß‹ wählen sollen. Zu der Gesäßmuskulatur gehören musculus glutaeus maximuss, medius und minimus.«

Der Prüfer lächelte: »Frau Holdner, was schätzen Sie? Wie viele Knochen und Muskeln hat der menschliche Körper?«

Wie aus der Pistole geschossen antwortete Sigrid: »Das brauche ich nicht zu schätzen. Der Mensch hat 206 Knochen und 656 Muskeln.«

Professor Luther klappte seinen Ordner zu und richtete sich auf: »Frau Holdner, ich bin mir sicher, dass Sie mir alle Details zum anatomischen Lehrstoff für Physiotherapeuten herunterbeten können und Ihre Gruppenmitglieder sollten sich ein Beispiel daran nehmen. Ja, meine Damen und meine Herren, draußen drängt die nächste Gruppe zur Prüfung. Ich habe mir ein grobes Bild von Ihnen machen können. Es war nicht ganz so finster, wie bei Ihren Vorgängern. Die Noten erfahren Sie über ihre Gruppenleiterin, Frau Lyon.«

08 ECHTE SPANNUNG

Nach der Mittagspause befand sich Olivers Gruppe zur Prüfung im Elektrotherapie-Raum.

Als Prüfer war heute Herr Weigel zuständig, den die Schüler seit Generationen ›Elektronen-Freddy‹ nannten. Herr Weigel war sehbehindert, streng und sehr genau in seinen Ausführungen. Bei kleinen Fehlern in der Theorie ließ er noch mit sich handeln, aber bei der praktischen Anwendung der Elektrotherapie bestand er auf absolute Perfektion. Zu trockene Schwämme an den Elektroden, ein Vertauschen der Pole oder das Berühren der Haut des Patienten mit blanken Elektroden waren unverzeihliche Fehler. Auch wenn der gesamte Anschluss ordnungsgemäß angelegt wurde, aber kein Strom zum Patienten floss, dann hieß es gnadenlos: »Durchgefallen!«

Oliver konnte während der ersten Viertelstunde alle theoretischen Fragen perfekt beantworten. In der praktischen Prüfung wurde ihm Sigrid als ›Opfer‹ zugeteilt. Es sollte eine Interferenzstrombehandlung mit vier Saugelektroden für ein Schulter-Arm-Syndrom vorgenommen werden. Olivers Anschlüsse stimmten, die Einstellungswahl war perfekt. Plötzlich zog die alte Vakuumpumpe Luft, zwei Saugglocken lösten sich von Sigrids Körper und die eingelegten Schwämmchen fielen zu Boden. Sie hüpften lustig in alle Richtungen durch den Raum. Oliver tastete genervt auf den Fliesen herum und fühlte sich als Blinder wieder mal vom Schicksal betrogen.

Eva hatte das Glück, dass Oliver für sie als ›Opfer‹ eingeteilt worden war. Er lag rückwärts auf einer Liege und sollte eine Fußlähmung simulieren. Eva hatte die beiden Schwämme gut nass gemacht, die Elektroden an Olivers Schienbeinmuskel angeschlossen und dem Prüfer erklärt, dass sie einen anschwellenden Gleichstrom mit entsprechendem Impulstakt eingeschaltet hätte. Da sie kaum sehen konnte, musste sie auch nicht die Anzeigen im Auge behalten. Der sehbehinderte Prüfer konnte die Anzeigen selbst nur mit einer starken Lupe erkennen. Deshalb legte er Wert darauf, dass die Blinden über den Tastbefund die Reaktionen des Patienten kontrollierten.

»Herr Schwarz«, sprach Fräulein Liebig ihren Patienten förmlich an, »spüren Sie schon ein Kribbeln im Fuß?«

»Eva«, zischte Olli heimlich und leise wie ein Bauchredner durch die Zähne, »du hast vergessen, den Netzstecker in die Steckdose…«, schluckte er die letzten Worte herunter, da der Prüfer sich gerade wieder an Eva wandte.

Herr Weigel legte seine Finger prüfend auf die Schienbeinmuskulatur des Patienten: »Ja, da kommt schon ein bisschen Bewegung hinein. Frau Liebig, drehen sie den Potentiometer ruhig stärker auf.«

Eva tat, wie befohlen. Olivers Fuß bewegte sich noch deutlicher nach oben. Seine Muskeln spannten sich rhythmisch und kräftig an.

»Sehr schön, sehr schön, Fräulein Liebig«, nahm der Prüfer seine Hand von Olivers Unterschenkel, »ertasten Sie die Kontraktionen selbst einmal. Sie haben den Nerv des Schienbeinmuskels ganz genau erwischt! Ich bin zufrieden. Bauen Sie bitte den Versuch schnell ab. Ihr Mitschüler, Herr Weiß, möchte als Nächster zeigen, was er gelernt hat.«

Oliver ertastete eilig das Kabel des Reizstromgeräts und steckte dessen Netzstecker heimlich in eine benachbarte Wandsteckdose.

Helmut glaubte seinen Augen nicht zu trauen und so platzte es aus ihm heraus: »Hah, Eva, du hattest ja gar keinen Netzstecker eingestöpselt! Dein Anschluss konnte doch gar nicht funktionieren!«

Der Prüfer kam hinzu und fragte: »Haben Sie irgendwelche Probleme?«

»Ach was«, winkte Oliver ab, »ich hatte zur Sicherheit nach der Behandlung von Frau Liebig den Netzstecker aus der Dose gezogen«, hielt er das Ende des Stromkabels hoch, »und das passt unserem lieben Herrn Weiß wohl nicht.«

»Da hat der Herr Weiß völlig Recht«, knurrte ›Elektronen-Freddy‹ Oliver an. »Sie haben die Rolle des Patienten einzuhalten und der Patient hat absolut nichts an den medizinischen Geräten verloren. Schon gar nicht an dem Netzstecker!«

Helmut hielt nun beharrlich an seiner Behauptung fest: »Schwarz, erzähle doch nichts. Der Netzstecker war nicht eingestöpselt! Ich kann schließlich von allen hier noch am besten sehen. Du hast die Fußbewegungen nur vorgetäuscht!«

Oliver zischte Eva in deutlichem Befehlston an: »Eva, du gehst jetzt hinaus! Und zwar sofort!«

Draußen, im Gang vor dem Prüfungsraum, lehnte Fräulein Liebig mit schlotternden Knien an der Wand. Wieso hatte Oliver sie so grob hinaus gejagt?

Plötzlich wurde ihr alles klar: »Ich hatte das Therapiegerät von Anfang an überhaupt nicht am Strom. Oliver hat Herrn Weigel tatsächlich alles nur vorgespielt, damit ich nicht durch die Prüfung rassele!«

Sehr deutlich nahmen ihre feinen Ohren auf, wie Olli im Prüfungsraum mit Helmut immer noch diskutierte: »Willst du behaupten, dass unser Prüfer sich die Kontraktionen an meinem Unterschenkel eingebildet hat?«

Schwarz drängte polternd zur Tür.

Helmut rief ihm hinterher: »Ich habe kein Opfer für die Prüfung! Eva war für mich als Patientin eingeteilt und die ist ja nun weg. Dann bist du jetzt an ihrer Stelle dran!«

»Helmut, stecke dir den Netzstecker dahin, wo es dunkel ist!«, murmelte Oliver, verließ den Prüfungsraum und schloss hinter sich die Tür.

Kaum hatte er tief durchgeatmet, da umschlangen zwei Arme seinen Hals. Eva stellte sich auf die Zehenspitzen und drückte ihm einen Kuss auf den Mund.

Kapitel 7
Montag

01 DAS SIGNALHORN

Als der Wirt das Essen brachte, tauchte Herr Schwarz aus seinen Erinnerungen auf. Es war fast eine Stunde vergangen. Helmer lehnte sich zurück und nahm einen großen Schluck alkoholfreies Weizenbier.

Der Wirt erklärte: »Ich hoffe, dass die Herren entschuldigen, dass das Essen erst so spät kommt. Wir haben im Nebenraum eine Gesellschaft und unsere Bedienung ist neu. Ich gebe Ihnen auch gerne ein Getränk aus.«

»Es ist alles in Ordnung«, lächelte Helmer, »Herr Schwarz hat mich mit seiner Geschichte bestens unterhalten.«

Der Gastwirt richtete den Teller des Blinden aus: »Olli, soll ich dir die Richtung der Speisen angeben?«, und da Herr Schwarz nickte, fuhr der Wirt fort: »das Fleisch liegt auf 3 Uhr, die Röstis sind auf 6 bis 9 Uhr. Die Speckbohnen liegen oben, etwa von 10 bis 13 Uhr, okay?«

»Wo ist mein Bier geblieben?«, tastete Olli vorsichtig mit der rechten Hand am Teller vorbei.

»Ach ja, das habe ich auf 14 Uhr gestellt«, lachte der Wirt etwas verlegen und sah Helmer in die Augen. »Sie kommen zurecht?« Der nickte und genoss bereits hungrig den ersten Happen.

»Was war das denn für eine Beschreibung?«, fragte Bernd.

»Du meinst die Telleruhr? Versuche mal, bei geschlossenen Augen mit dem Besteck die Substanz auf deinem Teller zu analysieren. Nicht ganz einfach. Wenn man schon im Voraus weiß, was man dort erwarten kann, ist es wesentlich leichter.«

»Nun mal zu dir, Bernd. Was machst du beruflich bei dieser Firma Hebel?«

»Ich bin Unternehmensberater. Unser Beratungsbüro betreut viele Firmen. Firma Hebel ist eine davon. Nun bist du wieder dran. Was arbeitest du im Finanzamt? Vor allem, wenn du zuvor nie dort warst?«

»Dort gibt es einen blinden Verwaltungsangestellten, dessen Rechner Probleme hatte. Ich entwickele Software für Blindentechnik. Es geht um Sprachprogramme für Computer, Handys, Telefonanlagen, Farb-Scanner und alle die Bereiche, wo rein optische Informationen in Sprache umgesetzt werden müssen. Normalerweise mache ich gar keinen Außendienst. Aber der sehende Mitarbeiter unserer Firma ist erkrankt und ich war nun mal in der Nähe unseres Kunden. Wir richten behindertengerechte Arbeitsplätze ein und sind auch für den weiteren Service zuständig.«

Bernd nickte: »Ich bin beeindruckt. Das heißt also, man kann einen Rechner ohne Bildschirm bedienen?«

»Ja, der Text des Bildschirms wird in Sprache umgesetzt und dann Wort für Wort oder Zeile für Zeile vorgelesen. Schwierig wird es erst im Internet auf den nichtbarrierefreien Seiten.«

»So wie bei mir jeder Bordstein und jede Treppe zur Barriere wird«, lachte Bernd und erntete von Olli volle Zustimmung.

»Lass uns mal die Telefonnummern austauschen«, bot Herr Schwarz nach dem Essen an und holte ein Diktiergerät aus der Tasche.

Gegen 20 Uhr zahlten die beiden Männer ihre Rechnung. Dann verließ das Gespann die Gaststätte und erreichte sicher Helmers Wagen. Endlich hatte es aufgehört zu regnen.

»Wo kann ich dich absetzen?«, fragte Helmer nach.

»Fahre hinter der Gaststätte rechts die Straße entlang. Es sind nur wenige hundert Meter. Dann kommt eine Eisenbahnfußgängerbrücke. Da lässt du mich bitte raus. Wenn ich die passiert habe, ist es nicht mehr weit zu meinem Haus. Mit dem Auto müsstest du anders fahren, um die Gleise der S-Bahn zu passieren.«

Helmers Wagen hielt neben dem Zugang der Fußgängerbrücke. Die Männer versprachen, demnächst miteinander zu telefonieren und verabschiedeten sich. Helmers rote Rücklichter verloren sich schon bald im abendlichen Dunkel. Der

Wind frischte auf. Olli flog irgendetwas ins Gesicht. Er griff danach und ertastete ein Blatt. Der Boden roch modrig nach Pilzgeflecht.

»Klick, klack, klick, klack«, tönte die Spitze des Teleskopstocks, »Klick, klack, ping!« Olli blieb stehen. Das ›Ping‹ hatte ihm das Metallgeländer der Brücke gemeldet. Also hielt er seinen Stock nun in der linken Hand, ließ die rechte einfach über den Handlauf des Geländers nach vorne gleiten und beschleunigte seine Schritte. Die Füße spürten schon bald das Ende des Anstiegwinkels. Er hatte die Mitte und den höchsten Punkt der Brücke erreicht. Genau unter ihm mussten die Gleise der Bahn verlaufen. Der Hövel-Bach rauschte in der Tiefe.

Olivers rechte Hand stieß plötzlich auf dem Handlauf des Geländers an ein seltsames Hindernis. Er blieb abrupt stehen. Jeden Zentimeter dieses Geländers kannte er seit Jahren ganz genau. Was war das hier?

Mit pochendem Herzen tastete Oliver weiter und er erschrak. Auf dem Handlauf saß ein Mensch, der seine Beine zum Abgrund gerichtet hatte. Oliver hörte die S-Bahn heranrauschen und die Person auf dem Geländer ließ sich nach vorne fallen.

Mit einem grässlich lauten Warnsignal schoss die Bahn unter der Fußgängerbrücke hindurch.

Hinter der Windschutzscheibe der Lok saß Zugführer Hermann Hansen an seinen Instrumenten. Sein Gesicht war in dieser Sekunde vor Schreck kreideweiß geworden. Seine Hand hatte reflexartig das Signalhorn betätigt und dieses dröhnte immer noch ohrenbetäubend durch das einsame, dunkle Hövel-Tal.

Hansen zog ein Taschentuch hervor, um sich sein Gesicht abzutupfen. Er war sich sicher, dass sich der Mann, den er im Scheinwerferlicht der Lok auf dem Brückengeländer gesehen hatte, vor seinen Zug werfen wollte. Irgendetwas hatte ihn offensichtlich zurückgehalten.

Im Gegensatz dazu ließ sich Hermanns Adrenalin jetzt nicht mehr zurückhalten. Es kreiste bereits in höchster Dosis in seinen Blutbahnen und brachte das Herz zum Rasen.

Wussten diese Selbstmörder nicht, was sie mit ihrem Freitod

einem Lokführer antaten? Viele seiner Kollegen hatten solche unabwendbaren Erfahrungen machen müssen und litten auch nach Jahren noch unter schweren, seelischen Schäden.

Hansen atmete erst nach einigen Kilometern erleichtert auf. Welche Macht hatte dieses Unglück gerade noch verhindern können? Er würde es nie erfahren.

Auf der Fußgängerbrücke rollte ein weißer Stock die Schräge entlang. Die beiden Männer, die soeben auf den Boden gestürzt waren, setzten sich nun langsam auf.

Irritiert betrachtete Ralf Rose im Licht einer Brückenlaterne den Mann, der ihn gerade vom Geländer zurückgerissen hatte. Der trug eine dunkle Brille und kam sehr schnell wieder auf die Beine. Er fasste den anderen unter dem Arm und zog ihn hoch.

»Hallo? Geht es Ihnen gut? Schwarz ist mein Name«, nahm Oliver die Hand des Fremden und drückte sie kräftig. »Dass uns beide das Schicksal hier zusammengeführt hat, muss einen tieferen Sinn haben. Wären sie so freundlich, mir beim Suchen meines Blindenstocks zu helfen?«

Erst nach quälend langen, stummen Sekunden ließ der Fremde Olivers Hand los und entfernte sich. Er blieb nach einigen Metern stehen und kehrte dann zurück.

»Ihr Stock!«, hörte Oliver die monotone Stimme des Fremden.

Olivers Gedanken überschlugen sich. Was sollte er nun tun. Hier stand ein Mensch, der völlig entschlossen zu sein schien, seinem Leben ein Ende zu setzen. Oliver hatte das per Zufall verhindert. Aber was nun? Was könnte er unternehmen, wenn der Fremde sich jetzt aus dem Staub machen würde, um vor den nächsten Lkw zu rennen?

Für den Sehbehinderten war dieses eine schwierige Situation. Einen Menschen, der nicht spricht, dessen Mimik und Gestik nicht zu sehen ist, den kann man in seinen Reaktionen kaum einschätzen. Oliver musste den Mann unbedingt zum Reden bringen und so fragte er: »Mit welchem Namen darf ich Sie ansprechen?«

Als Schwarz schon nicht mehr mit einer Antwort rechnete, fragte der Fremde empört: »Warum haben Sie das gemacht?«

»Was gemacht?«

»Warum haben Sie mich nicht springen lassen?

Ein eiskalter Wind griff in die Haare der Männer und Laub streifte ihre Gesichter. Unter der Brücke murmelte gespenstisch der Hövel-Bach.

»Ich werde mich nicht bei Ihnen entschuldigen, dass sie wegen mir den Zug verpasst haben«, setzte Oliver einen strengen Ton auf. Was hatte er zu verlieren? Er folgte einfach seinem Bauchgefühl und er meinte: »Mir wird es hier zu kalt. Sind Sie doch so freundlich und bringen mich bis zu meinem Haus dort drüben.«

Der Fremde ließ sich erstaunlicherweise darauf ein.

Einige Minuten später schloss Oliver seine Haustür auf und sagte mit ganz selbstverständlichen Ton: »So, da sind wir ja schon. Dann kommen Sie mal herein und wir wärmen uns etwas auf.«

02 CAFÉ NOSTALGIE

Frau Herzig schaute aus dem großen Fenster. Gerade gab es einen erneuten Wolkenbruch. Und wieder retteten sich Gäste in das kuschelige Café Nostalgie. Wohl dem, der sich jetzt nicht draußen aufhalten musste. Genussvoll nippte Britta an ihrem heißen Kaffee und lauschte weiter Evas Jugenderinnerungen.

»Oliver war gerade im Fach Elektrotherapie absolute Spitze. Ihm verdanke ich, dass ich meine Prüfung in diesem Fach nicht vermasselt habe.« Eva beendete den Ausflug in ihre Erinnerungen und wechselte das Thema. »Aber nun erzähle mal etwas von dir.«

Frau Herzig räusperte sich: »Wie ich schon erwähnte, sitze ich seit Jahren in der Buchhaltung bei der Firma Hebel. Der Chef ist ein Choleriker und deshalb ist es für mich dort sehr stressig. Ja, und nun bin ich in den Yogakurs gekommen, um etwas ausgeglichener zu werden und um meine Nackenverspannungen loszuwerden.«

»Gegen die Nackenverspannungen kann man auch physiotherapeutisch vieles tun. Ich berate dich gern. Nun erzähle mal von deinem Mann, den habe ich noch nicht kennen gelernt.

Vielleicht habe ich ihn auch wie üblich übersehen.«

Britta verzog verlegen ihr Gesicht und schaute aus dem Fenster in das Abenddunkel. Die Passanten krempelten sich die Kragen hoch und die Schirme wurden wieder geöffnet. Braune Blätter flatterten im Schein der Laternen umher.

»Ich bin mal wieder solo. Ich habe mit den Männern noch nie Glück gehabt. Ich bin zu angepasst. Vor einigen Monaten hatte ich jemanden kennengelernt, der mich völlig verrückt gemacht hat.«

Eva wurde neugierig: »Beschreibe ihn mir. Sah er gut aus?«

»Er hat ein markantes Gesicht. Die Haare sind voll und wellig. Er ist groß und schlank. Aber am eindrucksvollsten sind seine Augen. Sie sind völlig furchtlos. Sie zeigen keinerlei Hemmungen. Sein durchdringender Blick fesselt jeden. Dieser Mann schien bei unserem Kennenlernen so souverän wie ein Gott zu sein. Er brauchte scheinbar kaum Schlaf. Seine Energie war unerschöpflich«, machte Britta eine Pause und seufzte. »Ja, da konnte ich nicht mithalten. Ich war zum Schluss völlig fertig. So hoch, wie ich mit ihm geflogen bin, so tief bin ich auf den Boden der Realität gestürzt.«

»Was macht er beruflich?«

»Das ist es ja«, rührte Britta nervös mit dem Löffel in ihrer fast leeren Tasse, »ich weiß es nicht genau. Er sprach davon, dass er früher einmal Makler gewesen sei und heute irgendetwas Soziales machen würde. Er kümmere sich ehrenamtlich um ehemalige Drogenkranke, Alkoholiker und psychisch kranke Patienten, die einen Neuanfang wagen wollen. Ich ging auf Distanz und er verschwand so plötzlich aus meinem Leben, wie er aufgetaucht war.«

»Die Zeit ist 20:00 Uhr!«, sprach die Armbanduhr.

»Oh, ich glaube, dann zahlen wir mal«, lächelte Eva. »Da du dich angeboten hast, mich heimzufahren, gebe ich die letzte Kaffeerunde aus.«

Der Feierabendverkehr hatte sich bereits aufgelöst. Ein Hubschrauber quälte sich durch die Wolken. Unter ihm leuchtete ein greller Suchscheinwerfer den nahen Hövel-Bach ab. Herbstblätter tanzten im Lichtkegel. Die Wipfel der Bäume schwankten im Wind und der Regen setzte wieder ein.

»Bei dem Wetter schickt man keinen Hund vor die Tür«, hielt Frau Herzig den Lenker ihres Wagens krampfhaft in den Händen.

»Das will ich aber doch hoffen«, lachte Eva. »Unser armer Schnuffel musste nämlich heute Nachmittag zuhause bleiben. Olli konnte ihn nicht mitnehmen und ich wollte dem Hund meinen Kaffeeklatsch nicht antun. Olli müsste längst zuhause sein und hat Schnuffel bestimmt hinaus in den Garten gelassen.«

»Schnuffel ist ein süßer Name für einen Hund. Ist er ein Blindenhund?«

»Nein, er ist kein blinder Hund. Es reicht doch wohl, wenn Olli und ich nichts sehen!«, Eva lachte. »Nein, Spaß beiseite. Diese besonders geschulten Hunde heißen Blindenführhunde und das zu Recht. Schnuffel versteht unglaublich viele Kommandos. Er ist für uns in fremder Umgebung eine unersetzbare Führung und Hilfe.«

Der Wagen bog in die Siedlung ein, in der das Haus der Eheleute Schwarz stand. Direkt hinter der Kurve fiel das Scheinwerferlicht auf einen Mann, der an eine Hecke strullte.

Britta schüttelte den Kopf: »Da steht doch tatsächlich so ein Ferkel im Dunkeln und pinkelt in die Sträucher. Mein Chef hat vor kurzem Anzeige erstattet, da ihm fast jeden Tag jemand an seinen Mercedes uriniert. Hebel hat in seiner cholerischen Phase viel zu hohen Blutdruck. Wegen einer solchen Sache wird er noch mal einen Herzinfarkt bekommen.«

»Es gibt bestimmt Schlimmeres im Leben, worüber man sich aufregen kann. Aber wer keine Probleme hat, der macht sich selbst welche.«

Der Wagen hielt und Eva überredete Britta, noch ein paar Minuten mit ins Haus zu kommen. Sie wunderte sich, dass ihr Mann im Hausflur und in anderen Räumen Licht gemacht hatte. Das tat er nur, wenn sehende Leute zu Besuch kamen. Sie schloss die Haustür auf. Umgehend stürzte Schnuffel bellend und mit wedelndem Schwanz auf sie zu.

»Wir haben Besuch!«, rief Oliver aus dem Wohnzimmer.

Eva grüßte allgemein ins Zimmer hinein, da sie den Besuch nicht erkennen konnte. Doch es folgte keine Antwort. Der fremde Mann saß stumm auf dem Sofa. Sein Gesicht blieb maskenhaft, ganz ohne Regung.

Nun betrat Frau Herzig das Zimmer. Sie ging lächelnd auf Herrn Schwarz zu.

Auf halber Strecke blieb sie plötzlich stehen und starrte den bärtigen Mann auf dem Sofa an. Völlig irritiert fragte sie ihn: »Ralf? Ralf Rose, bist du das etwa?«

03 NOTAUFNAHME

Der Herbstregen legte eine Pause ein. Fenster für Fenster wurden die Lichter in den Büros und Werkräumen der Maschinenbaufirma Hebel gelöscht. Die Turmuhr schlug bereits 21:00 Uhr, als Direktor Hebel den Parkplatz betrat. Er ging auf seinen Mercedes zu und murmelte: »Nach diesem Regenguss kann es mir auch gleichgültig sein, ob dieses Schwein heute wieder an meinen Wagen uriniert hat«, und er drückte auf den Knopf der Fernbedienung. Es ertönte ein Signal und die Zentralverrieglung öffnete mit hörbarem Klicken die Türschlösser. Hebel wuchtete seinen schweren Körper auf den Fahrersitz. Plötzlich sah er an der Außenseite seiner Windschutzscheibe etwas hängen und er knurrte: »Welcher Idiot hat mir denn da wieder etwas an den Scheibenwischer gesteckt? Diese aufdringlichen Gebrauchtwagenhändler sind doch wohl nicht auf die Idee gekommen, an mein Auto ein Kaufangebot zu hängen?«, und er stieg wieder mühsam aus.

Mit zwei Fingern angelte Hebel nach dem Ding am Scheibenwischer und erschrak: »Verdammt noch mal, was ist das denn?«, hielt er den Fund ins Scheinwerferlicht.

»Das ist ein mit Scheiße beschmiertes Taschentuch!«, schrie er und schleuderte das ekelhafte Gebilde weit von sich.

Leider hing immer noch etwas Schmier an den Fingern. Seine Schläfen begannen bedrohlich zu pochen. Die Halsschlagadern pulsierten immer schneller. Sein Kopf dröhnte und schien zu platzen.

Er schrie seine Wut und Empörung auf die Straße hinaus: »Welches Dreckschwein war das?«

Hebel zog mit der sauberen Hand ein Tuch aus der Hosentasche und versuchte, seine Finger zu reinigen. Und wieder brüllte er seinen Zorn hinaus: »Das Maß ist voll! Ich finde dich schon, koste es, was es wolle!« Ich engagiere die besten Privatdetektive der Welt! Ich bringe dich hinter Gitter! Ich schicke dich nach Sibirien! Ich…, ich…, ich…!« Ein höllischer Schmerz nahm ihm den Atem und er griff sich an die Brust. Ihm wurde speiübel. Der linke Arm schmerzte unerträglich. Er sah die Straßenbeleuchtung flackern, dann flimmern, dann verlor er sein Bewusstsein.

Zwei angetrunkene Männer schwankten an dem Parkplatz der Maschinenfabrik vorbei. Sie hatten die Ballermann-Hits der Kneipe noch im Ohr. Einer wollte gerade seinen Hosenstall öffnen, um sich zu erleichtern, da stellte er verwundert fest, dass die gewohnten Pinkelbüsche voll im Scheinwerferlicht eines Geländewagens standen. Die Fahrertür des Fahrzeugs stand offen. Unverrichteter Dinge schwankte einer der Männer neugierig auf den Wagen zu. Erst jetzt erkannte er, dass dort jemand reglos auf dem Rasen lag. Sein Trinkkumpan hatte sich erleichtert und schwankte nun ebenfalls herbei.

Auch ein Jugendlicher passierte den Parkplatz. In seinen Ohrhörern stampften die Bässe einer Technomusik. Er schaute kurz zu dem am Boden liegenden Mann, dann zu den beiden ratlosen Figuren und ging kopfschüttelnd weiter.

Dann nahten zwei Frauen mittleren Alters, die in ein Gespräch vertieft waren. Plötzlich sah eine von ihnen, dass vor dem geparkten Wagen eine Person am Boden lag. Sie eilte dort hin und fragte die beiden Männer: »Haben Sie schon die Polizei oder Feuerwehr gerufen?«

Die andere Frau verzichtete auf die lallenden Antworten und wählte mit ihrem Handy den Notruf.

Die am Boden kniende Helferin versuchte den Puls des Bewusstlosen zu ertasten. Dann legte sie ihr Ohr an das Gesicht der hilflosen Person, um die Atmung zu hören und zuckte verunsichert mit den Schultern. Die andere Helferin gab das magere Ergebnis an die Notrufzentrale weiter.

Die Frauen fanden im Wagen eine grobe Pferdedecke und breiteten diese auf dem nassen Boden neben der hilflosen Person aus.

»So, ihr beiden, angefasst!«, wurden die Kneipengänger energisch aufgefordert, »Wir heben den Mann auf die Decke und versuchen eine Herzmassage zu machen.«

Erstaunlicherweise spielten die beschwipsten Kerle mit.

Auch weitere Passanten blieben neugierig stehen. Sie hielten sich in einem so sicheren Abstand, dass sie für eine weitere Hilfsmaßnahme nicht gleich herangezogen werden konnten. In ihren Gesichtern stand geschrieben: ›Neugier stillen, immer wieder gerne! Helfen lieber nicht!‹

Ein alter Herr zog einen fetten Dackel an der Leine hinter sich her. Der Hund schnüffelte über den Rasen bis vor den Geländewagen. Offensichtlich hatte er seinen gewohnten Platz erkannt und bereitete sich mit gekrümmtem Rücken und aufgestelltem Schwanz auf sein Geschäft vor.

Nun schnauzte einer der beiden Betrunkenen den Rentner mit schwerer Zunge an: »Heh, dat hier is ein Notfall! Kannst du deine Töle nicht woanders scheißen lassen?«

»Mein Hund ist keine Töle!«, regte sich nun der alte Herr auf. »Und außerdem ist das hier schon seit Jahren sein gewohnter Platz«, dann dackelte er mit dem erleichterten Tier weiter den Bürgersteig entlang.

Nachdem sich die Zahl nutzloser Personen auf acht erhöht hatte, wurden die ersten Handyfotos gemacht und man beschwerte sich darüber, dass der Rettungsdienst wieder viel zu lange auf sich warten ließ.

Die Blaulichter des Polizeiwagens und des Notarztwagens flackerten grell durch das abendliche Dunkel. Die Martinshörner lockten weitere Schaulustige an und aus der Gastwirtschaft ›Zum Brunnen‹ setzte sich nun ein neugieriger Pilgerstrom in Bewegung. Polizeibeamte drängten die Schaulustigen beiseite.

Der Notarzt und die Rettungsassistenten setzten einen Defibrilator ein. Der Patient krampfte sichtbar unter den Schockstößen. Bei jedem Krampfen zuckten auch die Gesichter der beiden Ersthelferinnen.

Nach mehreren Versuchen nickte der Arzt: »Ich denke, er hat es noch einmal geschafft!«, und die Rettungskräfte transportierten den schweren Mann mit einer Trage in den Notarztwagen. Mit schrillem Martinshorn jagte der Wagen davon.

Die Polizei sicherte das Auto von Herrn Hebel und begann mit der Zeugenbefragung. Die beiden aufgeregten Ersthelferinnen berichteten, was sie angetroffen und versucht hatten. Als sie sich suchend nach den beiden angetrunkenen Männern herumdrehten, waren diese bereits verschwunden.

Die Rettungsassistenten verständigten während der Fahrt über Funk die Zentrale des Krankenhauses. Der Notarzt kontrollierte im hinteren Teil des Wagens die Vitalwerte des Herzpatienten. Die unzähligen Schlaglöcher der seit Jahren vernachlässigten Hauptstraße übertrugen die Schläge der gequälten Stoßdämpfer auf die schaukelnden Passagiere. Erst vor der Klinik verstummte das schrille Signalhorn. Die Internisten erwarteten den Patienten bereits in der Notaufnahme.

Herr Hebel erwachte und kniff seine Augen zu Schlitzen zusammen. Das grelle Licht der Halle schmerzte. Doch die Bilder wurden langsam deutlicher.

»Der Strom ist wieder da!«, lächelte ein Rettungssanitäter seinen Kollegen an und zu dem Patienten gewandt: »Keine Sorge, bleiben Sie ganz ruhig. Sie sind in Sicherheit. Sie befinden sich hier im Krankenhaus.«

Herbert Hebel fragte völlig verstört: »Was ist denn passiert? Ich kann mich nicht erinnern.«

Der Internist, der den Krankenwagen bereits erwartet hatte, stellte sich Herrn Hebel vor und empfahl ihm, sich durch das Sprechen nicht zu belasten. Behutsam schob man den Infarktpatienten durch einen Flur.

Hebel hob seinen Kopf und erblickte einen Mann mit grauem Hut und roter Knollennase, dessen Gesicht ihm bekannt vorkam. Der Mann schien angetrunken zu sein und trug seinen verbundenen Arm in einer Schlinge. Ein junger, humorvoller Pfleger klopfte dem Mann mit Hut auf die Schulter: »Manni, und nun besser aufpassen! Nicht wieder aus dem Bus fallen! Also, bis zum nächsten Mal!«

Die Liege des Herrn Hebel fuhr weiter und stoppte dann vor mehreren Personen.

Die Rettungsassistenten riefen: »Bitte Platz machen! Wir müssen dringend durch!«

Etwas verunsichert wich ein Mann mit einer Sonnenbrille

und Blindenstock zur Seite. Hebel hob wieder seinen Kopf und schaute verwundert. Neben diesem Mann stand eine Frau, die ebenfalls eine getönte Brille und einen weißen Stock trug.

Daneben schaute ein bärtiger Mann desinteressiert ins Leere. Die vierte Person erkannte er sofort.

»Frau Herzig?«, und die Angesprochene sah ihn irritiert an.

Die Sekretärin hielt sich überrascht und entsetzt die Hand vor den Mund: »Herr Direktor Hebel, was ist denn mit Ihnen geschehen?«

Der begleitende Arzt winkte ab: »Nicht jetzt! Wenn Sie den Herrn kennen, dann melden Sie sich bitte gleich in der Intensivstation!«, und die Retter verschwanden mit ihrem Patienten hinter den sich schließenden Aufzugtüren.

Der Lift setzte sich ruckend in Bewegung.

»Sehen Sie, Herr Hebel«, scherzte einer der Rettungsassistenten, »ein Knopfdruck und schon geht es mit Ihnen aufwärts!«

Kaum war der schwere Mann in ein Bett der Intensivstation gewuchtet und an ein EKG-Gerät angeschlossen worden, da fiel es ihm wie Schuppen von den Augen. Er bäumte sich auf und rief: »Rufen Sie sofort die Polizei! Der Mann mit dem grauen Hut und dem verbundenen Arm, das ist der Attentäter! Er hat immer wieder an meinen Wagen uriniert und ihn nun auch noch mit Hundescheiße beschmiert! Schnell, gehen Sie. Er ist unten am Krankenwageneingang«, dann griff er sich an seine linke Brust und das Überwachungsgerät meldete Alarm…

04 EIN TAG FÜR BLINDE, LAHME UND VERRÜCKTE

Frau Herzig führte die Eheleute Schwarz in die Empfangshalle des Krankenhauses. Sie sicherten ihr zu, dort auf sie zu warten. Dann meldete Frau Herzig Direktor Hebel in der Patientenanmeldung an und veranlasste, dass die Frau des Patienten informiert würde. Ihr nächster Weg führte zur Intensivstation.

Herr und Frau Schwarz machten es sich währenddessen in der Vorhalle auf einer Bank neben dem Haupteingang zur Klinik bequem. Fremde Stimmen zogen an ihnen vorbei. Einige hörten sich recht nervös an, andere schienen erleichtert dem

Ausgang zuzustreben. Hin und wieder analysierten Evas Ohren das rhythmische Aufsetzten von Gehhilfen oder Schirmspitzen. Auch der Klang der Stöckelschuhe unterschied sich deutlich von typischen Ledersohlen oder bequemen Sportschuhen.

»Wenn das kein Zufall ist?«, lachte eine bekannte Stimme und ergriff gefühlvoll Olivers Hand.

»Herr Helmer«, fragte der blinde Mann, »ich meine Bernd, bist du das etwa?« »Erstaunlich!«, richtete Helmer sich auf und pendelte leicht mit seinem Oberkörper, um das Gleichgewicht zu finden. »Brillant analysiert, Oliver. Ja, ich bin es. Ich habe meine Frau in der internistischen Station besucht. Wir haben uns festgeredet. So spät sollte es gar nicht werden. Morgen ist nämlich wieder ein anstrengender Tag. Ich muss in aller Frühe zur Firma Hebel, da der Chef des Hauses mir eine dringende Mail geschickt hat.«

Oliver fragte: »Bernd, meinst du, du hättest einen persönlichen Termin mit Herrn Hebel selbst?«

Helmer wunderte sich: »Du kennst Direktor Hebel?«

»Man hat ihn gerade mit einem Krankenwagen eingeliefert. Seine Sekretärin, Frau Herzig, ist bei ihm in der Intensivstation. Wir warten hier auf sie.« Dann wies Oliver auf seine Begleiterin: »Ich möchte dir meine Frau vorstellen«, und an Eva gewandt: »Ich bin ja noch gar nicht dazu gekommen, dir von Herrn Helmer zu erzählen. Bei uns hat sich alles überschlagen. So viele Zufälle auf einmal gibt es eigentlich nicht. Irgendwie muss heute eine besondere Sternenkonstellation am Himmel stehen.«

Bernd nahm zum Gruß ihre Hand und betrachtete Frau Schwarz. Der weiße Stock und die stark getönte Brille wiesen auf eine Sehbehinderung oder Blindheit hin. Das braune Haar hatte helle Strähnchen. Die Figur zeugte von sportlicher Fitness. Sie wirkte sehr natürlich und äußerst attraktiv. Bernd überlegte, ob das dieser sehbehinderten Frau überhaupt bewusst war?

Dann drückte er noch mal ihre Hand: »Entschuldigen Sie, dass ich Sie nicht gleich begrüßt habe«, und zu Schwarz gewandt: »Oliver, du hast eine schöne Frau.«

»Und Sie haben eine äußerst sympathische Stimme«, erwiderte Eva.

Ihr fiel auf, dass der Händedruck dieses Mannes irgendwie

schwächlich war. Ihrem Gefühl nach hätte es eine Kinderhand sein können. Wie sah dieser Mann wohl aus?

Oliver begann, Bernd von dem Abenteuer auf der Fußgängerbrücke zu berichten: »Nachdem du mich dort abgesetzt hast, folgte ich dem Handlauf des Geländers. Nichts ahnend stieß ich mitten auf der Brücke mit meiner Hand an eine Person, die auf dem Geländer saß. Als ich die S-Bahn kommen hörte, war mir schlagartig klar, dass sich dieser Mensch vor den Zug stürzen wollte. Gerade als sich dieser Mann nach vorne fallen ließ, riss ich ihn mit aller Kraft zurück und wir stürzten zusammen auf die Brücke. Mit viel Glück konnte ich den Fremden überreden, mich zu meinem Haus zu begleiten. Ich wusste überhaupt nicht, wie ich mit einer suizidalen Person umgehen sollte. Zum Glück kam meine Eva mit ihrer Bekannten aus dem Yoga-Kurs hinzu und schon ging die Serie an Zufällen weiter.«

»Was kommt denn jetzt noch?«, wurde Bernd immer neugieriger.

»Evas Yoga-Schwester Britta Herzig ist eine Bekannte dieses kranken Mannes. Er heißt Ralf Rose. Meine Frau kennt Herrn Rose ebenfalls als Patient aus dieser Klinik. Eva arbeitet ja hier in der Physiotherapie. Herr Rose ließ sich von uns zurück ins Krankenhaus begleiten und so sind wir nun alle hier eingetroffen.«

Eine sehr aufgebrachte Frau meldete sich am Informationsschalter der Krankenhauspforte. Sie stellte eine große Tasche ab und gestikulierte aufgeregt mit ihren Armen.

Wortfetzen schallten durch die Eingangshalle und es fiel der Name ›Hebel‹. Die Bedienstete an der Pforte gab freundlich Auskunft und die Dame eilte mit hoch rotem Kopf zum Aufzug. Sie drückte nervös einen Knopf. Nach wenigen Sekunden klopfte sie ungeduldig an die Metalltür. Endlich öffnete sich der Fahrstuhl und die Frau zwängte sich rempelnd durch die aussteigenden Personen.

Als sie gerade eingestiegen war, durchquerte Frau Herzig die Halle. Im Augenwinkel sah sie, wie das Gesicht der eiligen Dame hinter der sich schließenden Aufzugtür verschwand.

»Oh, Frau Hebel, die hätte mir jetzt noch gefehlt«, atmete Britta erleichtert auf und meldete sich bei Eva und Oliver

Schwarz. »Ich komme gerade von der Intensivstation. Mein Chef ist außer Lebensgefahr. Ich hätte auch gerne noch in die psychiatrische Abteilung von Ralf Rose geschaut. Aber das wird euch bestimmt zu lange dauern und ich wollte euch ja nach Hause fahren.«

»Das mit dem Fahren übernehme ich gern«, meldete sich Bernd Helmer.

Frau Herzig blickte den Mann völlig überrascht an: »Herr Helmer, Sie sind auch hier? Ich verstehe nicht. So viele Zufälle kann es doch gar nicht geben.«

Helmer lächelte und scherzte: »Doch, Frau Herzig, heute ist ein Tag für Blinde, Lahme und Verrückte!«

Britta nickte nachdenklich: »Ja, heute ist alles irgendwie anders, irgendwie verrückt«, und winkend eilte sie auf einen Aufzug zu, dessen Türen sich einladend öffneten.

Eva und Oliver nahmen das Angebot von Bernd an und ließen sich von ihm heimfahren.

05 HIMMELHOCH JAUCHZEND UND ZU TODE BETRÜBT

Als Britta an der verschlossenen Tür der psychiatrischen Station klingelte, öffnete Schwester Vera mit müden Augen. Längst war ihre offizielle Schicht beendet, doch das Verschwinden von Herrn Rose hatte ihr keine Ruhe gelassen. Sie hatte direkt nach der Vermisstenmeldung die zuständigen Krankenhausbediensteten, die Polizei und die Feuerwehr alarmiert. Danach waren die nervenaufreibenden Stunden der Sorge und Ungewissheit gefolgt. Gott sei Dank, war mit dem suizidgefährdeten Stammpatienten alles gut gegangen.

Nun bot Schwester Vera Frau Herzig im Dienstzimmer einen Platz an. Die Sekretärin erfuhr, dass sogar Hubschrauber zur Suche des Patienten eingesetzt worden waren. Sie musste an den Helikopter denken, den sie auf der Fahrt zu Evas Haus über dem Hövelbach gesehen hatte. Frau Herzig berichtete der Schwester zögernd über die Freundschaft zu Herrn Rose. Dass sie einige Monate zusammen gewesen wären, und dass Ralf plötzlich verschwunden sei.

Schwester Vera fragte: »Was wissen Sie über die Erkrankung von Herrn Rose?«

»Bis zu unserer Trennung wäre ich gar nicht auf die Idee gekommen, dass Ralf krank sein könnte. Er sah immer wie das blühende Leben aus. Er war voller beneidenswerter Energie, bis diese sich sogar in eine Hyperaktivität gesteigert hatte, die ich nicht mehr aushalten konnte.«

»Wissen Sie, was eine bipolare, affektive Störung ist?«

Frau Herzig schüttelte nachdenklich den Kopf und Schwester Vera fuhr fort: »Haben Sie schon mal etwas von einer manisch-depressiven Erkrankung gehört?«

Frau Herzig nickte: »Die Manie ist ein aufgedrehtes Verhalten und die Depression ist eine Niedergeschlagenheit. Himmelhoch jauchzend und zu Tode betrübt.«

»Völlig richtig! Aber hin und wieder sind wir alle mal aufgedreht und mal niedergeschlagen. Zu einer Krankheit wird das erst, wenn die manische oder depressive Person unter ihren Zuständen leidet. Oder wenn andere Personen unter dem Verhalten eines manisch-depressiven Menschen leiden. Wenn die Erkrankung private und berufliche Störungen verursacht.«

Nervös wirkende Patienten huschten an der Tür des Dienstzimmers vorbei, lachten auffällig aufgedreht und winkten der Schwester zu. Andere schlurften mit gesenktem Haupt wie ferngesteuert über den Stationsflur.

Frau Herzig blickte wieder die Schwester an: »Und Herr Rose hat eine solche bipolare Dingsda? Als ich Ralf im letzten Sommer kennen lernte, war er voller Lebenskraft. Er sprühte vor Humor. Er hatte ständig neue Ideen. Niemand konnte ihn aus der Ruhe bringen. Mein Gott, der hatte ein so selbstsicheres Auftreten. Er war ein Mann, neben dem sich eine Frau geborgen fühlt.«

»Das haben Sie völlig richtig beobachtet. Gleichzeitig gibt es in der manischen Episode aber auch eine gewisse Sprunghaftigkeit. Es kann zu beruflichen und privaten Missverständnissen kommen. Nach der manischen Phase kehrt sich dann alles ins Gegenteil um. Der Antrieb des erstaunlich aktiven Menschen kippt in die Antriebslosigkeit. Es geht manchmal hinab bis zur Willenlosigkeit. Bis zur völligen Selbstaufgabe und leider sogar bis zum Suizid!«

Frau Herzig schaute zu Boden und ein eiskalter Schauer kroch über ihren Rücken. »Kann man nicht mit Medikamenten und Gesprächen helfen?«

»Das versuchen wir ja. Leider können wir viele psychische Erkrankungen oft nur lindern, aber nicht heilen. Wir versuchen, die extremen Spitzen der Manie und der Depression deutlich zu verringern. Rückfälle, wie die bei Herrn Rose, können durch engmaschige Kontrollen zum großen Teil vermieden werden, aber wir können sie nicht völlig ausschließen. Wir versuchen, den Mittelweg zwischen einer notwenigen Begleitung und einem selbstbestimmten Leben des Patienten zu finden.«

Britta fixierte ein abstraktes Wandbild und murmelte vor sich hin: »So stelle ich mir ein Chaos im Kopf vor.«

Schwester Vera schmunzelte: »Dieses Bild hat einer unserer Patienten gemalt, während er sich in einer schizophrenen Episode befand. Das Bild sagt mehr aus als alle Worte, nicht wahr?«

»Schizophrene Menschen sind doch die, die Stimmen hören, obwohl diese Stimmen gar nicht real vorhanden sind, nicht wahr?«

»Ja, unter anderem.«

»Wie geht es diesem Patienten heute?«

»Oh, soweit ich weiß, konnte er mit Tabletten so gut eingestellt werden, dass er heute fast beschwerdefrei lebt.«

Plötzlich schellte eine Patientenklingel. Schwester Vera stand auf und reichte Frau Herzig die Hand: »Herr Rose schläft jetzt. Wir haben ihm etwas zur Beruhigung gegeben. Sie können ihn gerne morgen besuchen. Ich meine, wenn Sie mögen.«

Frau Herzig holte tief Luft und sagte zögernd: »Ich hätte nie gedacht, dass Ralf verrückt...«, brach sie ihren Satz verschämt ab.

»Sie meinen, dass er verrückt im Kopf sei? Sind wir nicht alle manchmal etwas verrückt? Spätestens wenn Menschen bis über beide Ohren verliebt sind, ist bei ihnen vorübergehend so einiges an eine andere Stelle gerückt, nicht wahr?«, lächelte die Schwester. »Auf jeden Fall ist Herr Rose weit überdurchschnittlich intelligent. Der steckt uns bei Denksportaufgaben alle in die Tasche. Das garantiere ich Ihnen«, und sie fragte mit ernster Stimme nach: »Kommen Sie wieder?«

Frau Herzig fühlte sich innerlich hin und her gerissen und

zuckte mit den Schultern: »Ich werde es mir überlegen.«

Frau Herzig verließ die Station, lief mit zügigen Schritten durch die Empfangshalle des Krankenhauses und trat hinaus in die kalte Nacht. Als sie neben ihrem Auto stand, blickte sie noch einmal zur Klinik zurück. Das Gebäude hatte vor dem Hintergrund der Dunkelheit augenscheinlich seine Struktur aufgegeben. Nur hier und dort leuchtete ein Fenster. Das eine mit bunten, zugezogenen Vorhängen, ein anderes mit kaltem, grellem OP-Licht und wiederum andere zeigten schattenhafte Figuren. Alles wirkte genauso abstrakt wie das Bild des schizophrenen Malers…

06 VÖLLIG VERRÜCKT

Zu später Stunde hielt vor dem Haus der Eheleute Schwarz ein Auto. Als Herr Schwarz die Haustür öffnete, sprang ihn der Hund an. Oliver streichelte ihm über den vor Freude zitternden Rücken: »Ja, du armer Kerl, haben der böse Olli und die Eva dich heute zum zweiten Mal ganz alleine gelassen? So etwas kennst du ja gar nicht, nicht wahr?« Und Schnuffel leckte ihm dankbar über Wange und Brille. Dann wurde auch Eva mit Winseln, Piepsen, Knurren und Schwanzwedeln begrüßt.

»Es freut sich niemand so wie der Hund, wenn man nach Hause kommt«, lachte Oliver und bat Bernd Helmer herein.

Eva nahm die Bemerkung gleich auf: »Falls das eine Kritik an mich sein sollte, du streichelst mich auch nicht so intensiv wie den Hund. Wenn du heimkommst, fragst du als erstes nur, was es zu essen gibt.«

Helmer sank in einen Sessel: »Eigentlich gehöre ich schon längst ins Bett. Aber bei diesen Ereignissen könnte ich nun kein Auge zumachen.« Er blickte auf seine Armbanduhr: »In einer halben Stunde ist Mitternacht. Da aber der arme Herr Direktor Hebel morgen mit Sicherheit nicht in seiner Firma sein wird, werde ich ein Stündchen länger schlafen.«

Eva tischte Knabbereien auf und bemerkte fröhlich: »Ich habe morgen frei, weil ich nur eine Halbtagsstelle in der physiotherapeutischen Abteilung des Krankenhauses habe.«

Helmer erkundigte sich: »Oliver, du hast mir erzählt, dass auch du den Beruf des Masseurs erlernt hast. Warum bist du nicht dabei geblieben? Du siehst kräftig aus und hättest bestimmt einen guten Therapeuten abgegeben.«

»Nach meiner Ausbildung arbeitete ich auch eine Zeit lang in diesem Beruf. Ich hatte Glück und bekam in einer großen Praxis eine Anstellung. Nach den Kostendämpfungsmaßnahmen der Krankenkassen ging der Laden in die Insolvenz. Wo kein Arbeitsplatz ist, hat auch der Schwerbehinderte jeden Kündigungsschutz verloren.« Oliver tastete auf dem Tisch nach den Knabbereien. Sofort meldete sich neben seinem Sessel ein herzzerreißender Piepston. Oliver hielt seine gefüllte Hand nach unten und Schnuffel ergriff umgehend die günstige Gelegenheit.

»Du hast dem Hund doch nicht etwa von den Chips gegeben?«, fragte Eva mit strengem Ton.

Schnuffel schaute sein Frauchen mit schlechtem Gewissen an und spitzte die Ohren. Er stellte sofort sein lautes Schmatzen ein, um bloß nicht aufzufallen.

Oliver zuckte mit den Schultern: »Wieso? Was wäre daran so schlimm?«

»Ja, weil du mit deinen Fingern bestimmt gleich wieder in die Chips fasst oder hattest du das etwa nicht vor?«

Wortlos stand Oliver auf und tastete sich zum Gäste-WC durch.

Als er zurückkehrte, hatte Eva Getränke geholt und warnte ihren Mann: »Ich habe dir ein Bier auf den Tisch gestellt. Wirf es bitte nicht um«, und zu Helmer gewandt: »Schenken Sie sich das Wasser selbst ein?«

»Ja, selbstverständlich. Darf ich Ihnen auch den Wein einschenken?«, ergriff er, ohne die Antwort abzuwarten, die Weinflasche. Eva hörte, wie der edle Tropfen gluckernd aus der Flasche lief.

Oliver setzte die Beschreibungen seiner beruflichen Laufbahn fort: »Also stand ich nach der Insolvenz der Praxis wieder auf der Straße. Mittlerweile war die Computertechnik für Blinde so weit vorangeschritten, dass ich noch einmal die Schulbank drückte und mit meinem alten EDV-Wissen in die Informatik einstieg. Wie ich dir schon bei unserem ersten Treffen erklärte, arbeite ich nun für eine Firma, die Software für Sehbehinderte herstellt. Und dass ich diesen Job bekommen habe, war ein echter Glücksfall. Viele meiner blinden Kollegen werden nur für die Arbeitslosigkeit ausgebildet. Sehr angenehm an meiner Arbeit ist, dass ich viele Aufgaben von zuhause aus lösen kann. Es lebe das Internet!«

»Mein Mann wohnt sozusagen im Internet«, lachte Eva und hielt Herrn Helmer ihr Glas zum Anstoßen hin.

»Sagen Sie bitte Bernd zu mir!«

Sie stieß zuprostend an sein Wasserglas: »Gern, ich bin die Eva.«

Helmer blickte zu Oliver: »Nun, ich bin beruflich auch stark auf den Computer angewiesen. In der heutigen Zeit geht eben gar nichts mehr ohne. Aber was mich interessieren würde, wie kannst du ohne Monitor arbeiten?«

Eva verzog ihr Gesicht. Gleich würde ihr Mann voll in seinem Element sein und dann gab es nur noch das Thema Computer, Computer und nochmals Computer. Sie machte mit ihren Lippen ein kussähnliches Geräusch. Der Schäferhund erhob sich schwanzwedelnd, setzte sich zu seinem Frauchen und legte seine weiche Schnauze auf ihre Knie. Mit einem Auge schielte er zur einladenden Chipsschüssel.

»Ich habe selbstverständlich einen Monitor«, beschrieb Olli und legte sich gemütlich in seinem Sessel zurück, »aber der ist nur für den sehenden Techniker da, falls ich mal am Rechner nicht alleine zurechtkomme. Es gibt für Sehbehinderte die Möglichkeit, mit einem Zoom zu arbeiten. Für Blinde haben wir ein Screenreaderprogramm entwickelt. Das heißt, dieses Programm setzt alles, was auf dem Bildschirm zu lesen ist, in Sprache um. Es werden immer die Bereiche gelesen, in der sich gerade der Cursor befindet.«

Oliver griff in die Chipsschüssel. Einige steckte er sich in den Mund und die beiden letzten hielt er heimlich neben seiner Sessellehne nach unten, wo er den Hund vermutete. Doch es kam keine feuchte, schnuppernde Nase heran. Schnuffel sah die verlockende Geste und leckte sich quer über sein Maul. Dann sah er fragend sein Frauchen an, das ihn nun noch fester an sich drückte.

»Du brauchst den Hund nicht heimlich füttern«, lächelte Eva mit überlegenem Unterton.

»Mache ich doch gar nicht«, protestierte Oliver.

»Aber du wolltest es. Der Hund ist bei mir und sein Hals wird immer länger.«

Herr Helmer amüsierte sich köstlich. Er war begeistert, da er beobachten konnte, wie blinde Menschen mit ihrer Kombinationsgabe Dinge erfassten, die ihnen optisch verborgen blieben.

Seine Gedanken kehrten zum Computerthema zurück: »Liest diese synthetische Stimme dann jeden einzelnen Buchstaben vor oder wie muss man sich das vorstellen?«

»Das wäre zu mühsam«, erklärte Oliver weiter. »Das Programm lässt sich so einstellen, dass ganze Wörter oder ganze Sätze gelesen werden. Beim Word-Programm gibt es die Einstellung, dass man ein Wort Buchstabe für Buchstabe tippt und die Stimme bleibt stumm. Erst wenn ein Leerzeichen oder eine Interpunktion gesetzt wird, spricht der Rechner das Wort komplett aus. Selbstverständlich kann man auch jeden Buchstaben einzeln lesen lassen. Das benötigt man ja zum Beispiel bei Korrekturen. Zusätzlich ist an meinem PC auch noch eine Braille-Zeile angeschlossen, so dass ich mit den Fingern gleichzeitig die Blindenschrift lesen kann. Soll ich dir das jetzt mal am PC zeigen?«

»Aber jetzt ganz bestimmt nicht«, protestierte Eva. »Hast du mal auf die Uhr gesehen?«, und schon hörte man die synthetische Stimme ihrer Armbanduhr: »Die Zeit ist null Uhr dreiundzwanzig Minuten!«

Eva richtete sich an Bernd: »Du scheinst auch eine Erkrankung zu haben. Eine Erkrankung des Bewegungsapparates, meine ich.«

»Es ist eine Muskelerkrankung. Im Volksmund würde man Muskelschwund sagen.«

»Steht die Erkrankung still?«

»Nein, sie wird sich in Schüben immer mehr meines Körpers bemächtigen. Wenn die Beine und die Arme es nicht mehr tun, dann wird irgendwann auch die Atmungsmuskulatur ausfallen«, und mit humorvollem Ton ergänzte Bernd »bis dahin wird aber noch kräftig gelebt. Sobald meine bessere Hälfte wieder zuhause ist, lade ich euch zu uns ein und wir machen mal richtig einen drauf.«

»Gern«, strahlte Eva und erkundigte sich: »Ich hoffe, dass deine Frau nichts Ernstes hat, oder?«

»Das hoffe ich auch. Ihre Blutwerte sind sehr schlecht und die Ärzte suchen immer noch nach der Ursache. Ehrlich gesagt habe ich ein ungutes Gefühl. Eine Schwester erwähnte etwas von Lymphdrüsenkrebs.«

Mühsam erhob sich Bernd aus dem Sessel: »So, jetzt muss ich aber wirklich los.«

Auch Eva stand auf: »Olli, du hilfst Bernd bitte zu seinem Wagen.«

Schwarz und Helmer bildeten wieder ein Gespann und nach zehn Minuten saß Herr Helmer sicher auf seinem Fahrersitz.

»Ist die Bremse dieses Mal genug gelöst?«, grinste Oliver.

Bernd ergriff den Hebel und lachte: »Alles klar. Und du, Oliver, meide heute Nacht die Fußgängerbrücken!« Dann schloss er die Wagentür und das Auto fuhr los.

Der Herbstwind pfiff gespenstisch durch die Baumwipfel. Die Eheleute Schwarz gingen ins Haus zurück. Von weitem hörte man die letzte S-Bahn nahen und schon bald rauschte sie vorbei.

Eva bekam bei dem Gedanken an den Zug eine Gänsehaut und stellte sich ihrem Mann in der Wohnzimmertür in den Weg: »Olli, nimm mich bitte mal ganz fest in deine Arme.«

Er umschlang ihre Taille und sie suchte mit ihren Lippen seinen Mund. Nach einem innigen Kuss strich sie ihm über die Wange: »Du hast heute einem Menschen das Leben gerettet. Ich bin sehr, sehr stolz auf dich«, und sie legte ihren Kopf auf seine Brust.

Er strich sanft über ihr duftendes Haar. Einige dunkle Gedanken zogen durch seinen Kopf. Er sah noch einmal seinen grausamen Autounfall und fühlte die anschließende Leere. Ja, zu der Zeit wäre auch er am liebsten von einer Brücke gesprungen.

Dann erinnerte er sich daran, wie er Eva zum ersten Mal im Zug getroffen hatte.

Oliver tauchte aus seinen Gedanken auf, küsste die Stirn seiner Frau und sagte: »Wenn ich den Autounfall damals nicht gehabt hätte, dann hätte ich dich nicht im Zug getroffen. Wenn deine Liebe zu mir nicht gewesen wäre, dann wäre ich nicht der, der ich heute bin. Und Ralf Rose hätte letztendlich seinen Zug nicht verpasst!«

Nicht ich habe dich verändert, sondern das war deine eigene positive Einstellung zum Leben«, schmunzelte Eva. »Man muss am Ende des Tunnels das Licht auch sehen wollen.«

»Genau das ist das Problem, mein Schatz! Der Optimist sieht am Ende des Tunnels das lebensspendende Tageslicht. Der Pessimist hingegen denkt, dass das Licht am Ende des Tunnels ein entgegenkommender Zug sei!«

Eva kniff ihrem Mann in die Wange: »Olli, du bist völlig verrückt!«

»Aber ganz sicher bin ich das«, hob er sie auf seine Arme, »Ich bin völlig verrückt nach dir!«

Kapitel 8
Das Schicksal gibt und nimmt

01 SCHACH DER DAME

Die Sonne hatte sich erneut durch die dicken, grauen Novemberwolken gequält und versuchte ihre herzerwärmenden Strahlen in die Krankenzimmer und hektischen Diensträume zu senden. Ralf Rose hatte jedoch die Vorhänge geschlossen, da sich sein Mitpatient, Stefan Wunderlich, zurzeit in der Beschäftigungstherapie befand. Aufgrund des S-Bahn-Abenteuers stand Herr Rose vorerst unter strenger Beobachtung. Plötzlich wurde nach kurzem Klopfen die Zimmertür geöffnet.

»Herr Rose«, fragte Schwester Vera, »möchten Sie nicht endlich aufstehen? Es ist nämlich Besuch für Sie gekommen«, und sie zog gnadenlos die Vorhänge des Fensters zurück. Rose blieb ungerührt auf seinem Bett liegen. »Soll ich Frau Herzig sagen, dass sie wieder gehen soll?«

Rose konnte ein gewisses Erstaunen in seinen Gesichtszügen nicht verbergen. Die Schwester klopfte dem missmutigen Patienten auffordernd auf die Schulter und verließ den Raum.

Einen Augenblick später öffnete sich die Tür erneut und Frau Herzig betrat das Zimmer. Ihre Wimpern klimperten nervös.

»Hallo, Ralf, ich dachte, dass du dich über meinen Besuch vielleicht freuen würdest.«

Schwester Vera hatte ihr einige Verhaltensregeln empfohlen. Also sprach Frau Herzig den Suizidversuch des Vortags gar nicht erst an. Sie hob demonstrativ ein Päckchen mit Herzmotiven. »Ich habe dir etwas mitgebracht. Du bekommst es aber erst, wenn du dich zu mir an den Tisch setzt.«

Rose erhob sich langsam und blieb auf der Bettkante sitzen.

Er atmete schwer. Scheinbar machten ihm die Beruhigungsmedikamente noch Schwierigkeiten. »Was willst du hier?«

»Ich dachte, du freust dich über meinen Besuch.«

»Aha, dachtest du!«, sagte er mit provozierendem Ton, stand auf und ging zum Fenster. »Hat dich meine Mutter Uschi geschickt?«

»Nein, es war meine eigene Idee. Ich meine, da sich unsere Wege gestern wieder gekreuzt haben. Vielleicht ist das ein guter Wink des Schicksals.«

Dann hielt sie Rose lächelnd das Päckchen hin: »Packe mal aus!«

Rose nahm es misstrauisch an, zog den freien Stuhl unter dem Tisch hervor und setzte sich. Pedantisch entfernte er die rote Schleife und löste das Klebeband vom Geschenkpapier. Ein Reise-Schachspiel kam zum Vorschein. Rose fuhr mit seinen Fingern über die Spielfläche. Die schwarzen Felder waren etwas erhöht. Alle Felder hatten Löcher, in die die Figuren hineingesteckt werden konnten. Ralf nahm eine weiße Dame und stellte sie auf. Daneben steckte er einen schwarzen König. Langsam ließ er seinen Zeigefinger über die Krone des schwarzen Königs gleiten und fragte Provokant: »Der König hat im Gegensatz zu dieser weißen Dame einen Nagel im Kopf. Soll das meine Situation andeuten?«

Britta wurde umgehend knallrot: »Wie kommst du denn darauf?« Und sie nahm die schwarze Figur vom Brett. Auch ihr Finger tastete über den Kopf des schwarzen Königs: »Muss das denn nicht so sein?«

Zum ersten Mal huschte ein kurzes Lächeln über Roses Gesicht: »Du hast wirklich keinen Schimmer!«, und er hielt ihr beide Damen zum Vergleich hin. »Die schwarze Dame hat ebenfalls einen Pin im Kopf, die weiße nicht. Für welche Dame würdest du dich entscheiden?«

Britta fühlte sich gekränkt und antwortete nicht. Nach einer scheinbar unendlich langen Schweigeminute meinte er: »Das ist nicht nur ein Reiseschachspiel. Es ist ein Schachspiel für Blinde. Kann dieser Blinde, dem ich gestern auf der Brücke begegnet bin, auch Schach spielen? Hat er dich geschickt?«

»Ich habe dieses Spiel heute Morgen gekauft. Ich wollte ein

Reiseschachspiel für dich haben. Schach war doch einmal deine große Leidenschaft.« Dann sagte sie mutig: »Wenn ich dich für behämmert oder zugenagelt halten würde, dann hätte ich dir kein intelligentes Spiel mitgebracht. Wäre dir ein Puzzle mit fünf Teilen lieber gewesen?«

»Oh, eines mit zehn Teilen bekäme ich wohl auch noch zusammen«, drehte er sich wieder zum Fenster.

»Ralf, wenn dich meine Anwesenheit hier stört, dann sage mir das bitte. Ich bin nicht gekommen, um mich von dir demütigen zu lassen. Meine Absicht war aufrichtig und ehrlich. Dein abweisendes Verhalten mir gegenüber verletzt mich«, und sie ging zur Tür. »Möchtest du, dass ich noch einmal wiederkomme, wenn es dir besser geht?«

Rose drehte sich herum und hob die Brauen: »Lass mich lieber die nächste S-Bahn nehmen, schöne Britta. Vergiss mich. Ich kann dir nichts geben. Wie dir inzwischen sicherlich von verschiedenen Seiten berichtet wurde, kann ich nur alles zerstören. Ja, darin bin ich gut! Lebe wohl, Britta Herzig. Aber trotzdem, vielen Dank für das Spiel«, und er drehte ihr den Rücken zu.

Mit Tränen in den Augen passierte Britta das Schwesternzimmer…

02 KRANKE ZELLEN

»Guten Tag Frau Helmer«, betrat der Oberarzt der internistischen Abteilung beschwingt das Krankenzimmer.

»Guten Tag, Herr Doktor. Haben Sie nun alle Ergebnisse? Kommt jetzt meine Verurteilung?«

Der Oberarzt zog einen Stuhl heran und setzte sich zu Frau Helmer. »Frau Dr. Walters hat Ihnen gestern bereits einige Andeutungen zu unserer Diagnose gemacht. Haben Sie Fragen dazu?«

Sie wich seinem Blick aus: »Ich möchte wissen, welche Chancen ich habe, was diese Lymphome eigentlich sind, ob die Lymphome auch streuen? Kann eine Chemotherapie überhaupt helfen oder verlängert sie nur mein Leiden?«

Der Internist lehnte sich im Patientensessel zurück und erklärte mit ruhigen Worten: »Jeder Mensch hat Lymphknoten. Es sind eine Art Filter, sogenannte Kontrollstellen, in denen Krankheitserreger erkannt und danach bekämpft werden. Selbst bei einer Erkältung schwellen die Knoten an. Und das ist gut so. Aber auch das Lymphsystem mit seinen Lymphknoten kann erkranken. Dann nennen wir die angeschwollenen Knoten Lymphome. Bei Ihnen sind die sogenannten B-Zellen aus der Gruppe der Lymphzellen erkrankt. Sie vermehren sich in den Lymphknoten so stark, dass diese anschwellen. Mit Hilfe einer gezielten Chemotherapie werden diese kranken Zellen beseitigt und die Lymphknoten gehen auf ihre normale Größe zurück. Wir schlagen Ihnen eine Therapie vor, die eine Kombination aus monoklonalen Antikörpern und einer leichten Chemotherapie beinhaltet.«

Frau Helmer blickte dem Arzt besorgt in die Augen: »Und meine Haare? Was ist mit meinen Haaren?«

»Wir wählen eine sanfte Chemotherapie, die Ihre Haare nur ganz leicht in Mitleidenschaft zieht. Das Haar wird etwas schütter. Ganz verlieren werden Sie es nicht und nach der Therapie wachsen alle Haare wieder nach. Das verspreche ich Ihnen.« Der Arzt erhob sich und drückte vertrauensvoll ihre Hand.

»Kann ich vorher noch mit meinem Mann über diesen Weg sprechen?«

»Aber selbstverständlich! Geben Sie mir bei der nächsten Visite Bescheid, wie Sie sich entschieden haben.« Im gleichen Moment piepste sein Melder und schon war er durch die Tür...

Conni Helmer stand am Fenster des Krankenzimmers und fixierte den mittelalterlichen Kirchturm. Seine Glocken begannen zu Leuten. Der heftige Regen hatte aufgehört. Auf den Fußwegen des Parks spiegelten sich die Wolken in großen Pfützen. Einige Krähen jagten laut krächzend in den kahlen Bäumen umher.

Es klopfte erneut an der Zimmertür. Bernd Helmer und Connis Sohn Florian kamen zu Besuch. Conni berichtete, was die Ärzte diagnostiziert und als Therapie empfohlen hatten. Die Männer machten ernste Mienen und suchten verzweifelt nach tröstenden Worten.

»Und das mit dem Krebs ist auch ganz sicher, Mama?«, blickte der hochgewachsene, junge Mann zum Fenster. Seine Stimme hörte sich in diesem Moment kindlich an.

Conni drehte sich herum und sah ihrem Sohn in die Augen: »Flo, die spaßen hier nicht. Ich habe gestern bereits gespürt, wie schwer es der jungen Ärztin gefallen ist, mir diese Diagnose mitzuteilen. Der Oberarzt hat diese Geschichte heute nur noch bestätigt. Aber er hat mir auch große Hoffnungen gemacht, dass mit Hilfe einer Chemotherapie gute Überlebenschancen bestehen. Die Hoffnung stirbt zuletzt!«, und sie wandte ihren Blick wieder dem alten Kirchturm zu.

Florian standen die Tränen in den Augen. Diese kleine Frau am Fenster war sein ein und alles, seitdem er denken konnte. Da sein leiblicher Vater gestorben war, als Flo noch zum Kindergarten ging, hatte er an ihn kaum Erinnerungen. Sein Stiefvater Bernd Helmer, der zierliche Mann mit dem großen Herzen, mit dem immensen Wissen, mit der beispielhaften Bescheidenheit und dem anziehenden Charisma, hätte Florian kein besserer Vater sein können. Aber eine Welt ohne seine Mutter Conni war für Florian nicht vorstellbar.

Der eindrucksvolle Kirchturm, ihr unerschütterlicher Glaube und die Liebe ihrer Familie gaben der Krebspatientin wieder Kraft. Ein hoffnungsvolles Lächeln trat auf ihre Lippen: »Nun macht mal beide nicht so ein Gesicht. So, und nun möchte ich, dass ihr mit mir ins Café geht. Ich habe ein riesiges Stück Kuchen verdient.«

03 STUMME KOMMUNIKATION

Ralf Rose lag wie aufgebahrt auf seinem Bett. Stefan Wunderlich war ebenfalls gerade vom Abendessen aus dem Patientensaal zurückgekehrt und blickte nun stumm aus dem Fenster. Heute hatte es kaum geregnet, doch um diese Jahreszeit war es abends bereits stockdunkel. Die bunten Lichter der bleiverglasten Fenster der Kirche ließen auf eine Abendmesse schließen.

Wunderlich zog die Vorhänge zu, schaltete sein Radio ein und ließ sich gelangweilt auf das Bett plumpsen. Sein Blick wanderte durch das Zimmer und neugierig fragte er: »Was ist das für eine Holzkiste auf dem Tisch?«

Als Wunderlich schon nicht mehr mit einer Antwort rechnete, sagte Ralf monoton: »Das ist ein Schachspiel.«

»Darf ich mir das mal ansehen?«

Rose nickte kaum erkennbar. Stefan stand auf, ging zum Tisch und öffnete vorsichtig den Kasten. Seine Augen wanderten über die eingesteckten Figuren. Er faltete ein Blatt auf und überflog dessen gedruckten Inhalt. Dann strich er verwundert mit den Fingern über eine Folie, auf der unzählige erhabene Punkte zu ertasten waren.

»Was ist das?«, hob er die Folie hoch.

Rose atmete genervt: »Das ist Blindenschrift.«

»Was machst du mit einem Schachspiel für Blinde?«

»Das hat Britta mitgebracht. Sie dachte, es sei ein Reiseschachspiel.«

Stefan grinste: »So, so, du hast also eine Verehrerin, die Britta heißt?« Ist das die Frau, von der du mir erzählt hast, als ich hier eingeliefert wurde?«

Ralf schüttelte den Kopf: »Wunderlich, du nervst!«

Es klopfte an der Tür und Stefan rief: »Ja, bitte, herein!«

Die Tür öffnete sich. Ein weißer Stock ertastete den Raum.

»Guten Abend. Finde ich hier Herrn Rose?«

Stefan sah zwischen dem fremden Besucher und seinem Zimmergenossen hin und her. Dann wies er mit der Hand stumm auf Roses Bett.

»Hallo«, fragte der Blinde, »ist hier jemand?«

»Ja sicher«, nickte Stefan und erst jetzt wurde ihm klar, dass man bei blinden Menschen nicht mit Zeichensprache kommunizieren konnte, »Herr Rose liegt hier in seinem Bett!«

Der Mann schloss die Zimmertür und tastete sich mit dem Stock soweit vor, bis er mit seiner Hand den metallenen Bügel des nächsten Krankenbetts fand. »Hallo, Herr Rose. Wir haben uns gestern auf einer Brücke getroffen und ich wollte mich erkundigen, wie es Ihnen geht«, und er streckte seine Hand erwartungsvoll vor.

Rose setzte sich auf und ergriff die Hand: »Ihr Name ist Schwarz?«

»Richtig, Oliver Schwarz. Ich hoffe, dass es Ihnen überhaupt recht ist, dass ich hier hereinplatze.«

Rose verzog keine Miene, sagte aber erstaunlich freundlich: »Setzten Sie sich an den Tisch«, und er geleitete Schwarz zu einem freien Stuhl.

»Sagen Sie mal«, mischte sich Stefan ein, »Sie sind doch blind, nicht wahr?«

»So einen Mist kannst auch du nur fragen«, schüttelte Rose den Kopf und blickte seinen Zimmernachbarn streng an, »Dachtest du, der Mann hält eine Wünschelrute in den Händen?«

Wunderlich fragte weiter: »Können Sie Blindenschrift lesen?«

Herr Schwarz lächelte: »Ja, das kann ich.«

Stefan griff zu der Folie des Schachspiels und legte sie vor den Blinden auf den Tisch: »Was steht da auf dem Blatt, das vor Ihnen liegt?«

Herr Schwarz tastete sich vor. Die Kuppe seines rechten Zeigefingers fuhr über das Blatt. Er drehte die Folie um 180° und lächelte: »Das Blatt lag verkehrt herum. Der Text lautet: ›Schachspiel für Blinde. Die schwarzen Felder sind hervorgehoben. Die schwarzen Figuren sind mit einen tastbaren Nagel auf dem Kopf gekennzeichnet.‹ Möchten Sie, dass ich Ihnen den gesamten Inhalt vorlese?«

Stefan kratzte sich nachdenklich am Kinn: »Faszinierend. So etwas könnte ich nicht.«

Schwarz fragte: »Wem gehört dieses Spiel?«

Rose brummte: »Das hat mir jemand geschenkt.«

»Herr Rose, haben Sie Interesse an einer Partie oder möchten Sie sich lieber mit mir unterhalten?«

Rose verschränkte die Arme vor der Brust und fragte lauernd: »Herr Schwarz, seien Sie aufrichtig. Wer hat Sie zu mir geschickt?«

Der Blinde begann, die Figuren geschickt auf das Spielfeld zu stecken und grinste: »Ja, wer weiß, wer mich auf die Brücke geschickt hat, damit wir beide uns treffen sollten. Herr Rose, glauben Sie an Gott, an das Schicksal oder den Zufall?«

»Ich glaube, dass jemand im Hintergrund seine Fäden zieht, um mich bei Laune zu halten.«

»Sie meinen, dass ein höheres Wesen auf dem Schachbrett des

Lebens mit Ihnen spielt? Wenn Sie ein guter Spieler sind, dann nehmen Sie das Spiel an. Zeigen Sie mir aber zuerst bei dieser Partie, wie gut Sie wirklich sind. Schwarz spielt mit Schwarz und Sie nehmen die Weißen, Herr Rose.«

Die ersten Züge waren schnell gemacht. Dann wurden beide Spieler vorsichtiger. Beide hatten gleich viele Figuren verloren und kein Sieg war in Sicht.

Stefan Wunderlich hatte nach zwei Stunden fast eine Rille in den Zimmerboden gelaufen. Immer wieder schritt er zwischen der Zimmertür und dem Fenster hin und her. Ab und zu blieb er am Tisch stehen, schob seine Brille höher und versuchte den Stand des Spiels zu erfassen. Er schüttelte den Kopf darüber, dass zwei Menschen mehrere Stunden, ohne zu sprechen, vor einem Brett sitzen konnten, auf dem sich kaum etwas bewegte.

Es klopfte und die Nachtschwester trat ein: »Meine Herren, wir haben 21:30 Uhr! Jetzt ist aber Schluss! Die Besuchszeit ist seit einer halben Stunde vorbei«, und sie begann, frische Gläser auf den Nachtschränken zu verteilen.

Schwarz atmete hörbar auf und suchte Roses Blick: »Ich bin übrigens der Oliver. Spielen wir die Partie an einem anderen Tag weiter?«, und er streckte seine Hand über den Tisch.

Rose nahm die Hand an und drückte sie kräftig: »Ich heiße Ralf, ich stehe zurzeit unter Medikamenten. Sonst wäre das Spiel bereits beendet.«

Oliver erhob sich: »Sagst du mir eine Partie zu, wenn du wieder clean bist?«

»Du meinst, noch bevor ich die nächste S-Bahn nehme? Ja, das interessiert mich tatsächlich. Beim nächsten Mal werde ich sogar mit verbundenen Augen spielen. Wenn ich gewinnen sollte, dann will ich das nur unter gleichen Bedingungen.«

»Das soll mir recht sein. Und nun wünsche ich den Herren eine gute Nacht«, wandte sich Oliver tastend dem Ausgang zu.

04 EIN ERSTER LICHTBLICK

»Schwester Vera«, schrie eine ältere Dame im Jogginganzug und machte eine böse Miene, »Rose hat heute Küchendienst.

Und was macht er? Er macht gar nichts! Nach dem Frühstück hat er nicht abgeräumt und nicht gespült! Und jetzt, nach dem Mittagessen, tut er wieder nichts. Sagen Sie ihm endlich etwas dazu!«

Die Schwester blickte Rose streng an: »Frau Wenzel hat Recht, Herr Rose. So geht das wirklich nicht. Packen Sie jetzt bitte mit an. Nehmen Sie das Tablett und sammeln Sie die Teller ein!«

»Ich helfe dir«, klopfte Stefan Wunderlich seinem Zimmergenossen auffordernd auf die Schulter.

Ralf schaute Frau Wenzel solange provozierend in die Augen, bis sie seinen Blick nicht mehr ertragen konnte und sich abwandte. Dann stapelte er demonstrativ laut klappernd die Teller aufeinander.

Während die Patienten den Speisessaal aufräumten, klopfte Frau Herzig an die Tür des Dienstzimmers. Schwester Vera telefonierte gerade und so blieb die Sekretärin wartend im Türrahmen stehen.

Eine kleine, alte Dame kam mit ihrem Rollator auf Frau Herzig zugerollt. Die faltigen Lippen bewegten sich tonlos. Sie blieb vor der Besucherin stehen und musterte die fremde Frau von Kopf bis Fuß. Doch plötzlich zog ein Lächeln auf das Gesicht der alten Dame und sie rief voller Freude: »Christa, das ist aber schön, dass du mich besuchst!«

Die faltigen Hände suchten zärtlich das Gesicht der Besucherin und sie drückte ihre feuchten Wangen auf deren Jackett.

Frau Herzig fühlte sich in dieser Situation völlig ratlos. Was sollte sie tun?

Durfte man diesen liebevollen, verwirrten Menschen einfach zurückweisen?

Also streichelte Frau Herzig der Patientin über das weiße Haar und flüsterte: »Ist ja gut. Ich bin ja da«, und ihr Blick bewegte sich hilfesuchend den Stationsflur entlang.

»Frau Baumann«, löste Schwester Vera behutsam die Hände der alten Dame, »das ist nicht Christa. Ihre Tochter kommt erst heute Nachmittag zu Besuch.«

Fünf Minuten später reichte die Schwester Frau Herzig die Hand: »Ich bin froh, dass Sie Herrn Rose wieder besuchen. Ich denke, er kommt langsam aus seiner verschlossenen Phase heraus. Er hat mit Herrn Schwarz über zwei Stunden Schach gespielt. Da er aber bis dahin nicht gewonnen hatte, hat ihn wohl die Eitelkeit gepackt. Er will wieder gewinnen und das ist sehr gut. Wer gewinnen will, will auch leben.«

Frau Herzig nickte schmunzelnd: »Ja, ich habe es gehört. Frau Schwarz hat mich angerufen und erzählt, dass ihr Mann nach dem Spiel völlig geschafft gewesen sei. Ralf muss ein außergewöhnlich guter Spieler sein. Dürfte ich mit ihm im Krankenhauscafé einen Kaffee trinken gehen?«

Schwester Vera überlegte und nickte dann: »Einverstanden. In Begleitung können wir Herrn Rose mal einen neuen Schritt wagen lassen. Vielleicht taut unser Bester dann noch mehr auf.«

Im Café der Klinik duftete es nach Kuchen, Kaffee und anderen appetitlichen Verlockungen. Stimmen und sanfte Instrumentalmusik schafften eine gemütliche Atmosphäre.

Fast alle Tische waren besetzt.

Ralf hatte sich einen Espresso bestellt und Britta genoss ein gemischtes Eis. Sie fühlte sich von ihm kritisch beobachtet und fragte verunsichert: »Stimmt an mir etwas nicht?«

Ralf ging gar nicht auf ihre Bemerkung ein, sondern er stellte die Gegenfrage: »Hast du mir diesen Oliver Schwarz geschickt?«

Britta tat so, als hätte sie seine Frage nicht wahrgenommen und stocherte in ihrem Eisbecher herum.

»Also doch«, rührte Ralf klappernd in seiner Tasse. »Und ihr wollt mich jetzt alle retten?«

Sie schaute ihm fest in die Augen: »Was wäre so schlimm daran?«

Er schmunzelte spöttisch: »Und wie soll es weitergehen? Was habt ihr als Nächstes geplant? Was muss ich für euch tun, damit es euch gefällt?«

»Du sollst für dich etwas tun. Nicht für mich oder andere!«

»Nein, so einfach kommt ihr mir damit nicht durch! Ihr tut das für euch. Es ist doch ein erhebendes Gefühl, jemanden gerettet zu haben. Das hebt das eigene Selbstwertgefühl und gibt große gesellschaftliche Anerkennung.«

»Du hast Recht, Ralf«, lehnte sie sich zurück und verschränkte schützend ihre Arme vor der Brust. »Jemanden zu retten, ist für viele Menschen ein angenehmeres Gefühl als bewusst Menschen zu verletzten, so wie du es gerade mit deinem Spott gegen mich versuchst.«

»Und was ist, wenn ich keine Hilfe will? Wenn ich mir einfach das Recht herausnehme, mich von diesem Planeten zu verabschieden? Ist das nicht eine Einschränkung meiner Freiheitsrechte, wenn man mich daran hindert, mein Leben dann zu beenden, wenn ich das für richtig halte?«

»Jemand, der freiwillig aus dem Leben scheidet, der es achtlos wegwirft, befindet sich in einer extremen Krise. Diese Krise mag in einer Krankheit begründet sein oder sie lässt der Person aus ihrer Sicht keinen anderen Ausweg. Keinen Ausweg zu sehen, ist aber nur eine subjektive Betrachtungsweise. Die gleiche Person kann nach einem verhinderten Suizid eines Tages eventuell froh darüber sein, dass sie doch noch lebt. Ein glücklicher Mensch bringt sich nicht um. Gerade du solltest das wissen. In deiner manischen Phase, die ich miterlebt habe, warst du voller Lebensmut und Tatendrang. Da hättest du dein Leben nicht werggeworfen. Jetzt bist du leider vorübergehend am gegenüberliegenden Pol deiner Erkrankung. Aber es ist doch nur eine Phase, die vorbeigeht. Du hast das nicht zum ersten Mal durchgemacht. Du weißt genau, wovon ich spreche.«

»Oh, Madame hat recherchiert und in der Fachliteratur geblättert? Oder war es Wikipedia? Da gibt man bipolare Affektivität ein und schon ist man ein erfolgreicher Therapeut, nicht wahr, kluge Britta?«

Frau Herzig bekam unter diesem Druck rote Wangen. Ihr Puls beschleunigte sich. Alles in ihr schrie nach Flucht. Was versprach sie sich überhaupt von diesem sturen Pessimisten?

»Hallo zusammen«, schaukelte ein zierlicher Mann mit seinem Oberkörper neben Rose und lächelte Frau Herzig an. »Darf ich Ihnen meine bessere Hälfte vorstellen? Conni liebt dieses Cafe, seitdem sie hier in der Klinik ist«, und zu Rose gewandt: »Ich bin Bernd Helmer. Ich kenne Frau Herzig aus der Firma Hebel. Dürfen wir uns zu Ihnen setzen?«

»Wir kennen uns aus dem Aufzug«, lächelte auch Frau Helmer Ralf Rose an. Doch der erwiderte nur ein stummes, gelangweiltes Kopfnicken.

Helmer sank in einen Sessel und berichtete über die böse Diagnose seiner Frau. Dann betonte er, dass es aber aufgrund der Chemotherapie Hoffnung auf ein langes Leben geben würde.

Ralf las in Brittas Blick: ›Höre dir das an. Hier kämpft jemand um sein Leben. Und was tust du? Du willst es wegwerfen.‹

Frau Helmer musterte mit traurigen Augen den gutaussehenden Mann und meinte: »Herr Rose, Sie sehen wie das blühende Leben aus. Ich hoffe, Sie haben nicht auch so eine bedrohliche Krebsgeschichte wie ich?«

»Nein, so etwas habe ich nicht«, wich Rose Frau Helmers ehrlichem Blick aus. Seine Augen trafen die von Bernd Helmer. Dessen charismatisches Auftreten verunsicherte ihn noch mehr. Die Persönlichkeitsstärke dieses gebrechlichen Mannes lag offensichtlich in seiner körperlichen Schwäche. Diesem Mann konnte Rose nicht lange provokant und abfällig in die Augen blicken. Also schaute er zur Eingangstür des Cafés. Dort klackerte ein Blindenstock. Eine braunhaarige Frau im weißen Kittel kam herein. Das Schild über ihrer Brust wies sie als Physiotherapeutin aus.

Die Gespräche der Gäste verstummten und alle Blicke klebten auf der Sehbehinderten.

Die Bedienung der Kuchentheke rief: »Hi, Eva, soll ich dir einen leeren Platz zeigen?«

Frau Herzig stand auf und ging auf die Person zu: »Eva, Ich bin es, Britta!«

Sie führte Eva Schwarz zu ihrem Tisch und sagte: »Ich denke, nur Frau Helmer und Frau Schwarz kennen sich noch nicht«, und alle begrüßten sich herzlich.

Die übrigen Gäste hatten ihre Neugier gestillt und wandten sich wieder ihren Gesprächen zu.

Ralf ging diese gesamte Szene mächtig gegen den Strich. Seine Gedanken überschlugen sich: ›Ein Lahmer, eine Krebskranke und eine Blinde. Alle sprühen vor Optimismus. Nicht zum Aushalten! Hat Britta das hier alles arrangiert, um mich zu beeindrucken?‹

Rose wurde von Frau Schwarz aus seinen Gedanken gerissen: »Herr Rose, mein Mann war von Ihrem Schachspiel beeindruckt. Spielen Sie eigentlich in einem Schachclub? Nehmen Sie an Turnieren teil?«

Ralf winkte ab: »Das liegt alles Urzeiten zurück.«

»Spielen Sie auch Skat, Herr Rose?« fragte Herr Helmer.

»Ich denke, dass ich die Regeln noch kenne«, verblüffte Ralf wieder die Ausstrahlung dieser zierlichen Person.

»Würden Sie sich auf ein Spiel mit Oliver Schwarz und mir einlassen?«

Was sollte Rose darauf antworten? Diesem bestechend freundlichen Mann konnte er einfach keine unverschämte Antwort geben. Im Gegenteil, dieser Mann rührte sein Interesse.

Helmer fragte noch einmal freundlich nach: »Herr Rose, spielen wir irgendwann zusammen? Sie können sich selbstverständlich Zeit lassen. Wenn es erst in einigen Wochen sein wird, ist das auch gut.«

»Ich denke darüber nach«, antwortete Rose verhalten und er signalisierte der Bedienung, dass er endlich zahlen wolle.

Britta hatte sich mit Ralf ordnungsgemäß im Schwesternzimmer der psychiatrischen Station zurückgemeldet und begleitete ihn in sein Zimmer. Er ließ sich auf das Bett fallen.

Stefan Wunderlich hingegen sprang auf und strahlte Frau Herzig an: »Na, haben Sie leckeren Kuchen gegessen?«, und er klimperte schüchtern mit den Lidern.

Sie lächelte ihn an: »Vielen Dank, Herr Wunderlich«, und dann machte sie gegenüber Rose ein ernstes Gesicht. »So, dann werde ich jetzt gehen«, sie schritt zur Tür und drehte sich noch einmal herum. »Ich möchte nicht länger stören.«

Als sie fast draußen auf dem Flur stand, fragte Ralf: »Kommst du wieder?«

Britta schob die Tür noch einmal weit auf: »Ich gebe nicht so leicht auf. Schönen Tag noch, die Herren!«, fiel die Tür ins Schloss.

Stefan stellte sich neben Ralfs Bett und sah ihn schmunzelnd an: »Eine tolle Frau. Mann, Mann, Mann, hast du ein Glück!«

Rose gab keine Antwort und schloss die Augen.

Stefan ging einige Male im Zimmer auf und ab. Plötzlich blieb er neben Roses Bett stehen und massierte sich nachdenklich seine Nasenspitze: »Sag mal, du kennst dich doch mit Frauen aus. Wirkt man als Mann auf die Mädels wesentlich attraktiver, wenn man so cool und abweisend ist wie du?«

Rose öffnete seine Augen und sah Wunderlich fragend an.

Stefan fuhr fort: »Ich meine das wirklich ernst. Du warst zu Frau Herzig an dem Tag, als sie dir das Schachbrett brachte, sehr unhöflich. Sie hat nach ihrem Besuch auf dem Flur geweint. Heute warst du nicht viel netter zu ihr und trotzdem will sie wiederkommen.«

Wunderlich wanderte weiter und blickte aus dem Fenster. Er schwieg lange Zeit nachdenklich. Plötzlich meinte er: »Mich schauen die Frauen kaum an, obwohl ich immer sehr höflich zu ihnen bin. Wenn ich eine Frau so behandeln würde wie du, dann würden die mir gleich einen Vogel zeigen. Wie machst du das?«

Rose setzte sich stöhnend auf die Bettkante: »Wunderlich, du nervst schon wieder. Merkst du das nicht?«

Er ging zum Tisch, zog einen Stuhl zurück und zeigte auf den gegenüberstehenden freien Platz: »Setz dich! Wir spielen jetzt Schach!«

Stefan schob seine Brille höher auf die Nase: »Ich kann kein Schach spielen.«

»Deshalb spielen wir ja jetzt«, klappte Rose den Holzkasten auf und steckte die Figuren auf die Felder. »Ich bringe dir als erstes den Schäferzug bei. Wer Schach spielen kann, kann auch mit Frauen umgehen!«

»Du nimmst mich auf die Schippe, nicht wahr?«, setzte sich Wunderlich auf den freien Stuhl.

»Das hier ist die Dame«, hielt Ralf eine weiße Figur hoch, »er hier ist der König, der da der Läufer. Turm und Springer erkennt selbst ein Kind und die kleinen Freunde hier sind die Bauern. Alles klar?«

»Welche Figur ist die gefährlichste?«, fragte Wunderlich und sah zwischen Rose und dem Brett hin und her.

»Dreimal darfst du raten«, zogen sich Roses Mundwinkel belustigt hoch.

Stefan grinste: »Ist das etwa die Dame?«

Nun lachte Rose seltsam auf: »Ich denke, aus dir wird noch etwas«, und er machte eine auffordernde Handbewegung, »Weiß beginnt!«

Unbemerkt stand Schwester Vera im Zimmer: »Kann es sein, Herr Rose, dass Sie gerade gelacht haben? Das wäre ja ein erster Lichtblick.«

05 CHEMISCHE REINIGUNG

In der hämatologischen Abteilung des Universitätskrankenhauses war heute wieder reger Betrieb. Menschen in weißen Kitteln eilten zwischen den Untersuchungszimmern hin und her. Man spürte ihre getriebene Anspannung, doch sie bemühten sich, den Patienten gegenüber sehr freundlich zu sein.

An der Anmeldung hatte sich vor dem Tresen eine Warteschlange gebildet. Einige schauten freundlich, andere verzogen immer wieder ungeduldig ihr Gesicht.

Hinter dem Tresen saßen drei Damen in weißen Kitteln. Sie fütterten ihre PCs mit Daten und fragten nach notwendigen Angaben. Sie lasen Krankenkarten ein und griffen zwischenzeitig zu den permanent klingelnden Telefonen.

Im Warteraum waren alle Stühle besetzt. Ein Patient mittleren Alters schaute aus dem geschlossenen Fenster in das schneebedeckte Klinikgelände. Beim Anblick der frostigen Landschaft rieb er sich die Hände über dem warmen Heizkörper. Es wurde gemurmelt, geniest und gehustet.

Im Raum für die Chemotherapien und die Bluttransfusionen saßen vierzehn Personen in bequemen Sesseln. Der Geruch von Desinfektionsmitteln beherrschte die Luft. Infusionsnadeln, Tupfer und Stauschläuche lagen griffbereit. Krankenschwestern hängten Infusionsflaschen an mobile Deckenhaken. Sie führten Patienten zu ihren Plätzen oder parkten Rollstühle ein und aus.

Conni Helmer war bereits morgens um 7 Uhr in der Ambulanz angekommen. Sechs Chemotherapiezyklen hatte ihr der Hämatologe verordnet, von denen sie bereits drei hinter sich gebracht hatte. Ein Zyklus setzte sich so zusammen, dass sie an zwei aufeinander folgenden Tagen Infusionen bekam. Am ersten Tag waren das immer die monoklonalen Antikörper, dann ein Zytostatikum und Mittel gegen Schmerzen und Übelkeit.

Zwischen diesen Kostbarkeiten ließ man noch Kochsalzlösungen zur Spülung durch die Venen laufen.

Am zweiten Tag gab es den gleichen Cocktail, nur ohne Antikörper.

»Guten Morgen, Frau Helmer«, lächelte die junge Ärztin und gab auch Bernd Helmer die Hand, »wie geht es Ihnen heute?«

»Den Umständen entsprechend. Ich denke, ich muss zufrieden sein. Mein Hausarzt sagt, dass die Blutwerte viel besser geworden sind.«

Helmer meldete sich zu Wort: »Die sonographische Untersuchung hat gezeigt, dass die Lymphome meiner Frau kleiner geworden sind. Also scheint die Therapie zu wirken.«

»Ja, das ist doch fantastisch«, strahlte die junge Medizinerin. »So, sitzen Sie bequem, Frau Helmer? Sie müssen es hier ja wieder einige Stunden bei uns aushalten.«

Conni rutschte mit ihrem Po einige Male im Sessel hin und her, dann machte sie ein zufriedenes Gesicht. Sie kontrollierte kurz den Sitz ihrer Frisur. Ihr Haar war sehr schütter geworden. Aber es bedeckte wenigstens noch die Kopfhaut. Die Ärztin führte den Arm der Patientin auf eine weiche Schaumstoffunterlage und drehte die Handfläche nach oben. Dann wurde am Oberarm ein Stauschlauch strammgezogen und Frau Helmer machte mit ihren Fingern pumpende Bewegungen.

Die Ärztin klatschte mit ihrer Hand mehrmals auf die Armbeuge und wartete darauf, dass die verängstigten Venen hervortraten. Frau Helmer sah die Nadel und drehte ihren Kopf zur Seite. Auch ihr Mann schaute besorgt in eine andere Richtung.

Das Gesicht der Medizinerin wurde ernst: »Ich bin mit der Nadel in der Vene, aber es will kein Blut kommen. Tut mir leid!«, drückte sie einen Tupfer fest auf die Einstichstelle und zog die Nadel heraus. Sie nahm eine neue aus der sterilen Verpackung. »Ich muss Sie noch einmal pieken«, und schon klatschte ihre Hand auf Frau Helmers Unterarm.

Die Patientin biss auf die Zähne und ihr Mann öffnete vor Anspannung seinen obersten Hemdenknopf. Die Nadel fand die Vene, doch Connis Blut lief wieder nicht.

»Frau Helmer, es bleibt mir wohl nichts anderes übrig, als eine Vene auf dem Handrücken zu nehmen.«

»Oh nein, da tut es immer ganz besonders weh!«

Helmer stand auf und verließ den Raum. Es war für ihn schon schwer genug, fremde Menschen leiden zu sehen. Aber bei den eigenen Angehörigen steigerte sich das ins Unerträgliche. Im Flur hetzten die weißen Kittel hin und her und die Telefone bimmelten um die Wette. Herr Helmer blickte nach einigen Minuten auf seine Armbanduhr und kehrte mit weichen Knien zu seiner Frau zurück.

Conni lächelte ihn von weitem an: »Es hat alles geklappt«, und sie blickte stolz zu dem Schauglas des Infusionsschlauchs, in dem das Medikament Tropfen für Tropfen zu ihrem Arm herablief.

Plötzlich stand ein aufgeregter, junger Mann im Türrahmen und fragte: »Hallo, ist eine Schwester hier?« Er hielt eine Hand auf den Ärmel seines Unterarms. Blut tropfte heraus und bildete rote Flecken auf dem Boden.

Die junge Ärztin, die am Morgen Frau Helmer versorgt hatte, erfasste blitzschnell die Situation und legte einen Stauschlauch an. Dann sagte sie streng: »Herr Meier, ich habe Sie ausdrücklich gebeten, eine Zeit lang auf den Tupfer zu drücken. Heute ging ihnen alles wieder nicht schnell genug, nicht wahr?«

06 SCHNAPSIDEE

Britta Herzig stand in ihrer Wohnung am Fenster und blickte in das abendliche Dunkel. Ihre Freundin Eva Schwarz hatte sich gemütlich in einem Sessel zurückgelegt und drehte nachdenklich ein Weinglas in der Hand. Ihr gegenüber saß Conni Helmer und nippte an einem Orangensaft. Sie wirkte sehr blass und abgespannt. Das Haar war sehr licht geworden.

Eva richtete sich an Conni: »Was hat die computertomographische Untersuchung ergeben?«

»Der Oberarzt meinte, dass die erkrankten Lymphknoten wieder Normalgröße erreicht hätten. Aber zur Sicherheit sollen trotzdem der fünfte und sechste Chemotherapie-Zyklus noch durchgeführt werden.«

»Das halte ich auch für sinnvoll. Da du die Chemotherapie

bisher gut vertragen hast, wirst du die letzten auch spielend überstehen. Wie sind die Blutwerte?«

»Die Leberwerte sind deutlich erhöht, aber der Arzt meint, dass das bei einer Chemo normal sei. Die anderen Werte sind im Toleranzbereich. Trotzdem fühle ich mich immer so kaputt. Keine Energie, ständig müde. Das kannte ich bei mir früher gar nicht. Ich bin froh, dass wir Winter hatten. Wer sollte sich sonst bei uns um den Garten kümmern? Bernd kann es mit seiner Behinderung nicht und Flo? Er ist ein lieber Junge, aber an Gartenarbeiten hat er kein Interesse. Na ja, mir ist auch wichtiger, dass er sich jetzt um sein Abitur bemüht.«

Britta fragte: »Wann beginnt eigentlich die Gartenarbeit? Als Wohnungsbewohner ohne Garten weiß man so etwas gar nicht.«

Conni erklärte: »In wenigen Tagen, am 17. März. Das ist der Namenstag von Gertrud. Unsere Oma sagte immer: ›An Gertrud man alles in die Erde tut!‹ oder sie sagte auch, ›Gertrud, Schippen ruft!‹ Ja, die alten Leute hatten noch einen intensiveren Bezug zur Natur.«

Eva schaute in die Richtung, wo sie Britta vermutete: »Wie kommst du mit Ralf zurecht? Mir scheint, dass er seine psychischen Probleme zurzeit voll im Griff hat.«

»Sein behandelnder Arzt ist zufrieden und zuversichtlich, dass vorläufig keine neue Episode eintritt. Es gibt für Angehörige spezielle Seminare und Beratungsstellen. Ich habe mich beraten lassen. Sobald ich den Verdacht habe, dass Ralf in eine erneute manische oder depressive Phase eintritt, dann werde ich ihn persönlich zum Arzt schleifen.«

»Angehörige?«, betonte Eva und grinste breit. »Höre ich da richtig? Seid ihr euch wieder näher gekommen?«

Britta ging zur Zimmertür, hörte in den Flur hinaus und wandte sich wieder der Freundin zu: »Ich denke, wir haben uns nun an einem Punkt wieder gefunden, wo wir uns vor fast einem Jahr kennen gelernt haben. Ralf hört mir zu. Er bringt mir Blumen mit. Er ist aufmerksam. Er ist wie ausgewechselt«, sie lächelte verschmitzt. »Du meinst aber, ob zwischen uns mehr ist, nicht wahr? Ich bin noch vorsichtig. Ich werde keine voreiligen Schritte zulassen. Und Ralf akzeptiert meine

Zurückhaltung. Übernachtungen gibt es hier noch nicht.«

Im Wohnzimmer saßen die drei Männer um einen Tisch herum und spielten Skat. Im Hintergrund lief leise Blues-Musik.

»Achtzehn«, reizte Ralf und sah Oliver an. Der hielt seine Skatkarten für Blinde in der linken Hand und fuhr mit dem Zeigefinger der Rechten über die erhabenen Punkte in der oberen Kartenecke. Er nickte: »Ja, habe ich!«

Ralf reizte weiter: »Zwanzig, zwo, null, vier!«, und sagte bei der Sieben schwer atmend: »Weg!«

In Bernds Gesicht war nicht zu erkennen, ob er mit seinem Blatt zufrieden sein konnte oder nicht. Ralf klopfte bei jedem Stich knallend auf den Tisch und Olli tat es ihm nach.

Bei jedem Knall hob Schnuffel erstaunt seine Schnauze. In seinem treuen Blick konnte man erkennen, dass er sich ernsthaft Gedanken darüber machte, welchen Unfug die menschlichen Wesen dort wieder trieben. Endlich stand Schnuffel auf und tapste in das Zimmer zu den Frauen…

Den letzten Stich nahm überraschend Bernd mit und grinste: »Ja, mein Lieber, nun fehlt dir genau ein Punkt. Ich hätte nicht so lange zögern und Contra sagen sollen«, und er zählte zur Sicherheit noch einmal seine Stiche.

»Mist, du hast Recht!«, rief Ralf, als er seine Punkte durchzählte.

»Trinkt ihr beide noch ein Bier?«

»Wir fragen besser mal die Frauen«, meinten Oliver und Bernd.

»Erst mache ich uns ein Bier auf und dann fragen wir nach, ok?«, grinste Rose und ging in die Küche.

Kurz darauf hörte man im Flur näherkommende Frauenstimmen. Schnuffels feuchte Nase forderte Oliver zum Streicheln auf.

»Oh, ihr seid ja endlich fertig. Wo ist Ralf?«, fragte Britta.

»In der Küche«, antwortete Oliver, »ist meine Holde auch da?«

»Tue doch nicht so, als wenn du mich vermisst hättest«, lachte Eva, ertastete den Sessel und setzte sich auf Olivers Knie. »Schön, dass das Spiel zu Ende ist, dann können wir ja endlich fahren!«

Ralf betrat das Wohnzimmer: »Ihr wollt doch wohl nicht

schon gehen? Ich habe soeben drei Flaschen Bier aufgemacht. Was kann ich den Damen noch anbieten? Einen Sekt oder ein Likörchen?«, und er ließ plätschernd das schäumende Bier in Ollis Glas laufen.

Eva stöhnte: »Dann werden wir den 22-Uhr-Bus nicht mehr nehmen können.«

Conni Helmer setzte sich auf die Couch und sah ihren Bernd an: »Wie viel Bierchen hattet ihr denn? Du fährst doch bestimmt nicht mehr, oder?«

»Wir hatten doch vorher besprochen, dass du fährst. Außerdem, so viele Biere waren das gar nicht. Aber zum Fahren mindestens eins zu viel«, entwaffnete Bernds bestechendes Lächeln Conni wie immer.

Frau Helmer sah auf ihre Armbanduhr: »In einer halben Stunde fahre ich los. Bis dahin könnt ihr euer Bier auf haben«, und zu den Eheleuten Schwarz gewandt: »Euch bringe ich dann auch eben heim. Auf die zehn Minuten Umweg kommt es mir nicht an.«

Bernd prostete Ralf zu: »Sag mal, hast du dir Gedanken darüber gemacht, wieder berufstätig zu werden? Ich meine, du bist hochintelligent und hast viele Talente. Diese Potenzial kann man doch nicht brachliegen lassen, oder?«

»Sicherlich habe ich mir Gedanken gemacht. Aber meine Chancen sind gleich null. Mit meinem Krankheitsbild und meiner nicht ganz ruhmreichen Vorgeschichte wird mich niemand einstellen.«

»Oh, ich würde dich einstellen. Wenn die Probleme deiner Grunderkrankung bekannt sind, dann kann man sich als Arbeitgeber doch darauf einstellen. Ich bin mit meinem Muskelschwund auch nicht voll leistungsfähig. Aber deshalb bin ich nicht untätig. Ich kann und will nach angemessenen Kräften meinen Beitrag leisten. Das gibt Erfüllung und Zufriedenheit. Warum machst du dich nicht selbstständig?«

Noch bevor Ralf antworten konnte, meinte Oliver: »Eine eigene Firma war immer mein Traum. Ich könnte mir zum Beispiel vorstellen, technische Geräte und Hilfsmittel für Sehbehinderte selbst zu entwickeln und zu vertreiben. Ich arbeite ja schon in der Branche. Leider habe ich dort wenig Einfluss und kann meine Ideen nicht voll umsetzen. Auch der Versand an sinnvollen Hilfsmitteln lässt sich noch deutlich erweitern.«

Bernd fragte: »Und was hält dich davon ab, deinen Traum zu verwirklichen?«

»Na ja, Fachwissen und gute Ideen sind nicht alles. Ich bin zwar recht mobil, aber ich würde oft aufgrund meiner Blindheit an Grenzen stoßen. Ohne die Sehenden geht vieles nicht. Das finanzielle Risiko sollte man auch nicht vergessen.«

»Warum machst du dich nicht mit Ralf zusammen selbstständig? Er kennt sich mit Finanzen aus und war selbst Geschäftsmann. Ralf ist mobil. Ihr beide habt euch gut kennengelernt und wisst um eure Stärken und Schwächen. Ihr könntet euch gut ergänzen und trotzdem im Falle des Falles Rücksicht auf die gesundheitlichen Probleme des anderen nehmen. Ihr wärt bestimmt ein starkes Team.« Bernd machte eine Pause und trank genüsslich von seinem Bier. Dann setzte er nach: »Britta ist eine gute Verwaltungskraft und könnte euch bestimmt helfen. Eva hat durch ihren Beruf eine finanzielle Basis und ich bin schließlich Unternehmensberater«, schaute Bernd schmunzelnd in die stumme Runde.

Alle griffen nachdenklich in die Chips.

»Und mich könnt ihr nicht in eurer neuen Firma gebrauchen?«, schaute Conni von einem zum anderen. »Ich bin bekannt dafür, dass ich zu Geburtstagen und Weihnachten die Päckchen am besten packe. Ich habe sogar einen ganz speziellen Bastelkurs dafür gemacht. Ich wäre also geeignet, in der neuen Firma die Versandabteilung zu führen.«

Alle hoben lachend ihre Gläser und stießen klingend an.

Als es wieder stiller wurde, meinte Britta leise: »Schade, dass es nur eine Schnapsidee ist.«

»Das ist es nicht«, setzte Bernd nach. »Erstens haben wir heute keinen Schnaps getrunken und zweitens lege ich euch demnächst mal ein Geschäftskonzept vor. Ihr werdet staunen!«

07 DEN LAUF DER WELT ANHALTEN

In der Stadt roch es nach Frühling. Die Blätter der Bäume waren wieder grün. Insekten flogen neugierig von einer verlockend bunten Blüte zur nächsten und erfüllten damit ihre Befruchtungsaufgabe. Die Maisonne erwärmte die Luft so heftig, dass die ersten kurzen Röcke im Wind flatterten und die Herren der Schöpfung schmunzelnd ihre Blicke schweifen ließen.

Die Außenanlage der Firma Hebel war von einem engagierten Gärtner in Form gebracht worden. Die Rasenflächen um den Parkplatz herum rochen nach frisch geschnittenem Gras. Der Chef des Hauses legte auch Wert auf das gepflegte Äußere seiner Firma. In der ersten Parkbox glänzte sein Geländewagen in der Sonne. Ein betagter Dackel schleppte sich auf den Grünstreifen neben dem Wagen und begann sich zu erleichtern. Sein ergrautes Herrchen stand daneben und sog genüsslich an einer Zigarre.

Nicht weit entfernt öffnete sich quietschend ein Bürofenster und Direktor Hebel rief verärgert: »So eine Schweinerei! Ziehen Sie sofort den verdammten Köter von meinem Rasen! Ich rufe umgehend die Polizei!«

Einige Mütter mit Kindern blieben auf dem Gehweg neugierig stehen und blickten zwischen dem Dackel und dem empörten Direktor hin und her. Das Dackelherrchen wandte dem Haus den Rücken zu und zog seinen Hund mit sich.

»Nehmen Sie Ihre Scheiße mit!«, rief Hebel dem alten Mann hinterher. »Haben Sie noch nie etwas vom Hundeklo gehört?«

Ein Mann mit roter Trinkernase und Hut war an der Haltestelle aus dem Bus gestiegen und passierte ebenfalls den Parkplatz der Maschinenfabrik. Als er den Direktor in seinem Bürofenster schimpfen hörte, rief er spöttisch: »Hebel, rege dich doch nicht über jeden Scheiß auf, du bist im Herzinfarktalter!«, dann eilte er lachend in die Richtung der Gaststätte ›Zum Brunnen‹.

Vor der breiten Treppe des Bürogebäudes wartete ein gutaussehender Mann mittleren Alters. Auch er war mit dem Bus gekommen und hatte die Szene schmunzelnd verfolgt. Mit einem Blick auf die Armbanduhr wickelte er einen Rosenstrauß aus dem Papier. Die Tür des Verwaltungsgebäudes öffnete sich und eine blonde Frau blieb erstaunt auf der obersten Treppenstufe stehen.

»Ralf? Was machst du denn hier? Das ist ja eine Überraschung«, lächelte Britta.

Rose sprang mit zwei Schritten die Stufen hinauf und hielt die Blumen vor sich. Er drückte Britta zur Begrüßung einen Kuss auf die Wange und flüsterte: »Für die schönste Frau, die ich heute gesehen habe.«

Britta nahm die Blumen erfreut entgegen und schmunzelte: »Dann scheinst du noch nicht lange unterwegs zu sein. Komm, mein Wagen steht auf dem Parkplatz.«

Bald darauf saß Ralf am Lenker und Britta kontrollierte im Spiegel der Sonnenblende ihren Lidstrich.

»Ich habe für uns einen Tisch beim neuen Italiener bestellt. Du bist eingeladen«, blickte Ralf kurz zur Beifahrerseite.

»Ist heute irgendetwas Besonderes? Habe ich etwas vergessen?«

»Ja, ich bin ab heute wieder Unternehmer. Das Firmenkonzept von Bernd ist aufgegangen. Ich habe die entsprechenden Fördermittel genehmigt bekommen. Oliver ist ebenfalls mit eingestiegen. Uns fehlt noch eine engagierte Sekretärin. Wie wäre es mit dir?«

»Ach so, du wolltest mich mit den Blumen ködern? Nein nein, das macht mal schön alleine. Ich habe bei Hebel noch meine Gouvernantenrolle zu spielen. Wenn ich nicht da bin, dann erlebt Hebel nicht mehr seine Pensionierung.«

»Gut, wenn du nicht meine Kollegin oder Mitarbeiterin werden willst, dann kannst du mich doch wenigstens heiraten, oder nicht?«

Britta schaute ihn kopfschüttelnd an: »Ich denke, das war jetzt der unromantischste Antrag, den je eine Frau gehört hat!«

Rose machte auf der belebten Hauptstraße fast eine Vollbremsung. Als der Wagen mitten auf der Fahrbahn stand, betätigte er die Warnblinkanlage, löste seinen Gurt und drehte sich weit zu Britta herum.

Der nachfolgende Verkehr begann zu hupen. Das Hupkonzert des Feierabendverkehrs wuchs und wuchs. Selbst der Gegenverkehr kam durch die Schaulustigen nun zum Stehen.

Ralf nahm Brittas Gesicht zärtlich in seine Hände und flüsterte: »Ich liebe dich.«

Die ersten genervten Verkehrsteilnehmer stiegen aus ihren

Fahrzeugen und riefen: »Was ist denn los? Warum bleibt dieser Idiot mitten auf der Straße stehen?«

Rose ließ sich nicht aus der Ruhe bringen und lächelte: »Wie du siehst, halte ich den Lauf der Welt solange an, bis du mir glaubst, dass ich es ehrlich mit dir meine.«

Seine Lippen berührten ihren Mund und sie legte die Arme um seinen Hals. Erst als jemand wütend an die Scheibe des Wagens klopfte, tauchte Britta aus ihrer Gefühlswoge auf. Ihre Wangen waren heiß. Lag es an dem Kuss? Lag es an den unzähligen Blicken, die auf ihren Wagen und sie gerichtet waren?

Sie musste mit einem Mal laut lachen und fühlte sich plötzlich völlig gelöst. Sie strich Ralf liebevoll über das Gesicht, das immer noch auf eine Antwort wartete und sie lachte: »Ja, ich glaube dir.«

Er fragte weiter: »Und wirst du mich auch eines Tages heiraten?«

Draußen tönte immer noch das Hupkonzert, man fluchte und tippte sich an die Stirn.

Sie nickte: »Ja, ich will! Aber lass uns endlich weiterfahren, sonst übernachten wir bestimmt heute im Gefängnis oder man sperrt uns in die geschlossene Psychiatrie.«

Ralf gab ihr noch einen kurzen Kuss, stieg aus dem Wagen und rief so laut er konnte: »Sie hat ›ja‹ gesagt!«, dann sprang er wieder hinter das Lenkrad und schoss mit quietschenden Reifen davon.

Leise Musik untermalte die gemütliche Atmosphäre des italienischen Restaurants, in dem Frau Herzig und Herr Rose köstlich gespeist hatten.

Britta tupfte sich mit der Serviette die Lippen ab, hob die Brauen und meinte: »Du meinst das wirklich ganz ernst mit unserer Heirat?«

Er legte seine Hand auf die ihre: »Ich meine das so ernst, wie man es nur ernst meinen kann. Ich lasse dir auch so viel Zeit mit deiner Entscheidung, wie du brauchst. Glaub mir, ich habe selbst Angst vor diesem Schritt. Angst davor, mit einem erneuten Ausbruch meiner Erkrankung wieder alles zu zerstören. Diese Krankheit hat mir schon oft genommen, was ich geliebt habe. Deshalb wollte ich mich auch nicht noch einmal verlieben. Wo nichts ist, kann nämlich auch nichts zerstört werden.«

Britta verschlang ihre Finger mit den Seinen: »Auch ich empfinde viel für dich. Ich denke, dass diese Krankheit kontrollierbar ist. Aber es muss auch gewährleistet sein, dass du auf mich hörst und meinen Rat annimmst, wenn ich wieder eine deutliche Veränderung bei dir beobachte. Kannst du mir das garantieren?«

»Ich bitte sogar darum, dass du dich bei auffälliger Veränderung mit meinem Arzt in Verbindung setzt. Ich stelle eine entsprechende Vollmacht auf deinen Namen aus.

Aber lass uns heute nicht mehr über Krankheiten reden, okay? Würdest du mit mir stattdessen nach dem Essen tanzen gehen?«

Sie sah ihn ernst an und schüttelte den Kopf: »Nein, möchte ich nicht!«

Ralfs Lächeln verschwand und er blickte enttäuscht auf seinen leeren Teller.

»Ich möchte, dass wir nach Hause fahren und dass du heute bei mir bleibst. Dann kann ich wenigstens auch noch etwas trinken.«

Ralf blickte wieder auf. Seine Augen begannen zu strahlen: »Ich soll wirklich bei dir…«, blieb er in seinem Satz stecken.

08 DIE WICHTIGSTE NEBENSACHE DER WELT

An vielen Fahrzeugen steckten Deutschlandfähnchen und die Straßen waren fast menschenleer. Die meisten Arbeitgeber hatten ihren Mitarbeitern an diesem Freitag ab 13:00 Uhr freigegeben oder die Arbeit unterbrechen lassen.

Auf dem Fernsehbildschirm flog ein Fußball zwischen verschwitzten Spielern hin und her. Der Ton des Fernsehgeräts war ausgeschaltet. Stattdessen tönte die Live-Übertragung aus einem Radio, in dem die beiden aufgeregten Sportmoderatoren scheinbar vor einen Herzinfarkt standen. Mit Hilfe des Radios konnte auch Oliver Schwarz eine Fußballspielübertragung perfekt verfolgen. Er hatte die Eheleute Helmer, Ralf Rose und Britta Herzig zum zweiten deutschen Spiel der WM 2010 eingeladen.

»So ein Mist«, sprang Rose von seinem Sessel auf, »jetzt hat Klose die rot-gelbe Karte bekommen! Der Schiri hat doch wohl nicht alle Tassen im Schrank!«

Auf dem Fernsehbildschirm sprang auch der deutsche Bundestrainer auf und gestikulierte aufgeregt mit den Armen.

Die wenigen serbischen Fans tanzten vor Freude auf den Rängen des afrikanischen Fußballstadions. Die unzähligen Vuvuzela-Trompeten übertönten den Jubel der Zuschauer und summten im Radio wie ein riesiger Hummelschwarm.

Bernd stellte sein Wasserglas ab und griff nervös in die Schüssel mit den Chips. Auch Oliver kaute angespannt auf seinen Knabbereien herum.

»Tor für Serbien, verdammt auch das noch!«, sprang Ralf schon wieder auf. »Wenn die so weitermachen, dann ist die WM für die Deutschen gelaufen! Jogi, jetzt mache deiner Truppe aber mal Dampf!«

»Mit einem Spieler weniger und das noch über fünfzig Minuten«, stöhnte Olli. »Das ist wieder mal spannend wie ein Krimi!«

Eva, Britta und Conni saßen draußen auf der Terrasse und schmunzelten über die aufgeregten Rufe ihrer Männer.

Schnuffel hatte bei den Tor-Rufen besorgt aufgeblickt, doch Eva erklärte ihm: »Beim Fußball sind die Männer wie kleine Kinder«, dann hielt sie den Freundinnen ihr Sektglas entgegen. »Ihr meldet euch, wenn ihr nichts mehr zu trinken habt?«

Conni hob ihr Glas: »Ich bin froh, dass ich endlich auch mal wieder ein Schlückchen trinken darf. Bernd fährt heute. Eigentlich trinkt er in der letzten Zeit gar keinen Alkohol mehr. Ich glaube, es geht ihm nicht gut.«

Britta sah Conni fragend an: »Kann er nicht über seine Probleme reden? Ich dachte, gerade Bernd könnte so etwas ganz besonders gut. Er ist doch so einfühlsam.«

»Oh, er kann ganz klar über Probleme sprechen. Er tut es nur nicht, wenn er glaubt, dass ich mir Sorgen machen würde.«

Eva fragte: »Hast du denn gesundheitliche Veränderungen bei ihm beobachten können?«

»Wenn man täglich zusammen ist, dann fallen kleine Veränderungen kaum auf. Aber mir ist wirklich etwas aufgefallen. Er spricht in der letzten Zeit nur sehr leise. Beim Aufstehen pustet er mehr als früher. Vielleicht bekommt er schlecht Luft.«

»Kann man eine Erkältung ausschließen?«

»Ich denke, eine Erkältung hat er nicht. Seine Grunderkrankung macht mir Sorgen. Eva, du weißt als Physiotherapeutin doch sicher so einiges über Bernds Muskelerkrankung. Kann es nicht sein, dass er grade wieder einen Schub erlebt? Womit müssen wir rechnen, wenn die Krankheit weiter voranschreitet?«

Eva trank von ihrem Sekt, um über eine behutsame Antwort nachdenken zu können. Dann erklärte sie: »Diese progressiven Muskeldystrophien verlaufen sehr unterschiedlich. Es kommt darauf an, in welchem Lebensalter sie beginnen. Sie haben viele Sonderformen. Gleichzeitig sind sie so selten, dass man statistisch gesehen, schlecht etwas voraussagen kann. Ich kann ja mal mit Bernd sprechen. Er soll mir seine neuen Symptome schildern und dann lassen wir uns von einem Fachmann beraten.« Sie versuchte ein entspannendes Lächeln aufzusetzen, »Conni, die Medizin ist sehr weit. Täglich kommen neue Heilmethoden hinzu. Denke jetzt lieber mal daran, dass deine eigene Gesundheit wieder völlig hergestellt wird. Deine Blutwerte sind doch nach dem Abschluss der Chemotherapie deutlich besser geworden. Die Lymphome haben sich zurückgebildet. Du siehst an deinem eigenen Fall, dass die Medizin auf allen Gebieten große Erfolge feiert.«

Britta hielt lachend ihr Glas über den Gartentisch: »Mädels, hebt die Gläser und lasst uns auf eine glückliche Zukunft anstoßen. Wie kommen wir zusammen?«, und unter dem Klang der drei Gläser antwortete sie selbst: »Sternförmig!«

Eva ergänzte den Trinkspruch fragend: »Und wie gehen wir auseinander? Britta antwortete: »Sternhagelvoll! Prost!«

Conni schüttelte den Kopf: »Wie seid ihr denn drauf? Habe ich etwas verpasst? Gibt es erfreuliche Neuigkeiten?«

Brittas Wangen wurden leicht rot: »Ja, Conni, Ralf und ich werden heiraten! Ralf hat mir schon vor längerer Zeit einen Antrag gemacht«, und sie beschrieb belustigt, wie Ralf den gesamten Feierabendverkehr zum Erliegen gebracht hatte.

Sie schnauften vor Lachen und alberten herum. Sie bemerkten nicht, dass die Männer mittlerweile auch auf der Terrasse standen.

»Mein Gott«, machte Rose ein ernstes Gesicht, »müssen wir uns jetzt Sorgen machen? Die sind ja ausgelassen wie pubertierende Mädchen… Habt ihr nicht mitbekommen, dass Deutschland verloren hat?«

Alle drei Frauen stießen gleichzeitig ein bedauerndes, aber ironisch gemeintes »Ooooh!« hervor.

Ralf kam sich veralbert vor und protestierte gespielt: »Kein Nationalbewusstsein, kein Patriotismus! Das ist das Ende unseres Landes«, und wieder erntete er ein bedauerndes, ironisches »Ooooh«.

Oliver pflichtete ihm bei: Das ist nicht zum Scherzen! Fußball ist die wichtigste Nebensache der Welt!«

Im gleichen Augenblick schellte es an der Haustür und bald darauf trat der Pizza-Service mit duftenden Pappschachteln ins Haus.

Gegen 21:00Uhr saßen alle wieder in Fleecejacken gehüllt auf der Terrasse. Britta stellte mit der anbrechenden Dämmerung mehrere flackernde Windlichter auf. Oliver stimmte seine Westerngitarre. Bald darauf spielte er mehrere gezupfte Folksongs.

Bernd trank von seinem Bitter-Lemon und beobachtete hoch interessiert Olivers Fingertechnik. Ralf schenkte den Frauen die Gläser voll und öffnete für den Musiker ein neues Bier.

Dank des Alkohols waren außer Bernd alle bereits in der zweiten Heiterkeitsstufe angekommen, sangen und klatschten zum Rhythmus.

Oliver nahm einen Blues-Ring aus der Brusttasche und setzte ihn auf die Saiten. Die Gitarre erzeugte fremdartige, romantische Klänge und die Frauen bekamen eine Gänsehaut.

»Hat das Bluesstück einen Namen?«, fragte Bernd. »Ich habe das noch nie gehört.«

»Ich habe es vor anderen auch nur selten gespielt. Es ist ein typisches Bluesmuster, das die Traurigkeit eines verliebten Menschen zum Ausdruck bringt. Ein großer Bluesmann hat einmal gesagt: ›Blues kann nur der spielen, der von dem Mädchen, das er liebt, verlassen wurde‹. Und er hatte Recht«, fuhr Olli fort. »Ich habe dieses Stück vor langer, langer Zeit für ein

Mädchen gespielt, das nichts von mir wissen wollte.«

»Und, hat es geklappt?«, fragte Ralf vor Neugier.

Oliver nickte grinsend mit dem Kinn zu seiner Frau.

Eva spürte die Blicke der Sehenden und wedelte mit der Hand: »Ganz so war das nicht. Ich hatte einen jungen Mann kennen gelernt, der aufgrund seiner Erblindung völlig frustriert und introvertiert war. Ich mochte ihn. Doch er wandte sich wegen alberner Eifersüchteleien von mir ab. Als ich ihn endlich aufgegeben hatte, griff er während einer Party plötzlich zur Gitarre. Ich wusste, dass kein Mensch ohne ein besonderes Einfühlungsvermögen so spielen kann. Und ohne seinen Sturkopf ist er auch heute noch ganz nett.«

Ralf kratzte sich nachdenklich am Kinn: »Oliver, sag mal, hast du um 1983, hier an unserem Stausee Gitarre gespielt? Ich meine, da hatte ich gerade meinen Alfa zum Abitur bekommen und bin mit meiner Freundin zum See gefahren. Auch die Mopedclique war da. Einer von den Jungs spielte sehr gut Gitarre, der mich an dich erinnert. Warst du das?«

Oliver griff unbewusst klimpernd in die Saiten und nickte: »Ich erinnere mich an einen Typen mit einem Alfa-Romeo-Cabrio und einer bildschönen Begleitung. Hieß sie nicht Silvia Becker, oder so? Sie war für uns zwei Jahre jüngeren Jungs eine Traumfrau. Ja, an solche Bilder kann ich mich erinnern. Aber lassen wir die Vergangenheit ruhen«, und er griff wieder kräftiger in die Saiten.

09 EIN HAUCH DER SORGE

Rose wählte Bernds Telefonnummer. Er ließ es lange klingeln und wollte schon auflegen, als sich doch noch jemand meldete.

»Helmer?«, hörte Ralf nur eine hauchdünne Stimme am anderen Ende der Leitung.

»Bernd, bist du das?«, fragte Ralf nach. »Ich verstehe dich kaum. Sprich doch mal etwas lauter oder ist deine Anlage defekt?«

»Ralf, es geht nicht besser. Ich bekomme kaum Luft.«

»Ja, kann ich dir irgendwie helfen?«

»Nein, lass mal gut sein!«, atmete Bernd schwer. »Aber was kann ich für dich tun?«

»Ich wollte Conni und dich zur Einweihung von Olivers und meinem neuen Büro einladen. Einen Firmennamen haben wir auch gefunden. Er lautet ›SchwarzRose - Barrierefreies Leben‹, na, wie hört sich das an? Jetzt müssen wir noch ein Logo entwerfen. Was hältst du von einer schwarzen Rose, die auf den Geschäftspapieren auch ertastbar ist?«

Am anderen Ende der Leitung hörte man nur ein angestrengtes Atmen.

Ralfs Gesichtszüge wurden ernst: »Bernd? Hörst du mich noch?«

Ein gequältes »Ja« war kaum zu verstehen.

»Sind Conni oder Florian bei dir im Haus?«

»Nein«, hauchte Bernd und atmete wieder seltsam.

»Ich bin spätestens in zwanzig Minuten bei dir!«, rief Ralf und legte auf. Er wählte Connis Handynummer. Es dauerte unendlich lange, bis sie sich meldete.

»Ralf hier. Conni, wo steckst du gerade? Bernd geht es nicht gut. Ich will zu ihm fahren. Aber ich weiß nicht, ob er mir überhaupt die Tür öffnen kann. Kann ich dich irgendwo abholen?«

»Ich sitze hier im Wartezimmer beim Zahnarzt und bin gleich dran. Du hast Glück, dass ich vergessen habe, das Telefon auszuschalten.«

»Was ist mit Bernd? Sollen wir einen Arzt rufen?«

»Der Arzt war heute Morgen bei uns. Er hat Bernd eine Spritze gegeben. Er wird wohl auf der Couch liegen. Florian müsste auch in wenigen Minuten zuhause eintreffen. Er ist nur zur Apotheke und holt die Medikamente, die man Bernd verordnet hat. Mache dir keine Sorgen. So, ich muss jetzt zur Behandlung. Tschüss Ralf!«

Zwanzig Minuten später parkte Herr Rose vor dem Reihenhaus der Familie Helmer ein. Mit wenigen, großen Schritten erreichte er die Haustür und klingelte.

Ein hochgewachsener, junger Mann öffnete: »Hi, Ralle, komm rein. Papa liegt im Wohnzimmer auf der Couch. Er wartet schon auf dich.«

Ralf klopfte Florian auf die Schulter und eilte besorgt in den

Wohnraum. Er rückte einen Sessel ganz nah zu Bernd, der im Jogginganzug auf der Couch lag.

Ralf nahm die Hand des Kranken: »Du kannst einem ja einen Schreck einjagen. Was machst du denn für einen Quatsch?«

Bernds Augen begannen zu funkeln, doch seine Stimme war hauchdünn: »Schön, dass du gekommen bist. Ich denke, ich habe einen neuen Schub«, dann hustete er und sein Gesicht verzerrte sich.

Ralf blickte nervös zu Florian auf, dann wieder zu Bernd: »Strenge dich nicht so an. Wenn dir das Sprechen schwer fällt, dann lasse es. Wir beide verstehen uns auch über die Augen? Du darfst jetzt nicht schlapp machen.

Es liegt jetzt fast ein Jahr zurück, dass ich alles hinwerfen wollte. Gerade du und Oliver habt mir doch bewiesen, dass es sich lohnt zu kämpfen. Kein Aufgeben, kein Rückzug.« Ralf drückte Bernds Hand und sah ihm tief in die Augen. »Von dir kann jeder Beherrschung und Vernunft lernen. Du bist die Güte in Person.« Ralf versuchte ein ansteckendes Lächeln aufzusetzen und fuhr fort: »Britta hat gesagt, ich solle mir an deiner Fähigkeit, anderen zuzuhören, mal ein Beispiel nehmen. Auch Eva hat sich ähnlich bei Olli geäußert. Du bist unumstritten unser Frauenversteher. Oder sagt man Frauenflüsterer?«

Bernd gab ein Zeichen, dass er sitzen wolle. Florian und Ralf halfen ihm auf. Er hustete kurz, dann wurde seine Stimme etwas deutlicher: »Ich denke, die Kortison-Spritze beginnt endlich zu wirken.« Er schaute Flo an. »Bringst du mir bitte ein Glas Wasser«, und zu Ralf gewandt: »Möchtest du einen Kaffee?«

Ralf nickte stumm und Florian ging in die Küche.

Als Bernd sich sicher war, dass Florian nichts zuhören konnte, weil die Kaffeemaschine laut krächzte, blickte er Ralf an: »Was ich dir jetzt erzähle, bleibt vorläufig unter uns.«

Ralf nickte mit besorgtem Gesicht.

Bernd fuhr fort: »Mein Freund, es geht nun mit mir zu Ende. Dieser Schub hier ist mein letzter. Am Ende dieses Schubs wird meine Atemmuskulatur ihren Dienst einstellen.«

Ralf öffnete den Mund, um etwas zu entgegnen, doch Bernd schüttelte den Kopf: »Bitte keine überflüssigen Beschönigungen. Ich kenne mein Krankheitsbild besser als mein Arzt. Ich wusste bereits vor zwanzig Jahren, dass dieser Tag unaufhaltsam kommen wird und das ist völlig in Ordnung. Der liebe Gott und ich haben einen Vertrag geschlossen, den ich einhalten muss.« Bernd hielt inne, als Flo mit den Getränken hereinkam.

Ralf nahm Milch und Zucker und rührte nervös klingelnd in seiner Tasse herum.

Bernd blickte Florian an: »Würdest du Mama vom Zahnarzt abholen? Ich bin durch Ralf auch bestens versorgt. Nimm meinen Wagen. Du musst Fahrpraxis bekommen.«

Sofort zog ein Lächeln auf den Mund des jungen Mannes und er stürzte mit dem Autoschlüssel stolz hinaus.

Nachdem die Haustür ins Schloss gefallen war, blickte Bernd seinem Freund wieder in die Augen: »Ich habe einen schwerwiegenden Wunsch.«

Ralf lachte: »Heraus damit. Egal was es sein soll. Er ist bereits erfüllt!«

»Es wird schwieriger sein, als du denkst. Wie gesagt, ich hatte mit Gott einen Vertrag geschlossen. Er sollte meine Erkrankung solange in Schach halten, bis mein Haus bezahlt und Florian erwachsen ist. Na ja, was man so erwachsen nennt. Auf jeden Fall hat der junge Mann sein Abitur bestanden und der liebe Gott seinen Vertrag erfüllt. Ich habe mit seiner Hilfe dieser Krankheit getrotzt und einiges erreicht. Das ist bei meinen anderen Leidensgenossen nicht immer so. Ganz im Gegenteil. Ich durfte meinen Beruf bis heute ausführen und ich bin dankbar.«

Ralf versuchte ein entspannendes Lächeln aufzusetzen: »Und wie sieht dein Teil des Vertrags aus? Warum will Gott dich jetzt schon zu sich nehmen?«

Bernd nippte von seinem Sprudel, schluckte konzentriert und legte sich entspannt zurück in sein Kissen: »Mein lieber Ralf, hast du vergessen, dass ich ein gefragter Unternehmensberater bin? Gott hat bekanntlich das größte Unternehmen und wenn er mich engagiert, dann darf ich mich doch wohl geehrt fühlen, oder nicht?«

Rose blickte verlegen in seine Kaffeetasse: »Respekt, mein

Freund! Ich habe noch nie zuvor einen Menschen getroffen, der so die Haltung bewahren kann wie du.«

Bernd hob schwerfällig seine Hand: »Doch nun möchte ich mit dem Gefühl gehen, dass Conni und Florian auch weiterhin versorgt sind. Damit meine ich nicht das Finanzielle. Das ist alles geklärt. Meine Rente wird für Conni reichen. Das Haus hier ist bezahlt. Mir macht Sorgen, dass Conni bei Verwaltungsangelegenheiten nicht zurecht kommt. Sie ist kein Zahlenmensch. Wirst du ihr zur Seite stehen?«

»Das ist doch wohl selbstverständlich!«

»Auch Florian braucht neben seiner Mutter eine männliche Hand, die ihn noch eine Zeit lang lenkt. Würdest du dir das zutrauen?«

Ralf blickte verlegen in seine Kaffeetasse und rührte nachdenklich darin herum. »Ich war meinen Söhnen gegenüber nicht gerade ein Vorbild, ich meine, da ich alles hingeworfen habe.«

»Ich denke, das Thema hast du abgearbeitet. Du hast begriffen, dass es für dich und Britta eine Zukunft geben kann. Eine Zukunft, die ich nicht mehr habe.«

Lange blieb es still im Wohnzimmer. Nur der Kaffeelöffel klapperte hin und wieder in Ralfs leerer Tasse. Dann murmelte er: »Oliver, Eva und Britta werden schockiert sein, wenn du ihnen das erzählst.«

»Oliver weiß es bereits seit gestern. Wir haben lange telefoniert. Gestern war meine Stimme etwas kräftiger.« Bernd schob sich langsam ein Kissen unter den Kopf. »Ich habe ihn gebeten, nicht mit dir darüber zu sprechen. Solche persönlichen Dinge bespricht man Auge in Auge oder wie bei Olli, von Ohr zu Ohr.«

Plötzlich wurde es an der Haustür lauter. Frau Helmer und Flo kamen herein.

»Wie geht es dir, mein Schatz?«, strich Conni ihrem Mann liebevoll über die Wange.

»Super!«, zog Bernd ein breites Grinsen auf.

Dann sah er seinen Freund an: »Du versprichst es mir?«, und er hielt seine Hand hoch.

Ralf griff zu und drückte leicht: »Egal, was kommen wird, ich werde mit all meinem Wissen und meiner Kraft da sein.«

Bernds Augen leuchteten voller Zufriedenheit: »Du bist nicht ganz allein. Olli wird auch alles tun, was ihm möglich ist.«

Conni fragte misstrauisch: »Was redet ihr da?«

Ralf lächelte charmant: »Wir haben nur mal ein paar Gedanken durchgespielt, zum Beispiel, ob Flo nach seinem Studium in unserer neuen Firma mit einsteigt. Oder ob du wirklich die Versandabteilung übernehmen willst.«

Frau Helmer winkte ab: »Veräppeln kann ich mich selbst!«, und ging kopfschüttelnd in ihre Küche…

10 TRAUERTAG

Unter Glockengeläut versammelten sich die Trauergäste in der kleinen Kirche. Bunte Blumenkränze lagen um den Sarg herum. Der Organist griff beherzt in die Tasten und es erhob sich eine Kakophonie ungeübter Stimmen.

Conni Helmer und ihr Sohn Florian lauschten in der ersten Bank den tröstenden Worten des Geistlichen. Zu ihrer Linken saßen Eva und Oliver Schwarz, die durch ihre dunklen Brillen und die weißen Stöcke wieder mal viele neugierige Blicke auf sich zogen. Rechts von Conni hielten sich die frisch vermählten Eheleute Rose andächtig die Hände.

Bernds ferne Verwandtschaft fand allgemein nur zu Beerdigungen zusammen. Also würden Conni und Florian diese heute das letzte Mal antreffen.

In den hinteren Bänken tuschelten einige ältere Damen darüber, warum es überhaupt noch blinde Menschen geben musste. Konnten die sich nicht neue Augen einsetzten lassen? So etwas war doch noch vor kurzem in einer Fernsehsendung gezeigt worden. Transplantation oder wie das hieß. Das hatten die Blinden im Fernseher bestimmt nicht sehen können. Aber sollte man sie nicht mal auf diese Möglichkeit hinweisen? Gerade jetzt, wo man sich in einem Gotteshaus befand, da konnte der Schöpfer die uneigennützigen, hilfreichen Taten frommer Menschen direkt aus nächster Nähe beobachten und würde ihnen das gewiss im Himmel gutschreiben. Andererseits gehörte die Blindheit, wie der Buckel und die Lähmung bekanntlich zu den Gottesstrafen. Sollte man sich da wirklich einmischen? Gott hatte sich bei der Erblindung dieser beiden doch sicher etwas gedacht, oder nicht?

Das tuschelnde Volk einigte sich darauf, besser nichts zu tun. Wer nichts tut, macht auch nichts falsch.

Ein älterer Herr hustete ungeniert vor sich hin, ohne die Hand vor den Mund zu halten, andere schnäuzten trompetenartig.

Ein kleines Mädchen zupfte ständig verärgert an ihrer kneifenden Strumpfhose herum und ihr Bruder bohrte sich verträumt in der Nase.

Während dessen lobte der Priester den vorbildlichen Lebenswandel des Verstorbenen. Er betonte, dass Herr Helmer die von Gott auferlegten Prüfungen alle bestanden habe, dass er nun von seinen Qualen erlöst und in einer besseren Welt sei.

Die Orgel setzte wieder ein und der Klingelbeutel wanderte immer schwerfälliger durch die Reihen.

Unter Glockengeläut geleitete die Trauergesellschaft Bernd Helmer zu seiner letzten Ruhestätte. Ein eiskalter Wind riss die braunen Herbstblätter von den kahlen Bäumen. Er griff frech in die Frisuren der Damen und wehte den älteren Herren die Hüte von den Köpfen. Gott sei Dank hatte der Regen nachgelassen.

Die kräftigen Träger ließen den Sarg mit Stricken in die zwei Meter tiefe Grube sinken und traten dann ehrfürchtig zurück.

»Asche zu Asche, Staub zu Staub«, setzte der Priester seine Zeremonie mit gefühlvoller Betonung fort.

Frau Helmers schwerster Moment war gekommen. Jeder Trauergast wollte ihr nun kondolieren. Jeder ehrliche Händedruck, jedes gut gemeinte Wort schmerzte. Auch Florian standen die Tränen in den Augen. Der schwarze Anzug war für den hochgewachsenen, jungen Mann schon wieder zu klein geworden. Wie ein schüchterner Konfirmand gab er den vielen, ihm unbekannten Menschen die Hand und bedankte sich freundlich für die guten Worte.

Noch bevor wieder heftiger Regen einsetzte, hatte auch der letzte Gast das Café ›Zum Himmelreich‹ betreten. Die eng gestellten Stühle rumpelten und quietschten zwischen den Tischen hin und her. Teller und Tassen klapperten. Die trüben Gesichter wirkten mittlerweile etwas entspannter. Das Personal quetschte sich durch die schmalen Tischreihen und bemühte sich, duftenden Kaffee einzuschenken. Die meisten Trauergäste hatten noch nicht gefrühstückt und so griffen schon die ersten Hände die Mettbrötchen vom Tablett, bevor diese die Tische erreichen konnten.

Frau Helmer erhob sich, klopfte mit dem Löffel an ein leeres Wasserglas und sagte mit erstaunlich sicherer Stimme: »Ich bedanke mich für alle tröstenden Worte und wünsche einen guten Appetit.«

Die Gespräche wurden sogleich lauter. Man diskutierte über den Druck am Arbeitsplatz, die Beitragserhöhungen der Krankenkassen, die zu niedrigen Renten und den Fußball.

Nach zwanzig Minuten schäumten die ersten frischen Bierchen und mancher ältere Herr bekämpfte seine chronische Magenverstimmung mit einem kleinen Schnaps.

Nach zwei Stunden drückte Conni Helmer dem letzten Gast die Hand. Vor der Tür des Cafés warteten die Eheleute Rose und Schwarz. Die Freunde drückten Conni und Florian noch einmal herzlich an sich, dann bestiegen alle die Autos. Der Regen setzte wieder ein. Braune Blätter setzten sich frech und klebrig auf die Windschutzscheiben. Flo fuhr stolz Bernds Wagen vom Parkplatz und Conni winkte mit verhaltenem Lächeln den Freunden nach.

Ralf und Britta fuhren Oliver und Eva heim. Die Scheibenwischer kämpften gegen die sintflutartigen Schauer.

Als Ralf vor dem Haus der Eheleute Schwarz hielt, schlossen die Wolken wieder ihre Schleusen.

»Kommt ihr noch mit hinein?«, fragte Eva auffordernd.

»Ich denke, mir reichen die Eindrücke dieses Tages«, nahm Britta ihre Freundin in den Arm. »Außerdem drücken meine neuen Schuhe entsetzlich.«

Ralf zeigte nach oben: »Bernds Leben war zu kurz. Nach den heutigen Lebenserwartungen war er doch grade mal über die Mitte. Was denkt sich Gott dort oben eigentlich?«

Im gleichen Moment rauschte die S-Bahn vorbei und ließ aus nicht ersichtlichem Grund ihr lautes Signalhorn durch das Höveltal schallen. Alle bekamen eine Gänsehaut.

»Das Signal galt uns!«, zeigte auch Oliver zum grauen Himmel auf. »Bernd sagt uns, dass wir für ihn weiterleben sollen. Solange wir an ihn denken und über ihn sprechen, lebt er in uns weiter. Viele seiner Gedanken sind mittlerweile auch unsere eigenen Gedanken geworden. Mit unseren Gedanken bilden wir Menschen ein Kollektiv, das so lange lebt, wie es Menschen geben wird.«

Ich bedanke mich bei ...

Marlies Herzog, die den Text in großer Sorgfalt redigiert hat;

Heike Glaser, für die erste Korrektur meiner blind getippten Textentwürfe, für ihre Ratschläge und für ihren mutmachenden Zuspruch, brav weiterzuschreiben;

Inge Gülpen als erfahrene Testleserin;

meiner Tochter Sonja Kleffner, die den Buchumschlag wieder einmal liebevoll gestaltet und das Manuskript-Dokument in greifbare Seiten gewandelt hat;

meinem Sohn Benjamin Kleffner, der meinen PC und das Computerprogramm für Blinde fit hält, ohne deren faszinierende Technik meine Bücher nie entstanden wären.

Weitere Bücher von Dieter Kleffner:

Der Stalker von nebenan
Kriminalroman
ISBN: 978-3-945725-68-9

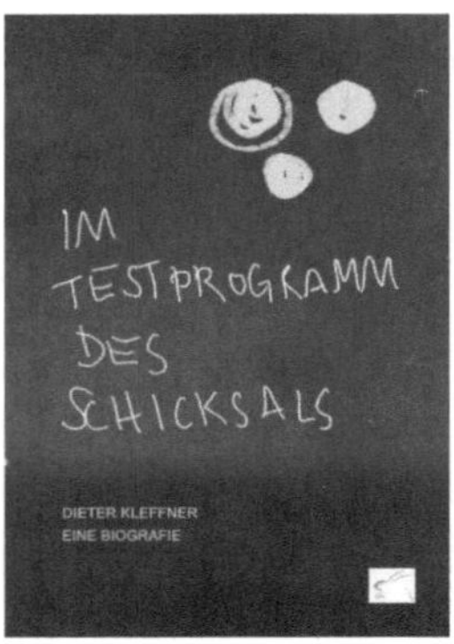

Im Testprogramm des Schicksals
Biografie
ISBN: 978-3-945725-90-0

Schlaflose Kissen und
schlechte Gewissen
3 Kriminalromane
ISBN: 978-3-96174-006-2

Kleffner, Dieter,
wurde 1957 in Essen geboren,
wuchs auf der Ruhrhalbinsel auf und lebt seit vielen Jahren in Hattingen/Ruhr.
Er ist verheiratet und hat zwei erwachsene Kinder.
Schon seit seiner Jugend war Dieter Kleffner sehbehindert, erblindete später und arbeitete 34 Jahre in der klinischen Physiotherapie, deren Arbeit er aus erheblichen gesundheitlichen Gründen aufgeben musste.
Zurzeit betätigt er sich als Autor.
Viele weitere Infos finden Sie auf seiner Homepage:
www.dieterkleffner.de